Die Großherzöge von Baden

Der Greif ist das Wappentier des Hauses Baden. Das bronzene Exemplar hält am Eingang zum Schlossgarten in Karlsruhe Wacht.

Uwe A. Oster

Die Großherzöge von Baden

(1806–1918)

Verlag Friedrich Pustet
Regensburg

Bibliografische Information der Deutschen Nationalbibliothek

Die Deutsche Nationalbibliothek verzeichnet diese Publikation in der Deutschen Nationalbibliografie; detaillierte bibliografische Angaben sind im Internet über http://dnb.d-nb.de abrufbar.

www.pustet.de

ISBN 978-3-7917-2084-5

Gesamtherstellung: Friedrich Pustet, Regensburg
Printed in Germany 2007

Inhalt

Einleitung

Sei es bei den Heimspielen des SC Freiburg oder des Karlsruher SC, bei Heimattagen oder Volksfesten: Das „Badnerlied“ gehört dazu, in dem in überschwänglichen Versen das „schönste Land in Deutschlands Gau'n“ besungen wird. Das um 1865 entstandene Lied ist Ausdruck badischen Selbstverständnisses und ein Zeichen für das Zusammenwachsen der lange Zeit sehr uneinheitlichen Bevölkerung: Es bedurfte eines schmerzlichen Prozesses, ehe Alt- und Neu-Badener, Katholiken und Protestanten sich als Angehörige eines gemeinsamen Landes fühlten.

Das Großherzogtum Baden war keine gewachsene, sondern eine aus der Asche des Heiligen Römischen Reiches künstlich zusammengefügte Macht. Dabei wurde die Dynastie, nicht anders wie in Spanien oder Belgien heute, zum einigenden Band, dem sich Freiburger, Karlsruher, Heidelberger oder Mannheimer gleichermaßen verbunden fühlen konnten. Vor allem die Großherzöge Karl Friedrich (1746/1806–1811) und Friedrich I. (1852/56–1907) spielten dabei eine bedeutende Rolle. Als aufgeklärte, liberale Herrscher gaben sie Baden ein außergewöhnliches Profil, das sich deutlich von dem der meisten anderen deutschen Staaten im 19. Jahrhundert unterschieden hat. Eine Ironie der Geschichte ist es, dass ausgerechnet Baden zu einem Brennpunkt der Revolution von 1848 geworden ist. Doch hat Friedrich I. die Konsequenz aus dieser Ur-Katastrophe seiner Familie gezogen und an seinem liberalen Kurs gegen alle Widerstände festgehalten. Ebenso fest stand Friedrich an der Seite Preußens, wusste er doch darum, dass Baden auf sich allein gestellt zwischen den Großmächten und seinen Nachbarn zerrieben zu werden drohte. Das hatten schon Großherzog Karl Friedrich und sein schwacher Nachfolger Karl (1811–1818) erleben müssen, denen Napoleon selbst die Innen- und die Familienpolitik diktierte.

Dass es schwierig war, gegen das eigene Bürgertum und dessen selbstbewusste politische Repräsentanten zu regieren, mussten die Großherzöge Ludwig I. (1818–1830) und Leopold (1830–1852) erfahren. Am Ende ging auch die badische Monarchie im Strudel des Ersten Weltkriegs unter, und Großherzog Friedrich II. (1907–1918) musste der Republik weichen.

Deutschlands bester Fürst?

Großherzog Karl Friedrich

(1728–1811)

Als Großherzog Karl Friedrich von Baden am 10. Juni 1811 starb, war dies das Ende einer Ära. 65 Jahre lang hatte Karl Friedrich regiert, davon 57 als Markgraf, drei als Kurfürst und fünf als Großherzog. In seinen baden-durlachischen Stammlanden dürfte sich damals kaum jemand bewusst an einen anderen Herrscher erinnert haben. Das allein war schon rekordverdächtig. Doch die Lorbeeren, die Karl Friedrich gewunden wurden, basierten nicht allein auf dieser langen Regierungszeit. Da war zunächst der unvorstellbare Zuwachs an Menschen und Territorien: Aus der kleinen Markgrafschaft Baden-Durlach war unter Karl Friedrich das vielfach größere Großherzogtum Baden geworden. Wenn dann noch ein Aufklärer und Philosoph wie Johann Gottfried Herder den Gründungsvater des modernen Badens zu „Deutschlands bestem Fürsten" erklärt und ein kritischer Schriftsteller und Satiriker wie Karl Julius Weber von ihm als dem „Nestor und Muster deutscher Fürsten" spricht, dann fragt man sich unwillkürlich: Was war das für ein Mensch, der da so hoch gelobt wurde? Was hat Herder und Weber zu ihrem Urteil bewogen? Sind ihre Hymnen Schmeichelei oder hat dieser Fürst sich so großes Lob wirklich verdient?

Von Durlach nach Karlsruhe

Karl Friedrich von Baden wurde am 22. November 1728 in Karlsruhe geboren, einer jungen Stadt, die sein Großvater Karl III. Wilhelm erst 13 Jahre zuvor gegründet hatte. Er hatte genug gehabt von dem alten und im Pfälzischen Erbfolgekrieg weitgehend zerstörten und nur notdürftig wieder aufgebauten Schloss in Durlach und von einer standesgemäßen, großzügigen Residenz geträumt. Im nahen Hardtwald fand er das geeignete Gelände. Das Zentrum der neuen Stadt bildete natürlich Karl Wilhelms Schloss, von dem sich 32 Alleen strahlenförmig in die Landschaft erstreckten. Oder um es mit einem anderen Vergleich zu umschreiben: Das Schloss als Ausdruck der markgräflichen Herrschaft bildete die Sonne, die Straßen der neuen Stadt bzw. die Alleen in die freie Landschaft waren die Strahlen dieser Sonne. Eine kühne Idee, deren Grundzüge bis heute sichtbar geblieben sind.

Das Schloss, ein Fachwerkbau, nahm sich dabei recht bescheiden aus, lediglich der bis heute erhaltene markante Turm setzte ein außergewöhnliches Zeichen als Zentrum der fürstlichen Herrlichkeit. Die Bescheidenheit hatte, neben dem Zeitdruck, unter dem alles entstand, einen guten Grund: Die Markgrafschaft Baden-Durlach war keine der Großmächte des Alten Reichs wie Österreich oder Brandenburg-Preußen und gehörte auch nicht zu den Mittelmächten wie Bayern

Die fächerförmige Anlage Karlsruhes ist auf diesem Kupferstich von 1739 gut zu erkennen. Alle Straßen der Stadt, aber auch die in die freie Natur hinausführenden Alleen sind auf das Schloss ausgerichtet. – Kupferstich von Johann Matthias Steidlin nach Christian Thran, 1739.

oder Sachsen. Immerhin: Im wild zerstückelten deutschen Südwesten nahm sich die Markgrafschaft so klein gar nicht einmal aus. Knapp 90 000 Menschen lebten in der Mitte des 18. Jahrhunderts in Baden-Durlach. Zwar bildete der Oberrhein die Achse, um die sich (fast) alles drehte, doch dieses Gebiet war alles andere denn geschlossen, und wollte ein baden-durlachischer Untertan von Emmendingen in die Residenzstadt Karlsruhe, so passierte er auf seinem Weg österreichisches, fürstenbergisches und württembergisches Gebiet. Wem das noch nicht genügte, der konnte noch zusätzlich reichsstädtisches und geistliches Gebiet durchwandern ... Nicht zu vergessen die Markgrafschaft Baden-Baden. Seit 1535 war Baden zweigeteilt: in die Markgrafschaften Baden-Baden und Baden-Durlach. Die Markgrafen von Baden-Baden residierten zunächst in Baden, dem heutigen Baden-Baden, und später in Rastatt. Das Zentrum der Markgrafschaft Baden-Durlach war zunächst Pforzheim, 1565 verlegte man die Residenz nach Durlach, das dann seinerseits von der neu gegründeten Residenzstadt Karlsruhe verdrängt wurde. Seit der Reformation waren die beiden badischen Ländchen überdies konfessionell getrennt: Baden-Durlach wurde protestantisch, Baden-Baden blieb nach einigem Hin und Her katholisch. „Überall Liliput", spottete Karl Julius Weber über diesen bunten Flickenteppich des Alten Reichs.

Ein lebensfroher Großvater

So wie die neue Residenz in Karlsruhe eine typische Gründung des Barockzeitalters war, so war Karl Wilhelm ein typischer Barockfürst: Den leiblichen Vergnügungen war der Markgraf äußerst zugetan. Es war ein offenes Geheimnis, dass die „Kammermädchen" sich keineswegs nur um den Wechsel der markgräflichen Bettwäsche kümmerten. Um die 60 sollen es gewesen sein, berichtet ein Zeitgenosse, der Baron Karl Ludwig Wilhelm von Pöllnitz, allerdings hätten „nur" acht davon täglich dem Markgrafen ihre Aufwartung gemacht. Die Folgen dieser Beziehungen ließen nicht auf sich warten, und auch wenn bei dem sich in schöner Regelmäßigkeit einstellenden Nachwuchs als Vater „unbekannt" eingetragen wurde, so wusste doch jeder, dass sich dahinter kein anderer als Karl Wilhelm verbarg. Im Land erzählte man sich über die Liebesnächte des Markgrafen die wildesten Geschichten, der Phantasie wurden kaum Grenzen gesetzt: 160 Mädchen seien es gewesen, die er im Turm des Karlsruher Schlosses untergebracht habe: „Sie mussten immer zum Dienst bereit sein. Klingeln führten aus seinen Gemächern in die Zellen der Mädchen: Er brauchte nur die Klingel mit dem Namen derjenigen zu ziehen, die ihm gerade in den Sinn kam, so war sie da."

Diese Leidenschaft, wenn sie auch sicher nicht so ausgeprägt war, wie in dem vorangegangenen Zitat geschildert, teilte der Markgraf mit vielen anderen Fürsten seiner Zeit. Doch dieser Genussmensch hatte auch eine andere Seite: Karl Wilhelm hatte mit ansehen müssen, wie sein Land von Kriegen heimgesucht wurde. Doch auch wenn er selbst ein gelehriger Schüler seines baden-badischen Vetters, des berühmten „Türkenlouis", war, so wusste er doch die Vorzüge des Friedens, den er mit einer geschickten Neutralitätspolitik zu wahren suchte, für die gedeihliche Entwicklung seines Landes zu schätzen. Neben den Frauen galt seine Leidenschaft der Gärtnerei, vor allem der Tulpenzucht. Gerne packte er im Schlosspark auch selbst mit an. Anders als mancher seiner Nachbarn praktizierte Karl Wilhelm barocke Prachtentfaltung mit Augenmaß und behielt bei all seinen Plänen die leeren badischen Kassen im Blick. Auch dem Regierungsalltag widmete sich der Markgraf durchaus: „Mit den angestrengtesten Tagesbeschäftigungen wechselten die deliziösesten Vergnügungen der Nacht", kommentierte ein Historiker bereits in der Mitte des 19. Jahrhunderts treffend. In typisch absolutistischer Manier mochte es Karl Wilhelm jedoch überhaupt nicht, wenn seine Untertanen über die Stränge schlugen: Einem alten Förster, der sich vor der Audienz beim Markgrafen etwas Mut angetrunken hatte, ließ er mitteilen, „dass, wenn er noch einmal besoffen in die Audienz kommt, so werde ich ihn derb mit der Hundepeitsche klopfen lassen."

Karl Wilhelms Gattin Magdalene Wilhelmine war eine geborene Herzogin von Württemberg, eine sehr sittenstrenge Frau, die „in der fürstlichen Leidensschule bei der Religion ihren Trost gefunden" hat. So verwundert es nicht, dass sie es vorzog, in dem wieder errichteten Westflügel des Durlacher Schlosses, der Karlsburg, zu residieren als in der lockeren Atmosphäre der neuen Residenz in Karlsruhe. Gleichwohl hielt man natürlich den ehelichen Schein aufrecht. Ihre ehelichen Pflichten hatte Magadalene Wilhelmine bereits mit der Geburt des auf den Namen Friedrich getauften Erben im Jahr 1703 erfüllt. Im Alter von 24 Jahren heiratete Friedrich die sieben Jahre jüngere Anna Charlotte Amalie von Nassau-Oranien. Und auch hier schien sich für das zeitweise vom Aussterben bedrohte Durlacher Haus alles zum Besten zu wenden: 1728 wurde der spätere Großherzog Karl Friedrich geboren, 1732 sein Bruder Wilhelm Ludwig. Die Katastrophe folgte auf dem Fuß: Die junge Markgräfin war schon zuvor reichlich launenhaft und eigensinnig gewesen; nun zeigten sich ernste Anzeichen einer beginnenden Geisteskrankheit. Und als ob das nicht schon schlimm genug gewesen wäre, starb am 26. März 1732 ihr Mann, Markgraf Friedrich, mit gerade einmal 29 Jahren. Als man Anna Charlotte Amalie zu seinem Leichnam führte, erklärte sie der staunenden Umgebung, dass sie diesen Herrn nicht kenne. An ihren Bruder Wilhelm IV. von Nassau-Oranien schrieb Karl Wilhelm, dass „selbst die zartesten und eindringlichsten Vorstellungen auf ihren Geist gar keinen Eindruck" gemacht hätten und sie stattdessen „gegen uns alle Beleidigungen schleuderte". Und inmitten dieses Chaos saß ein vierjähriges Kind, das nicht wusste, wie ihm geschah: Karl Friedrich.

Es stand außer Frage, dass die frivole Umgebung des markgräflichen Hofes in Karlsruhe nicht die geeignete Umgebung für einen kleinen Jungen war, und so sollte Karl Friedrich, zusammen mit seinem jüngeren Bruder Wilhelm Ludwig, zur Großmutter nach Durlach übersiedeln. Dass die Kinder dort angesichts des Charakters der Markgräfin kein Zuckerschlecken erwartete, stand von vornherein außer Frage. Doch das ihnen auferlegte Pensum, in dem kaum eine Minute Freizeit vorgesehen war und kein Platz für Zerstreuungen blieb, war nicht ungewöhnlich für fürstlichen Nachwuchs in dieser Zeit. Karl Friedrich wurde dabei von Anfang an auf seine spätere Herrscherrolle programmiert: Ein Gemälde zeigt ihn im Alter von acht Jahren – mit Rüstung, Orden und Kommandostab in der Hand. Natürlich legte Magdalena Wilhelmine besonders großen Wert auf die religiöse Unterweisung. Während Karl Friedrich sich in sein Schicksal fügte, legte Wilhelm Ludwig schon bald eine gewisse Renitenz und Unlust zum Lernen an den Tag.

Die problematische Nachbarschaft zu Frankreich war seit Langem einer der prägenden Faktoren in der Politik der beiden badischen Markgrafschaften. Dies zeigte sich auch in dem nach dem Tod Augusts des Starken 1733 ausgebrochenen Polnischen Thronfolgekrieg. Frankreich und Österreich wollten damals ihren jeweiligen Kandidaten durchsetzen; diese Konkurrenz mündete schließlich in einen Krieg der beiden Großmächte. Und wo trafen diese aufeinander: natürlich am leidgeplagten Rhein … Markgraf Karl Wilhelm wollte sein Land mit allen Mitteln aus diesem Krieg heraushalten, zahlte Tribut an Frankreich und verschwand selbst völlig von der Bildfläche, um keine Zweifel an seiner Neutralität aufkommen zu lassen. Er zog nach Basel, wo die

Die Karlsburg in Durlach diente den Markgrafen von 1565 bis zur Gründung Karlsruhes 1715 als Residenz. Blick auf den ältesten, erhaltenen Teil des Schlosses.

Familie ein Palais besaß; erst im September 1736 kehrte er nach Karlsruhe zurück. Derweil blieben seine Frau und die beiden Enkel in Durlach zurück, wo sie vom Krieg jedoch nur wenig mitbekamen. Die Habsburger mochten verärgert darüber sein, doch für das kleine Baden-Durlach war es wichtig, nach dem Pfälzischen Erbfolgekrieg nicht schon wieder zum Kriegsschauplatz zu werden.

Bildungsreisen durch halb Europa

Durch den frühen Tod seines Sohnes hatte Karl Wilhelm jegliche Lebensfreude verloren. Auch gesundheitlich ging es ihm zunehmend schlechter. So machte er noch in Basel sein Testament – in weiser Voraussicht: Am 6. Juni 1737 erlitt der Markgraf einen ersten Schlaganfall, am 11. Mai 1738 einen zweiten. Tags darauf starb Karl Wilhelm. Nun war Karl Friedrich „regierender" Markgraf von Baden-Durlach, ein Kind mit neun Jahren. Sein Großvater hatte für diesen Fall vorgesorgt: In seinem Testament ernannte er seine Frau Magdalena Wilhelmine und seinen ältesten Neffen Markgraf Karl August als Vormünder. Sie sollten, unterstützt von einem aus hohen Beamten zusammengesetzten Ratskollegium, die Regierungsgeschäfte führen.

Karl Friedrich war es nun noch weniger als bisher vergönnt, Kind zu sein: Noch mehr Augen richteten sich auf ihn, noch mehr als bisher wurden Disziplin und Eifer vom künftigen Herrscher Badens erwartet. Dass er in seinem Bemühen nicht nachließ, dafür sollte die strenge Großmutter Magdalena Wilhelmine sorgen, doch scheint sie den lebhaften Nachwuchs in ihren letzten Lebensjahren nicht mehr ganz so eisern unter Kontrolle gehabt zu haben. Die gebürtige Württembergerin starb am 30. Oktober 1742. Seinem Onkel Wilhelm IV. von Nassau-Oranien teilte Karl Friedrich ihren Tod in einem Brief mit: „Soeben entriss mir der Tod Ihre Durchlaucht meine Großmutter … Eure Hochfürstliche Durchlaucht wird leicht begreifen, wie viel Kummer dieser Verlust … mir bereitet. Sie war eine zärtliche und liebenswürdige Mutter, deren Gedächtnis mir immer sehr teuer sein wird." Wie viel daran höfische Floskel und wie viel ernst gemeintes Gefühl ist, lässt sich nur schwer beurteilen. Immerhin war die Württembergerin zehn Jahre lang die engste Bezugsperson des jungen Markgrafen gewesen. Dass er sie in seinem Brief an den Onkel „Mutter" nennt, mag ein Hinweis auf ihre Bedeutung sein.

Nach dem Tod Magdalena Wilhelmines hielt es den 14-Jährigen nicht mehr in der engen Durlacher Karlsburg, mit Macht zog es ihn die neue Residenz nach Karlsruhe, wo er allerdings auch nur kurze Zeit bleiben konnte. Es war damals üblich, dass Kinder aus regierenden Häusern, zumindest die männlichen, ihre Ausbildung nicht allein im eigenen Land erhielten. Durch ein auswärtiges Studium und die Besuche anderer Höfe sollten sie vorbereitet werden auf ihre Aufgabe und dazu noch den letzten Schliff erhalten, um auch auf dem gesellschaftlichen Parkett bestehen zu können. Und an höfischem Benehmen mangelte es den beiden jungen Markgrafen damals noch beträchtlich; im kleinen Durlach war auch kaum Gelegenheit gewesen, sich darin zu üben. Friedrich Emich Johann von Uexküll, der Präsident des Ratskollegiums, meinte gar, er schäme sich dafür, zugeben zu müssen, wie groß die Bildungslücken der beiden seien, insbesondere deren „rohes Benehmen" stieß ihm unangenehm auf.

Dachte Uexküll zunächst noch an Straßburg als möglichen Studienort, so fiel die Wahl schließlich auf Lausanne. Das mag auf den ersten Blick erstaunen, doch hatten die Markgrafschaft und die Eidgenossenschaft traditionell enge Beziehungen. Das zeigte nicht nur das Palais der Familie in Basel, sondern auch die Tatsache, dass Markgraf Karl Wilhelm die badischen Oberlande, rund um Emmendingen, während des Polnischen Thronfolgekrieges in den Schutz der benachbarten Eidgenossenschaft zu stellen suchte. Auch hatten bereits Vater und Großvater Karl Friedrichs diese Schule besucht. Gut protestantisch war Lausanne ebenfalls und französischsprachig obendrein – eine bessere Mischung konnte es kaum geben.

Die Reise nach Lausanne und der Aufenthalt wurden fast generalstabsmäßig vorbereitet. Das war auch notwendig, denn die beiden jungen Markgrafen wurden von einem Hofstaat von 31 Personen begleitet. Da war schon die Frage der Unterbringung eine logistische Herausforderung. Bei längeren Aufenthalten in Basel und in Bern konnte sich Karl Friedrich bereits auf dem gesellschaftlichen Parkett üben und das war schließlich ein Ziel des Aufenthalts in der Schweiz. Die Akademie von Lausanne war 1537 gegründet worden, ursprünglich vor allem zu dem Zweck, protestantischen Pfarrernachwuchs heranzubilden. Doch im 18. Jahrhundert gab es bereits sieben Lehrstühle, an denen neben Theologie unter anderem Philosophie, Mathematik, Rechtswissenschaft und Rhetorik gelehrt wurden. Die Vorlesungen wurden in französischer Sprache gehalten. Wie nicht anders zu erwarten, zeigte sich Karl Friedrich als gelehriger Schüler, während sein jüngerer Bruder seinem Ruf als „enfant terrible" auch in Lausanne alle Ehre machte.

Gut zwei Jahre lang blieben die beiden Markgrafen in der Schweiz. Allerdings kehrten sie von dort nicht auf direktem Weg in ihre Heimat zurück. Zum Ausbildungsprogramm des künftigen Landesherrn gehörte auch ein Besuch in dem Land, das damals gesellschaftlich in Europa den Ton angab, Mode und Sitten bestimmte: Frankreich!

Im Herbst 1745 verließen die jungen Markgrafen Lausanne und reisten über Genf in das große Nachbarland, das sie gründlich kennenlernen wollten: So standen Lyon, Aix-en-Provence, Toulon, Marseille, Nimes, Montpellier, Toulouse, Bordeaux, Nantes und Blois auf ihrem Reiseplan; erst im Januar 1746 trafen sie in Paris ein. Die Jungen aus der Provinz waren überwältigt von dem, was sie sahen, und Karl Friedrich entdeckte seine Leidenschaft für das Glücksspiel, die ihm noch manche Probleme bereiten sollte. In Versailles durften die Markgrafen Zeugen beim traditionellen Lever des Königs sein. Das morgendliche Aufstehen wurde wie ein Staatsakt zelebriert, bei dem hochrangige Gäste zusehen durften. Immerhin empfing Ludwig XV. die badischen Markgrafen im nahen Lustschloss Marly mit seinen einzigartigen Wasserspielen auch noch zu einer Privataudienz. Am Gründonnerstag des Jahres 1746 trafen Karl Friedrich und Wilhelm Ludwig ein letztes Mal Ludwig XV., bei einer Zeremonie, die beispielhaft für das Selbstverständnis des französischen Königtums war: Der König wusch, in Erinnerung an die Fußwaschung Christi, einigen Armen ebenfalls die Füße.

Voll von solchen Eindrücken, die weit entfernt von der badischen Realität waren, setzten die jungen Markgrafen ihre Reise fort. Sie wollten endlich ihren Onkel Wilhelm IV. von Nassau-Oranien kennenlernen, der damals als Erbstatthalter der niederländischen Provinz Friesland in Leeuwarden residierte. Nach einem kurzen Aufenthalt in Brüssel, das damals Hauptstadt der österreichischen Niederlande war, reisten die Badener weiter nach Norden. Bei Gorkum (Gorinchem) in der Provinz Südholland ereignete sich ein folgenschwerer Unfall, bei dem Karl Friedrich und sein Bruder nur mit viel Glück ohne Blessuren davonkamen. In einem Brief an seinen Onkel berichtete der Markgraf selbst über das Geschehen: „Der Wagen, in dem wir uns mit unserem Gouverneur Herrn von Rotberg und einem Kammerjunker befanden, stürzte durch ein schweres Verschulden unserer Fuhrleute um, überschlug sich zwei- bis dreimal von einer hohen Chaussee, da sich die Vorderräder von dem Hintergestelle gelöst hatten, wodurch wir in drohendster Lebensgefahr schwebten. Indessen kamen unter Gottes Schutz mein Bruder und ich mit heiler Haut davon. Herr von Uexküll hat sich am Auge verletzt, ist jedoch wieder genesen; mein Gouverneur hingegen, ein sehr dicker und schwerer Mann, wurde so zugerichtet, dass man ihn wie tot und ohne Besinnung unter dem Wagen hervorzog." Tatsächlich zog sich der arme Mann schwere innere Verletzungen zu, an deren Folgen er einige Wochen später starb.

So mussten die Brüder ohne ihren Gouverneur weiterreisen. Von Den Haag, wo sie ihre Großmutter Marie-Luise kennen lernten, nahmen sie den Seeweg nach Amsterdam, und von hier war es nicht mehr weit bis nach Leeuwarden, wo sie von ihrem Onkel empfangen wurden. Wilhelm IV. sollte sich in den nächsten Jahren zum väterlichen Mentor der beiden Badener entwickeln und darauf achten, dass sie nicht „abhoben", sondern gewissenhaft und strebsam ihren Weg gingen, wie es dem protestantischen Ethos entsprach. Das war bei Wilhelm Ludwig schwerer als bei Karl Friedrich, doch auch den älteren Neffen musste der Oranier einige Male an seine Pflichten erinnern. Aber Karl Friedrich mochte seinen Onkel und war daher bereit, Ratschläge von ihm anzunehmen und sah seinerseits wie ein Sohn zu diesem auf.

Die Wochen in Leeuwarden vergingen in gepflegter Langeweile. Karl Friedrich hätte seine Reisen gerne noch fortgesetzt, doch Baron Uexküll erinnerte ihn bei einem Besuch daran, dass er nicht tun konnte, was ihm beliebte: Es wurde erwartet, dass er endlich wieder nach Baden zurückkehrte. Das bedeutete für Karl Friedrich unter anderem die Trennung von seinem jüngeren Bruder, der in Holland studieren sollte. Nachdem es auch mit dem Studium nicht klappen wollte, wurde er zum Oberst in einem friesischen Infanterieregiment ernannt. Vielleicht würde es ja den Militärs gelingen, ihm die Flausen aus dem Kopf zu treiben.

Derweil trat Karl Friedrich die Heimreise an, unterbrochen nur von kurzen Zwischenstopps in Kassel und Darmstadt, wo er den jeweiligen Landesherren einen Höflichkeitsbesuch abstattete. Diese Besuche wären nicht der Rede wert, wenn es in Darmstadt nicht zu einem ersten Zusammentreffen Karl Friedrichs mit seiner künftigen Ehefrau Karoline Luise gekommen wäre, einer Tochter des Landgrafen Ludwig VIII. von Hessen-Darmstadt. Allerdings stand eine Verbindung der beiden damals noch überhaupt nicht zur Diskussion.

Endlich, am 5. November 1746, kehrte Karl Friedrich nach Karlsruhe zurück. Man kann nicht sagen, dass er davon begeistert gewesen wäre. Lieber wäre er weiterhin umhergereist, nachdem er an diesem Leben durchaus Geschmack gefunden hatte. In Karlsruhe wurde Karl Friedrich mit großem Jubel empfangen – verständlich, denn eine Residenzstadt ohne Herrscher ist wie ein Pferd ohne Reiter. In der jungen Stadt war man umso mehr an besten Beziehungen zu dem neuen Herrscher interessiert, als ja noch gar nicht feststand, ob dieser in Karlsruhe bleiben oder die Residenz doch wieder nach Durlach zurückverlegen würde. Doch so sehr sich Karl Friedrich in der Anfangszeit seiner Herrschaft vor Entscheidungen scheute, hier machte er rasch klar, dass er das ohne Hof noch nicht lebensfähige Karlsruhe nicht im Stich lassen würde.

Als Karl Friedrich in Karlsruhe ankam, lag dort bereits Post aus Wien für ihn vor: eine prächtige Urkunde in rotem Samteinband, ausgestellt von Kaiser Franz I. Darin erklärte er den Markgrafen für volljährig; die Arbeit der Regenten war damit offiziell beendet. Karl Friedrich hatte in den vergangenen Jahren zwar eine solide Bildung erhalten und wusste, wie er sich bei Hofe zu bewegen hatte – in die Regierungsgeschäfte war er bislang noch nicht eingeführt worden. Diese Unsicherheit zeigte sich bereits in der ersten Sitzung des Geheimen Rats unter seinem Vorsitz, als er die Anwesenden fragte, „wie er seine künftige Regierung am füglichsten einrichten könnte".

Karl Friedrich gab sich zwar Mühe, der mitunter arg trockenen Materie, die in seinem Geheimen Rat behandelt wurde, zu folgen und in sein Amt hineinzuwachsen. Doch zog es ihn bald mehr zum Spiel- als zum Ratstisch hin, was verständlich ist, bedenkt man, dass der Markgraf damals erst 18 Jahre alt war. Von einer wirklichen Übernahme der Regierungsgeschäfte konnte 1746 noch keine Rede sein. Viel lieber wollte Karl Friedrich bei einer weiteren Reise noch mehr von der Welt sehen – und lernen. Auch von einer Heirat, zu der ihn sein Onkel in Den Haag ebenso drängte wie der schon eifrig eheliche Bande schmiedende Uexküll, wollte der Markgraf nichts wissen.

Hatte Karl Friedrich schon damit einiges Stirnrunzeln ausgelöst, so ließen neue Reisepläne das Fass zum Überlaufen bringen. Es war nicht dieser verständliche Wunsch eines gerade Erwachsenen, der solches Missfallen hervorrief, und auch nicht das Reiseziel Italien mit Rom an sich. Doch war zeitgleich die Gerüchteküche heftig am Brodeln. Der Markgraf von Baden-Durlach wolle katholisch werden, raunte man sich an den deutschen Höfen hinter vorgehaltener Hand zu. Wenn er nun also nach Rom reiste, würde er sicherlich mit offenen Armen empfangen werden.

Maria Amalia Josepha von Österreich, die Witwe Kaiser Karls VII., hatte dieses Gerücht in Umlauf gebracht, und auch wenn daran nie etwas war, bedeutete es doch ein Politikum. Bei Uexküll läuteten daher verständlicherweise die Alarmglocken und Karl Friedrichs Onkel, der strenge Protestant Wilhelm IV. von Nassau-Oranien, sah sich genötigt, seinen Neffen in einem Brief zur Räson zu rufen. Nach dieser Schelte zeigte sich Karl Friedrich denn auch reichlich geknickt. Die Italienreise musste der junge Markgraf jedenfalls schweren Herzens wieder abblasen. Stattdessen brach Karl Friedrich im Oktober 1747 in zwei Länder auf, an deren protestantischer Haltung kein Zweifel war: England und die Generalstaaten, wo sein Onkel inzwischen nicht mehr nur Statthalter von Friesland, sondern aller sieben Provinzen war. Besonders eindrücklich dürfte ein Ereignis auf Karl Friedrich gewirkt haben: die feierliche Eröffnung des Parlaments in London, Sinnbild der konstitutionellen britischen Monarchie.

Auf dem Hin- und auf dem Rückweg besuchte Karl Friedrich jeweils seinen Onkel, der ihm einmal mehr eindringlich ins Gewissen redete. Vor allem wollte Wilhelm IV., dass sein Neffe endlich heiratete. Bisher hatte der Markgraf alle Vorschläge entweder abgelehnt oder erfolgreich ausgesessen. Doch er wusste, dass letztlich kein Weg daran vorbeiführte. Als sein Onkel ihm die Landgräfin Karoline Luise von Hessen-

Darmstadt als Gemahlin nahelegte, konnte der Badener kaum mehr anders als zustimmen: Gebildet und charmant sollte Karoline Luise angeblich sein und dabei durchaus hübsch anzusehen. Dazu noch aus einer gut protestantischen Familie – damit könnten dann alle zufrieden sein. Dass die Prinzessin fünf Jahre älter als er selbst war, dürfte für Karl Friedrich aber doch ein gewisser Wermutstropfen gewesen sein.

Eheglück mit Anfangsschwierigkeiten

Die Entscheidungsschwäche des Markgrafen brachte seine Berater weiterhin zum Verzweifeln. Von der ersten zaghaften Anfrage in Darmstadt im März 1748 dauerte es fast ein Jahr lang bis zur Verlobung, die auf Wunsch Karl Friedrichs zunächst auch noch geheim gehalten werden sollte. Gesteigertes Interesse an seiner künftigen Frau zeigte der Markgraf nicht gerade. Stattdessen hatte er in dieser Zeit ein intimes Verhältnis mit einer Bürgerlichen. Aus dieser Verbindung ging ein Sohn hervor. Es mag sein, dass diese Beziehung der Grund für das neuerliche Zögern war; allerdings war auch Karl Friedrich klar, dass er seine Dynastie und damit die Herrschaft seiner Familie nur durch standesgemäße Erben sichern konnte. Immerhin stand er zu seinem unehelichen Sohn, der bezeichnenderweise auf den Namen Karl Friedrich Hermann getauft wurde: Karl Friedrich nach dem Vater und Hermann nach einem der „Leitnamen" der badischen Markgrafen. Die Mutter verheiratete er mit einem seiner Jäger.

Die Angelegenheit drohte aus den Fugen zu geraten, und vielleicht erschien es selbst dem strengen Geheimrat von Uexküll besser, seinen jungen Herrn für eine Weile von der Bildfläche verschwinden zu lassen, bis sich die Wogen geglättet hatten. Und so konnte Karl Friedrich nun doch noch seinen alten Wunsch einer Reise nach Italien durchsetzen. Nachdem er mit einer protestantischen Fürstin verlobt und sogar der Ehevertrag am 27. Oktober 1749 abgeschlossen worden war, schienen die katholischen Verlockungen kein so großes Risiko mehr darzustellen.

Am 16. Januar 1750 brach Karl Friedrich zu seiner großen Reise auf, die zugleich seinen Abschied vom Junggesellendasein bedeutete. Verona, Venedig, Rom und Neapel waren die Orte, die der Markgraf besuchte. In Venedig stürzte sich der Badener in die Vergnügungen des berühmten Karnevals. Doch mit sehr viel mehr Argwohn beobachtete man Karl Friedrichs Besuch in Rom. Er traf dort Papst Benedikt XIV., einen gebildeten, der Aufklärung verpflichteten Mann, der von Friedrich dem Großen und seiner Schwester Wilhelmine ebenso geschätzt wurde wie von dem französischen Philosophen Voltaire. Aber Papst blieb nun einmal Papst und so begann die Gerüchteküche von Neuem zu brodeln: Hatte der Markgraf vor dem Pontifex sein Knie gebeugt, ja sogar einer katholischen Messe beigewohnt? Uexküll war vollauf damit beschäftigt, diese Behauptungen in das Reich der Legenden zu verweisen. Über ein halbes Jahr lang blieb der junge Herrscher in Italien; erst Mitte September 1750 kehrte er in seine Markgrafschaft zurück. Wie ein Damoklesschwert schwebte die versprochene Ehe mit Karoline Luise über seinem Haupt, und doch wusste er, dass er die Heirat nicht länger hinausschieben konnte. Am 28. Januar 1751 wurde in Darmstadt Hochzeit gefeiert.

Interessiert hat sich Karl Friedrich auch in der Folge nicht für seine Frau: Er ignorierte sie schlicht und tat weiter so, als wäre er Junggeselle. Mit einer Ausnahme: Der Sinn und Zweck dieser Ehe war zuallererst die Sicherung der dynastischen Erbfolge. Und hier schien alles zum Besten zu stehen, denn Karoline Luise wurde bereits wenige Wochen nach der Hochzeit schwanger.

Dass Karl Friedrich sich von diesen ehelichen Pflichten abgesehen wenig um seine Frau gekümmert hat, mag mit daran gelegen haben, dass Karoline Luise fünf Jahre älter und ihrem Mann auch geistig überlegen war. Doch offensichtlich scheute sich der Markgraf insgesamt in dieser Zeit, Verantwortung zu übernehmen: Er fühlte sich noch nicht reif, zu regieren, und er wollte auch nicht durch eine Ehe eingeengt werden. Und so brach er im Mai 1751 noch einmal zu einer längeren Reise auf: Wieder führte ihn der Weg nach England und nach Holland, wo er Wiedersehen mit seinem Bruder und seinem Onkel feierte. Derweil machte Karoline Luise vordergründig gute Miene zu dem jugendlichen Spiel ihres Gatten: Ihr blieb einzig die Hoffnung, dass er von selbst ruhiger und vernünftiger werden würde.

Nicht nur der sich vorerst weitgehend verweigernde Ehemann machte Karoline Luise zu schaffen. Das Karlsruher Schloss, in dem sie lebte, war eine große Baustelle. Vor dem Hintergrund von Zeitdruck und Finanznot hatte Markgraf Karl Wilhelm einen einfachen Fachwerkbau errichten lassen, der bereits wieder im höchsten Maße sanierungsbedürftig war. Die Umbauarbeiten, die weitgehend einem Neubau gleichkamen, dauerten letztlich über zehn Jahre – für das markgräfliche Paar eine Phase des ständigen Umherziehens von einer Zimmerflucht in die nächste. Insgesamt wurde jedoch auch der Schlossbau Karl Friedrichs vom Rotstift diktiert. Von den ursprünglichen Plänen Leo-

Das heutige Erscheinungsbild des Karlsruher Schlosses geht allerdings weitgehend auf einen Umbau in der Mitte des 18. Jahrhunderts zurück. Der ursprüngliche Bau von Markgraf Karl Wilhelm (1679–1738) hatte nach wenigen Jahrzehnten bereits erhebliche Mängel aufgewiesen.

poldo Rettis und Balthasar Neumanns blieb am Ende nicht mehr viel übrig. Aus dem kompletten Neubau wurde eine „Haupt Renovation". Immerhin: Auch die Stadt Karlsruhe erhielt in dieser Zeit mehr als einen neuen Anstrich: Die alten Holzhäuser wurden durch solide Steinbauten, eingeschossige durch zwei- und mehrgeschossige Bauten ersetzt.

Im September 1751 kehrte Karl Friedrich nach Karlsruhe zurück. Seine Frau stand kurz vor der Entbindung, doch wurde es nicht der erhoffte Thronfolger: Das Kind war zwar ein Sohn, aber eine Totgeburt. Das war im 18. Jahrhundert zwar keine Seltenheit, bedeutete dennoch einen besonderen Schock für Karoline Luise: Immerhin war es ihr erstes Kind gewesen. Dazu kamen die wenig erbaulichen Lebensumstände in ihrer neuen Heimat. In dieser Zeit vollzog sich jedoch in Karl Friedrich eine tief greifende Wandlung: Als ob er diese letzte Reise noch gebraucht hätte, um erwachsen zu werden, nahm er die Regierungsgeschäfte von nun an sehr viel ernster.

Auch seiner Frau begegnete Karl Friedrich jetzt weniger ablehnend. Immer mehr lernte er ihre Qualitäten zu schätzen, und Karoline Luise wurde „in allen wichtigen Staats- und Haus-Angelegenheiten" Karl Friedrichs „geheimster Berater". Die Markgräfin hatte die Zuwendungen ihres Mannes auch bitter nötig, denn es folgten zwei weitere

Markgräfin Karoline Luise, die erste Gemahlin Karl Friedrichs, mit ihren beiden ältesten Söhnen Erbprinz Karl Ludwig und Friedrich. – Gemälde von Joseph Melling, 1757. Badisches Landesmuseum Karlsruhe.

Totgeburten, die sie verständlicherweise schwer trafen. Endlich, am 14. Februar 1755, brachte die Markgräfin einen gesunden Jungen zur Welt, der auf den Namen Karl Ludwig getauft wurde. Die Freude darüber war im ganzen Land natürlich groß, war damit doch die Zukunft der Dynastie für eine weitere Generation gesichert, wenn das Kind denn nur gesund blieb. Zahlreiche Huldigungsschreiben wurden damals im Karlsruher Schloss abgegeben. Ein Schüler des Karlsruher Gymnasiums schickte gar ein dreiseitiges Gedicht, um seiner „untertänigsten Freudes-Bezeugung" Ausdruck zu verleihen.

Der Markgraf als Reformer

Wenn Karl Friedrich als aufgeklärter Fürst in die Geschichte eingegangen ist, dann hat er dies nicht zuletzt seinem wachen Sinn für Gerechtigkeit und Menschlichkeit zu verdanken. Reformen in Gesetzgebung und Strafvollzug atmeten jenen aufgeklärten Geist, den ihm sein alter Lehrer Johann Justus Lüdecken eingepflanzt hatte, der in der Tradition des brandenburgischen Reformers Samuel Freiherr von Pufendorf (1632–1694) stand. Pufendorf verband den Glauben an Vernunft und Menschenwürde mit der Staatsräson, der sich der einzelne Mensch unterzuordnen hatte. Es war dies die Grundlage für den aufgeklärten Absolutismus Friedrichs des Großen.

Auch für Karl Friedrich stand außer Frage, dass die oberste Gewalt in einem Staat bei seinem Fürsten lag. Zwar lehnte er die Unterteilung der Gesellschaft in „verschiedene Klassen von Bürgern" ab und warnte davor, dass dann die „Großen" die „Kleinen" unterdrückten. In diesem Sinn waren alle Bürger gleich, doch war dies weit entfernt von der Gleichheit, die später die Französische Revolution auf ihre Fahnen schrieb.

In seinen „hinterlassenen Papieren" hat Karl Friedrich der Einschätzung, dass der Adel eine „bloße Schimäre" sei, eine eindeutige Abfuhr erteilt, mit einem aus heutiger Sicht ziemlich kruden Vergleich: „Gibt es Tierrassen, so gibt es auch Menschenrassen. Und wer zweifelt an Tierrassen? Gibt es Menschenrassen, so müssen sich die Vorzüglichen hervortun vor anderen, sich untereinander durch Heiraten verbinden und die Rassen rein fortsetzen: das ist der Adel." Diese Zeilen sind allerdings insofern zu relativieren, als Karl Friedrich seine Einschätzung unter dem Eindruck der Französischen Revolution und dem Einfluss Napoleons geändert hat. Dies zeigte sich in der Landesherrlichen Verordnung von 1808, die aber eher dem damaligen Kabinettsdirektor Emmerich von Dalberg als dem schon von schwerer Krankheit gezeichneten Karl Friedrich zuzuschreiben ist: „Jeder Staatsbürger hat gleiche Ansprüche auf Anstellung und Beförderung bei gleicher Befähigung." Zumindest theoretisch schloss dies eine Bevorzugung des Adels aus, der jedoch durch Herkommen und Ausbildung nach wie vor dominierte, je höher die Funktion bei Hof, aber auch in der Regierung war. Und so bevorzugte Karl Friedrich wie Friedrich der Große in seinem „Ministerio", zumindest in der Anfangszeit seiner Herrschaft, Vertreter des Adels.

Eine besondere Abneigung hegte der Markgraf gegenüber den Juristen. Er hielt sie für notorische Rechthaber, die sich in alles einmischten und doch von nichts wirklich etwas verstanden: „Unsere deutschen Juristen haben meistens eine advokatenmäßige Denkart; die Schikane ist ihr Element; wenn sie auch eben nicht eigennützig sind, so wollen sie sich mit ihrer Gelehrsamkeit und Geschicklichkeit hervortun, und so gebiert immer ein Rechtshandel den anderen, wovon am Ende meistens nur Kosten und Verdruss die Folgen sind. Wenn man sich einmal in den Händen dieser Männer befindet, so wird man von einem weitsichtigen Handel in den anderen hineingezogen ... Werden die von ihnen angeratenen Maßregeln nicht durchgehend in den wesentlichen ihres Inbegriffs genehmigt und eingeschlagen, steigt die Besoldung nicht immer mit den Jahren ihrer Dienstzeit, so verlassen sie den Dienst, wo man ihrer am meisten nötig hätte, oder bedienen sich eines auswärtigen Berufs ..." Aus diesem Grund mochte der Markgraf keine auswärtigen Juristen in seine Dienste nehmen – seien diese auch noch so gescheit. Lieber wollte er danach trachten, „Landeskinder nachzuziehen und zu Geschäften zu bilden".

Karl Friedrich trieb zeitlebens der aufrichtige Wunsch, sein Land zu reformieren, weil er wollte, dass es den Menschen, die darin lebten, besser ging und jeder seine Chance bekam. Dem dienten vor allem seine wirtschaftlichen Reformen. Unmenschlichkeit erschien ihm wider die Vernunft zu sein. Das war auch der Anstoß für seine Maßnahmen in Gesetzgebung und Strafvollzug. Selbstverständlich waren dies nicht immer alles ureigene Initiativen Karl Friedrichs, sondern sie entstanden im Zusammenspiel des Markgrafen mit seinen Beratern. Doch ohne die Zustimmung des Herrschers hätten sie nicht umgesetzt werden können.

Auch Straftäter hatten für Karl Friedrich Anspruch auf eine menschenwürdige Behandlung. Schon 1752 verbot der Markgraf daher, „die Gefangenen durch Entziehung von Licht, Nachtlager oder Nahrung oder auch durch Krummschließen" zu einem Geständnis zu bringen. In unterirdischen Verliesen sollte künftig niemand mehr vegetieren müssen. In Pforzheim wurde 1752 mit dem Bau eines neuen Gefängnisses begonnen. Bis dahin waren Geisteskranke, Waisenkinder und Verbrecher allesamt im alten Zuchthaus in qualvoller Enge untergebracht gewesen. Nun sollten sogar Schwerverbrecher von Straftätern getrennt werden, die nur wegen kleinerer Vergehen einsaßen.

Ambivalent war die Einstellung Karl Friedrichs gegenüber Frauen, die wegen Kindstötung angeklagt waren, ein nicht seltenes Delikt im 18. Jahrhundert, das Stoff für zahlreiche Dramen gab; es sei nur an

„Gretchen" in Goethes „Faust" erinnert. Karl Friedrich drängte hier einerseits darauf, der Schutzbehauptung vom tot geborenen Säugling keinen Glauben zu schenken, doch an anderer Stelle setzte er sich für eine „milde Behandlung" dieser Frauen ein.

Ein Problem vieler Strafverfahren war damals die lange Dauer. Vielfach vegetierten Beschuldigte jahrelang in Zuchthäusern vor sich hin, ohne jemals verurteilt worden zu sein. Dem steuerte Karl Friedrich entgegen, indem er die zuständigen Behörden 1764 anwies, vierteljährliche Berichte über alle Gefangenen abzuliefern. Die teilweise mit Laienrichtern besetzten lokalen Blut- und Malefizgerichte, die besonders gern und häufig zur Folter als Mittel der Rechtsfindung gegriffen hatten, schaffte er komplett ab. Nur ausgebildete Richter sollten über Angeklagte urteilen. Der Anspruch auf Humanität und Rechtssicherheit sollte für alle Menschen gelten.

Nur drei Jahre später, 1767, folgte der nächste, fast schon spektakuläre Schritt: die Abschaffung der Folter. Baden-Durlach war zwar nicht der erste Staat in Europa, der auf dieses vermeintliche Instrument der Wahrheitsfindung verzichtete – in Preußen war dies 1740 der Fall gewesen und in England schon 1638 –, aber immerhin: Die kleine Markgrafschaft ging diesen Weg noch vor Maria Theresia in ihren habsburgischen Erbländern und allen anderen deutschen Fürsten. Karl Friedrich begründete die Abschaffung der Folter nicht mit moralischen oder religiösen Überzeugungen, sondern – ganz der Aufklärung entsprechend – mit rationalen Argumenten: Unter der Folter könnten Menschen Verbrechen gestehen, die sie nicht begangen hätten und damit Unschuldige zum Tod verurteilt werden. Aber auch den umgekehrten Fall sprach der Markgraf an: Ein „mit allen Kräften begabter Missetäter" könnte die Folter ertragen und sich so einen Vorteil in dem Gerichtsverfahren verschaffen. Da die Folter demnach „nicht mit der Natur eines rechtlichen Beweises" übereinstimme, sei diese „abzuschaffen und zu verbieten".

Endgültig einen Platz in den Geschichtsbüchern hätte sich Karl Friedrich sichern können, wenn er vor dem nächsten Schritt nicht doch zurückgewichen wäre: Der Markgraf hatte ernsthaft daran gedacht, die Todesstrafe abzuschaffen, doch schien dies seinen Räten zu revolutionär. So blieb dieser Meilenstein Großherzog Leopold I. der Toskana vorbehalten, der am 30. November 1786 Folter und Todesstrafe in seinen Ländern „auf ewige Zeiten" untersagte. Immerhin gab Karl Friedrich zu erkennen, dass die Todesstrafe in Baden künftig nur noch „in Fällen vorsätzlichen Totschlags" verhängt werden sollte.

Fand eine solche Hinrichtung tatsächlich statt, dann war Karl Friedrich, wie einer seiner Söhne im Fall eines zu Tode verurteilten Schäfers überliefert, „auf das tiefste ergriffen und brachte den ganzen Tag in einer sehr trüben Stimmung zu".

Ananas am Oberrhein

So wichtig diese Reformen für Karl Friedrich waren, sein eigentliches „Steckenpferd" war ein anderes: Der Begriff „Physiokratie" ist heute weitgehend in Vergessenheit geraten; im 18. Jahrhundert war diese Theorie absolut „in" und einer ihrer glühendsten Anhänger war der Markgraf von Baden. Das Wort kommt ursprünglich aus dem Griechischen und heißt übersetzt „Herrschaft der Natur". Der Kerngedanke dieser in Frankreich entwickelten Theorie besagt, dass Wertschöpfung nur durch die Landwirtschaft erfolgt, die dementsprechend als eigentliche Quelle des Reichtums gesehen wird – und nicht etwa der Handel, der als „unproduktiv" betrachtet wurde. Alle Interessen des Staates sollten, so formulierte es Markgraf Karl Friedrich, „auf einen Hauptzweck vereinigt" werden, nämlich „den blühenden Wohlstand des Ackerbaus, welcher die Quelle aller Reichtümer des Staates und aller Bürger desselben ist". Im Übrigen sollte sich die Wirtschaft „natürlich" – sprich: ohne alle Zwänge und Regulierungen – entwickeln. Demzufolge plädierten die Physiokraten auch für eine radikale Vereinfachung der Steuergesetzgebung: Nur eine einzige Steuer sollte es noch geben, die von der Produktivität des Bodens abhängig war.

Unterstützt wurde Karl Friedrich in dieser Haltung von Johann August Schlettwein (1731–1802), dem führenden deutschen Physiokraten, der von 1762 bis 1773 in badischen Diensten stand. Dabei setzte er sich auch intensiv mit der badischen Handels- und Währungspolitik auseinander und überlegte, ob die „Rheingoldwäscherei" ein lohnendes Geschäft sein könnte. 1777 folgte er einem Ruf an die Universität Gießen, wo er an der neu gegründeten Ökonomischen Fakultät die Professur für Politik-, Kameral- und Finanzwissenschaft übernahm. Wie eng die Gedanken Schlettweins und Karl Friedrichs auch in gesamtgesellschaftlichen Fragen konform waren, mag ein Zitat des Gelehrten zeigen, dem der Markgraf ohne Abstriche zugestimmt hätte: „Dies soll nach dem gesunden Menschensinne in der bürgerlichen Gesellschaft die Hauptabsicht sein, dass ein jeder die vollkommenste Garantie aller seiner Menschenrechte und des Genusses derselbigen darinnen findet."

Im 18. und auch noch im 19. Jahrhundert konnte eine einzige Missernte zu Hunger in der Bevölkerung führen. Insofern war der Gedanke, die Förderung der Landwirtschaft in den Mittelpunkt der Wirtschaftspolitik zu stellen, verständlich und nicht einmal verkehrt. Und genau das tat Karl Friedrich. Wolfgang Hug, ein ausgewiesener Kenner der badischen Geschichte, hat darüber einmal geschrieben: „Der Markgraf widmete der Verbesserung der Böden, Steigerung der Forsterträge und Diversifikation von Land- und Forstwirtschaft größtes Interesse, machte Domänen zu Musterbetrieben und wollte selbst als Vorbild wirken. Mit Stulpenstiefeln stapfte er durch Sümpfe und zeigte den Bauern, wie man Drainagen anlegt. Um für die Seidenerzeugung zu werben, trug er selbst seidene Strümpfe." Unterstützt wurde Karl Friedrich in diesem Bemühen von seiner Ehefrau, die umfassende botanische Kenntnisse hatte. So ließ sie Versuchspflanzungen anlegen, um festzustellen, welche Pflanzen für den jeweiligen Boden am geeignetsten waren. Auch neue Obstsorten führte das Markgrafenpaar in Baden ein. Sogar der Anbau von Ananas wurde damals erwogen. Doch dazu reichte selbst das sonnenverwöhnte Klima der Rheinebene nicht aus. Karoline Luise wiederum schickte vier badische Bauern nach England – dort sollten sie die fortschrittlichen Arbeitsmethoden ihrer Kollegen kennenlernen.

Um die wirtschaftlichen Verhältnisse in seinem Land voranzubringen, gründete der Markgraf 1764 eine „Ökonomische Gesellschaft", die „ihre Erfahrungen, Versuche, Vorschläge und Urteile über eingelaufene Schriften" in konkrete Maßnahmen umsetzen sollte. Doch damit haperte es von Anfang an, und über den Status eines Debattierklubs kam die Ökonomische Gesellschaft Karl Friedrichs nicht hinaus. Zu einem noch größeren Debakel wurde der ehrgeizige Versuch des Markgrafen, aus drei Gemeinden ein physiokratisches „Musterländle" zu machen. Doch das scheiterte bereits an der hierfür notwendigen Steuerreform, die auf große Widerstände stieß und sich letztlich als undurchführbar erwies. Und die neu gewonnene Gewerbefreiheit führte in Dietlingen bei Pforzheim lediglich dazu, dass sich die Zahl der Gastwirtschaften erhöhte. Das wiederum lag keineswegs im Sinne des Markgrafen, der seinen Untertanen jenes protestantische Arbeitsethos einimpfen wollte, das seine Großmutter ihn gelehrt hatte. „Jeder Mensch", so formulierte es Karl Friedrich, „empfängt von der Natur das Recht, zu leben, aber dieses Recht ist unauflöslich verbunden mit der Pflicht, zu arbeiten." Zehn Feiertage mussten da, neben den Sonntagen, genügen.

Wiedervereinigung mit Baden-Baden

Nachdem der Fortbestand des Hauses Baden-Durlach selbst lange Zeit gefährdet schien, zeichnete sich in den 1750er-Jahren das Aussterben der Linie Baden-Baden ab. Dem legendären „Türkenlouis", Markgraf Ludwig Wilhelm, war dessen Sohn Ludwig Georg Simpert gefolgt, der zwar zwei Söhne hatte, die aber beide im Kindesalter starben. Ihm folgte sein Bruder August Georg Simpert, der eigentlich für den geistlichen Stand vorgesehen gewesen war und schon die niederen Weihen erhalten hatte. Um das Fortbestehen seines Hauses zu sichern, ließ er sich in den Laienstand zurückversetzen und heiratete. Doch die Ehe blieb kinderlos.

Vor diesem Hintergrund erarbeitete der baden-durlachische Geheime Rat Johann Jakob Reinhard 1762 ein Gutachten über die Wiedervereinigung der beiden Markgrafschaften. 1763 begannen die Verhandlungen, wobei das Ziel eine Erbverbrüderung war, also im Falle des Aussterbens einer Linie die jeweils andere folgen sollte. Doch war allen Beteiligten klar, dass nach menschlichem Ermessen die Durlacher die Baden-Badener Linie beerben würde.

Zum Knackpunkt in den Verhandlungen wurde die Konfessionsfrage. Zwar konnten sich die Baden-Badener auf den Schutz der Bestimmungen des Westfälischen Friedens von 1648 berufen. Doch beharrten deren Unterhändler darauf, dass dies explizit in das Vertragswerk aufgenommen werden sollte. Zu tief saß das Misstrauen gegenüber der protestantischen Durlacher Linie. Nur mühsam gelang es, den Baden-Badener Markgrafen von Verhandlungen mit dem Hochstift Speyer abzubringen, das Ansprüche auf baden-badisches Gebiet stellte. Zugute kam den Durlachern dabei, dass August Georg Simpert in größten Geldnöten war und entsprechende Zuwendungen aus Karlsruhe ihn seinen Vettern wieder geneigter machten. Und so kam es 1765 tatsächlich zum Abschluss einer Erbeinigung, in der der Übergang der Herrschaft bis ins kleinste Detail geregelt wurde. Die Katholiken in Baden-Baden sollten nicht nur ihre Kirchen, sondern auch ihre Schulen und Klöster behalten dürfen.

Nach dem Abschluss dieser Erbeinigung kam es noch zu einem letzten verzweifelten Versuch, die Baden-Badener Linie zu retten: Elisabeth, die 40-jährige Tochter des verstorbenen Markgrafen Ludwig Georg, sollte den Durlacher Prinzen Karl Wilhelm heiraten, der sich bereit erklärt hatte, zum katholischen Glauben überzutreten. Diesen Schritt vollzog Karl Wilhelm Eugen 1771 tatsächlich, doch zeigte Eli-

Nach dem Vorbild von Versailles ließ Markgraf Ludwig Wilhelm von Baden-Baden, der legendäre „Türkenlouis", zwischen 1699 und 1705 in Rastatt ein neues Residenzschloss erbauen. Nach dem Aussterben der Linie Baden-Baden im Mannesstamm 1771 kamen deren Ländereien und Besitztümer an die Linie Baden-Durlach. Das Schloss in Rastatt nutzten die Durlacher Markgrafen und Großherzöge zeitweise als Zweitresidenz. – Historische Fotografie.

sabeth keine besondere Neigung, ihren Durlacher Vetter zu heiraten. Gebracht hätte das alles ohnehin nichts, denn das im Deutschen Reich gültige salische Erbrecht kannte keine weibliche Erbfolge.

Als Markgraf August Georg Simpert von Baden-Baden in der Nacht zum 21. Oktober 1771 in Rastatt starb, war daher klar, dass die Nachfolge auf Karl Friedrich fallen und die Trennung der Markgrafschaften nach über 300 Jahren ein Ende finden würde. Noch am selben Tag brach er nach Rastatt auf, um seine Herrschaft anzutreten. Mit einem Schlag verdoppelten sich sein Herrschaftsgebiet und dessen Bevölkerung. Doch wie würde die Inbesitznahme der Baden-Badener Lande verlaufen? Wie würde die Bevölkerung den neuen Landesherrn empfangen?

Dass er die Religionsfreiheit der Katholiken nicht beschneiden würde, war für Karl Friedrich nicht nur eine Frage der politischen Klugheit. Religiöse Toleranz war ein Grundpfeiler aufgeklärten Denkens, dem sich der Markgraf verpflichtet fühlte. Dies galt nicht nur für die Katholiken. So ließ Karl Friedrich 1782 ein Gutachten erstellen, in dem der Frage nachgegangen werden sollte, „inwiefern die Juden zu Erlernung der Handwerke anzuweisen, tunlich und rätlich sei". Dies war der erste Schritt auf dem langen Weg der rechtlichen Gleichstellung der Juden in Baden.

Gleichwohl bedeutete Toleranz nicht unbedingt die Wertschätzung des anderen. Wohl noch vor der „badischen Wiedervereinigung" schrieb Karl Friedrich über das Verhältnis zu seinen – damals noch sehr wenigen – katholischen Untertanen: „Dass die christliche Religion, welche von Vorurteilen und Aberglauben gereinigt und nach den Grundsätzen der evangelischen Kirchen gelehrt wird", eine „Wahrheit" sei, die zur „Beförderung der wahren Glückseligkeit beitragen" könne, werde wohl nur von jenen in Zweifel gezogen, „deren Verstand nicht durch den Zwang und die Finsternis der Römischen Kirche verdunkelt ist. Ist dieses richtig, so erfordert die Liebe, als die Schuldigkeit eines jeden evangelischen Landesherrn, welcher katholische Untertanen zu regieren hat, darauf bedacht zu sein, selbige durch erlaubte und vernünftige Mittel und Wege dahin zu vermögen, ihren Irrtümern und ihrer Unwissenheit zu entsagen." Die Erziehung durch die streng protestantische Großmutter hatte also durchaus Früchte getragen, und alle Ängste wegen eines Konfessionswechsels hatten stets jeder Grundlage entbehrt. Allerdings fügte Karl Friedrich diesen wenig freundlichen Worten für seine katholischen Untertanen, nun wieder ganz aufgeklärter Herrscher, hinzu: „Es muss eine vollkommene Unparteilichkeit unter beiderlei Religionsverwandten in allen Stücken beobachtet und durchaus ohne Ansehen der Person das Böse bestraft und das Gute belohnt werden." Der protestantische Landesherr müsse auch das Vertrauen seiner katholischen Untertanen zu gewinnen suchen.

Vor genau dieser Aufgabe stand Karl Friedrich bei seinem Einzug in Rastatt – und in den folgenden Jahren. In der Residenzstadt des „Türkenlouis" machte der Markgraf zuerst einen Kondolenzbesuch bei der Witwe des verstorbenen Baden-Badener Landesherrn. Die Markgräfin Maria Victoria von Aremberg war streng katholisch, und Karl Friedrich mag geahnt haben, dass sie ihm noch manche Steine in den Weg legen würde. Dass er nicht von allen willkommen geheißen wurde, soll der Markgraf zu spüren bekommen haben, als er Rastatt wieder verließ: Aus dem dortigen Piaristenkloster sollen Schüsse auf ihn abgefeuert worden sein. Dichtung oder Wahrheit? Insgesamt ging die Inbesitznahme Baden-Badens reibungslos vonstatten, doch kann kein Zweifel

Das Alte Schloss in Baden-Baden ist heute eine eindrucksvolle Ruine. Der Kupferstich zeigt eine historisierende Rekonstruktion der Anlage, deren Anfänge in das 12. Jahrhundert zurückreichen.

sein, dass das Land von einer auch gefühlten Einheit weit entfernt war. Die Konfessionsfrage blieb ein Dauerbrenner; dafür sorgte – wie in Karlsruhe befürchtet – Markgräfin Maria Victoria, die sogar einen Prozess vor dem Reichshofrat in Wien wegen „Gefährdung der katholischen Religion" gegen den neuen Landesherrn anstrengte. Erst 1789 wurde die Klage abgewiesen, nachdem es zwischenzeitlich sogar nach einer Niederlage für Karl Friedrich ausgesehen hatte.

Doch trotz manchen Ärgers: Die Vereinigung der beiden Markgrafschaften war die Basis für den Aufstieg Badens im 19. Jahrhundert. Es ist mehr als fraglich, ob die geteilten Markgrafschaften die napoleonische Flurbereinigung überstanden oder die badischen Markgrafen das Schicksal der Fürsten von Fürstenberg oder Thurn und Taxis geteilt hätten und von der politischen Landkarte verschwunden wären. So gesehen war Markgraf August Georg Simpert gerade noch rechtzeitig gestorben. Finanziell war die Übernahme von Baden-Baden zunächst eine Belastung, denn mit sparsamem Wirtschaften hatte man es dort – das Ende der eigenen Linie vor Augen – nicht mehr besonders ernst genommen.

Eheliche Freuden in Paris

Als Karl Friedrich von der tödlichen Erkrankung seines Baden-Badener Vetters erfahren hatte, befand er sich nicht im heimischen Karlsruhe, sondern in Paris. Wieder einmal hatte ihn das Reisefieber gepackt. Doch einen großen Unterschied gab es zu den vorangegangenen Reisen des Markgrafen: Er reiste nicht allein, sondern in Begleitung seiner Frau. Nichts könnte die gewonnene Nähe der Eheleute besser bezeugen, die sich inzwischen sogar richtige Liebesbriefe schrieben: „Ich bin nichts ohne Dich; alle Orte, wo ich Dich nicht finde, missfallen mir. Du bist mein Leben, meine Seele, mein Alles, nichts ist ohne Dich; auch will ich nur für Dich leben und sterben", schwärmte Karoline Luise. Die Familie des Markgrafenpaares war inzwischen angewachsen: 1756 war der zweite Sohn Friedrich zur Welt gekommen, 1763 der dritte Sohn Ludwig.

Frankreich war für die meisten deutschen Landesherren des 18. Jahrhunderts das große Vorbild, meinungsbildend in Kunst, Literatur, Architektur, Lebens- und Geistesart. Es war Karoline Luises sehnlichster Wunsch, dieses Land – und das bedeutete vor allem Paris – einmal kennenzulernen. Karl Friedrich war ebenfalls nicht abgeneigt, dem Nachbarland einen zweiten Besuch abzustatten. Besonders reizte ihn das Gespräch mit den französischen Physiokraten, ja die Aussicht mit ihnen zusammenzutreffen, ließ ihm „das Wasser im Munde zusammenlaufen". Da abzusehen war, dass sich eine solche Reise in die Länge ziehen würde, waren auch die drei Söhne mit von der Partie, darunter der erst achtjährige Ludwig.

Das markgräfliche Paar reiste inkognito als Graf und Gräfin von Eberstein. Ein solches Inkognito bot viele Vorteile; vor allem sparte man Reisekosten, denn anders als der Markgraf von Baden konnte der Graf von Eberstein auf einen großen Begleittross verzichten. Zudem war es Karl Friedrich und Karoline Luise auf diese Weise möglich, sich sehr viel freier in Paris zu bewegen, ohne ständig auf die Etikette achten zu müssen. Gleichwohl wusste natürlich jeder, wer Graf und Gräfin von Eberstein waren, und diese konnten denn auch erwarten, dass ihnen alle Türen geöffnet wurden.

Das Programm der Badener unterschied sich im Grundsatz nicht von jenem kunst- und bildungsbeflissener Besucher heutiger Tage: Kirchen, Museen, Schlösser, Gärten, Galerien – Karoline Luise und Karl Friedrich schienen gar nicht genug zu bekommen von den Schätzen der französischen Hauptstadt. Dazu kam noch ein dicht gedrängter

Terminkalender mit Besuchen und Einladungen, Theater- und Opernabenden. Der Kontrast zum heimischen Karlsruhe hätte kaum größer ausfallen können. Karoline Luise wurde Stammgast im Salon der Madame Marie-Thérèse Geoffrin (1699–1777), wo in intellektueller Runde über Wissenschaft, Kunst und Literatur diskutiert wurde. Derweil traf sich Karl Friedrich wie erhofft mit den führenden Vertretern der französischen Physiokraten, dem Grafen Victor Gabriel von Mirabeau und Pierre Samuel Dupont. Karl Friedrich setzte sich in der Folge noch intensiver mit deren Theorien auseinander und verfasste sogar einen „Abriss über die Prinzipien der Nationalökonomie".

Natürlich stand auch ein Besuch in Versailles auf dem Programm, doch war dieser weit entfernt von der Ungezwungenheit, mit der sich das Markgrafenpaar ansonsten in Frankreich bewegte. Keine Viertelstunde dauerte die Audienz, die König Ludwig XV. dem Markgrafen und seinem ältesten Sohn gewährte; ebenso kurz währte der Besuch der Markgräfin bei Marie Antoinette, der Frau des Thronfolgers. Immerhin soll es dabei „recht heiter" zugegangen sein.

Angesichts der unzähligen Abwechslungen, die Paris bot, kann man gut nachvollziehen, dass es Karoline Luise keineswegs eilig hatte, die Rückreise anzutreten. Als die erste Nachricht von einer schweren Erkrankung des Markgrafen August Georg Simpert von Baden-Baden in Paris eintraf, soll sie es gewesen sein, die Karl Friedrich dazu bewegte, nicht sofort nach Karlsruhe zurückzukehren. Erst als sein Ableben unmittelbar bevorzustehen schien, wurden die Pferde der Kutschen angespannt. Die Pflicht als Landesherr rief – und Karl Friedrich konnte und wollte sich dieser Pflicht nicht entziehen. Erst nach über drei Monaten der Abwesenheit traf der Markgraf wieder in seiner Residenzstadt ein.

Strenge Eltern – und ein unglücklicher Erbfolger

Mit ihren drei Söhnen hatten Karl Friedrich und Karoline Luise geradezu vorbildlich den Fortbestand des Hauses Baden gesichert. Da bei beiden Elternteilen Bildung hoch im Kurs stand, wollten sie, dass auch ihre Kinder eine gründliche Ausbildung erhielten. Der Tag der Fürstenkinder war bis ins kleinste Detail geplant, Zeit für Mußestunden blieb kaum. Immer mehr Wissen wurde vor allem in den Ältesten hineingetrichtert, sollte er doch einmal die Nachfolge seines Vaters antreten. Karl Ludwig war ein liebes, strebsames Kind, das es seinen

Eltern zu jeder Zeit recht machen wollte und das vor allem von seinem Vater wie ein Augapfel gehütet wurde. Ein ‚geistiger Überflieger' war er nicht, sondern eher eine durchschnittliche Begabung. Umso schwieriger war es für ihn, die hohen Erwartungen Karl Friedrichs und seiner „unnachsichtlich strengen" Lehrer zu erfüllen. Es gelang ihm auch niemals, sich von seinen Eltern zu lösen: selbst nicht nach seiner Hochzeit mit Amalie von Hessen-Darmstadt, einer Nichte Karoline Luises. Karl Friedrich, der seine Jugendjahre ohne Eltern erlebt hatte, verstand nicht, dass er seinem Sohn wenigstens ab und an einmal einige Freiheiten gönnen musste, und Karoline Luise, die zu ihrer Schwiegertochter ein sehr gespanntes Verhältnis hatte, wollte verhindern, dass Amalie allzu großen Einfluss auf ihren labilen Mann bekam. Lieber sollte er unter ihrer Kuratel bleiben. Die Schwiegereltern, erinnerte sich Amalies Hofdame Karoline von Freystedt, seien gewohnt gewesen, „ihren Sohn als Kind zu behandeln". Diese Gewohnheit „dehnten sie auch auf seine junge Gemahlin aus, welche besonders das Joch ihrer Schwiegermutter und Tante nur mit Mühe ertrug".

Wie verzweifelt Karl Ludwig war, zeigt ein Brief, den er 1781 an seine Frau geschrieben hat, die sich in Straßburg einer Augenbehandlung unterzog: „Ich werde wirklich schlimmer als ein Sklave an der Kette behandelt, denn der besitzt doch wenigstens die Freiheit, traurig sein zu dürfen." Denn selbst das gestatteten ihm die strengen Eltern nicht: Immer musste er die Contenance bewahren, wie es sich für den künftigen Markgrafen von Baden geziemte. Nicht einmal ausfahren durfte Karl Ludwig mit seiner Frau, ohne zuvor die Erlaubnis seines Vaters eingeholt zu haben. Sehr viel leichter hatte es da schon der zweite Sohn Friedrich, der erklärte Liebling seiner Mutter, die ihn auf zahlreichen Reisen mitnahm und sich ungemein darüber freute, dass Friedrich sich – wie sie selbst – für Kunst und Wissenschaft interessierte.

Dichter und Denker bei Hofe

Karl Friedrichs Ruf als aufgeklärter Fürst wurde vor allem von berühmten Besuchern über die Grenzen der Markgrafschaft hinausgetragen. Dichter und Denker waren in Karlsruhe stets willkommen. Und anders als am Hof Friedrichs II. in Potsdam galt dies auch für deutschsprachige Geistesgrößen, denen sich der Herrscher von Sanssouci weitgehend verschloss. Karl Friedrich von Baden öffnete sich französischen und deutschen Einflüssen gleichermaßen.

Ein besonders illustrer Besucher kam bereits im August 1758 für vier Tage nach Karlsruhe: der französische Philosoph Voltaire. Besonders zu Markgräfin Karoline Luise entwickelte sich in der Folge eine enge Beziehung, die in einem regen Briefwechsel aufrechterhalten wurde. Wie sehr der Philosoph die Zeit in Karlsruhe genossen hat, zeigt ein Brief vom 23. Dezember 1758 an die Markgräfin: „Die Natur hat diesen Ort angenehm erschaffen. Sie verschönen ihn noch durch ihre Kunst. Wer auch immer seine Fürstin gesehen hat, wünscht sich leidenschaftlich, ihr noch einmal seine Aufwartung machen zu dürfen." Dass Karl Friedrich sein Land aus dem damals tobenden Siebenjährigen Krieg weitgehend heraushalten konnte, fand ebenfalls die Anerkennung Voltaires: „Ganz Deutschland leidet, nur Karlsruhe trägt in diesen schrecklichen Kriegszeiten seinen Namen zu Recht. Es ist wirklich ein Asyl der Ruhe, möchte es dies lange bleiben, und möchten Sie, Madame, Sie der Herr Markgraf und Ihre ganze erlauchte Familie sich einer Ruhe erfreuen, welche so viele Fürsten verloren haben."

Eng mit Voltaires Werk verbunden sind die Aktivitäten eines anderen französischen Schriftstellers: Pierre Augustin Caron de Beaumarchais, dessen „Hochzeit des Figaro" durch die Vertonung in Mozarts gleichnamiger Oper unsterblich wurde. Aber Beaumarchais war nicht nur Schriftsteller, sondern auch Unternehmer: Nach dem Tod Voltaires 1778 plante er, eine Gesamtausgabe der Werke des Philosophen auf den Markt zu bringen – inklusive dessen Briefwechsel mit den gekrönten Häuptern Europas. Doch in Frankreich war Voltaire in Ungnade gefallen und seine Werke waren verboten worden. Beaumarchais musste nach einem anderen Land Ausschau halten, in dem er die Bücher drucken konnte. Seine Wahl fiel auf das badische Kehl. Die Nähe zu Frankreich und der Ruf Karl Friedrichs als eines aufgeklärten Fürsten gaben den Ausschlag. Im Mai 1786 kam Beaumarchais selbst nach Karlsruhe, nachdem es zuvor einige Schwierigkeiten mit der badischen Zensur gegeben hatte. Karl Friedrich empfing den nicht unumstrittenen Gast „sehr gnädig". Täglich durfte der Franzose „bei Hofe an der fürstlichen Tafel speisen", eine hohe Auszeichnung. Des Abends las Beaumarchais aus seinem neuesten Werk vor, wofür er mit „lautem Beifall" bedacht wurde.

Aus dem schwedischen Uppsala kam der Orientalist Jacob Jonas Björnstahl nach Karlsruhe. Ihm verdanken wir eine sehr schöne Schilderung der Atmosphäre von Karl Friedrich und seinem Hof: „Der Markgraf hatte bloß zwei Läufer und zwei Lakaien bei sich und fuhr in einem Wagen mit zwei Pferden, ohne weitere Pracht. Dieser Herr ist zu sehr Philosoph, um dergleichen Glanz zu lieben … Er kleidet sich schlecht und recht, trägt fast beständig Stiefeln und Sporen … Wir wurden ihm vorgestellt, und er unterredete sich sehr gnädig mit uns. Er hat von fast allen Sachen Kenntnisse und ist in England, Frankreich, Italien usw. gereist …" Björnstahl wurde von Karl Friedrich zum Essen eingeladen; im Anschluss daran unterhielt er sich mit ihm über die arabische Sprache und Literatur. „Wir brachten den ganzen Tag an diesem angenehmen Hofe zu, wo des Abends ein schönes Konzert gegeben wurde; man spielte auch Karten, allein der Markgraf spielte niemals" – der schwedische Besucher wusste wohl nicht, dass Karl Friedrich in dieser Beziehung ein gebranntes Kind war … Björnstahl berichtet auch, dass Karl Friedrich gelegentlich zu Fuß von Karlsruhe nach Durlach spazierte und sich dabei gerne mit den Bauern unterhielt. Als guter Physiokrat sagte er zu seinem Besucher: „Die Bauern sind's, die uns andere unterhalten."

Das größte Loblied auf Karl Friedrich und seine Herrschaft sang ein deutscher Denker: Johann Gottfried Herder. Der Theologe, Philosoph und Schriftsteller reiste 1770 im Gefolge des Erbprinzen Peter Friedrich Wilhelm von Holstein-Gottorp nach Karlsruhe. Schon in einer 1767 veröffentlichten Schrift hatte sich Herder für die Verwendung der Muttersprache auch in der gehobenen Literatur stark gemacht. Das war revolutionär in einer Zeit, an der die meisten Fürstenhöfe französisch parlierten und an den Universitäten nach wie vor bevorzugt Latein gesprochen wurde. Die eigene Sprache war für den Philosophen ein prägender Teil des Nationalcharakters. Karl Friedrich hat diese Einschätzung voll und ganz geteilt: „In der Sprache", schreibt der Markgraf, „liegt immer etwas vom Nationalcharakter der Nation, die die Sprache spricht, weil die Nation ihre Sprache bildet, und Sprache als Werkzeug zum Denken der Barometer der Aufklärung, sowie der Beständigkeit oder Veränderlichkeit, der Festigkeit und Kraft oder der Weichlichkeit des Charakters einer Nation ist. Ein Volk, das keine eigene Sprache hätte, würde keinen eigentlichen Nationalcharakter haben. Ein Volk, das seine Sprache verlöre, würde aufhören, eine Nation für sich zu sein." Und genau diese Befürchtung hegte Karl Friedrich und kritisierte daher heftig, dass jene, „die man die große Welt nennt", immer nur französisch sprechen: „Die Kinder lernen diese Sprache, ehe sie ihre Muttersprache lernen oder doch zugleich mit dieser; nur wird darauf selten gesehen, dass sie sich im Deutschen richtig ausdrücken und es zierlich sprechen, während man sich um das Französische alle Mühe gibt."

Angesichts dieser Übereinstimmungen nimmt es denn auch nicht wunder, dass der Markgraf und Herder sich von Anfang an verstanden, und Karl Friedrich auch nichts dagegen hatte, dass der Philosoph seine Gedanken frei äußerte. Herder selbst notierte darüber: „Der Markgraf, mit dem ich die erste Viertelstunde sprach, ohne ihn zu kennen, suchte mich auf eine sehr gute Art mittags und abends zu seiner Unterhaltung auf, und da er der erste Fürst ist, den ich ganz ohne Fürstenmiene kenne, so fallen unsere Gespräche meistens auf Dinge, die zur Einrichtung und Freiheit des menschlichen Geistes gehören und über die ich mich so frei ausdrücke, als ob ich mit keinem Fürsten spräche." Keinen Draht fand Herder zu Karoline Luise, da er „für keine Kreatur in der Welt mehr Abscheu habe als für ein gelehrtes Frauenzimmer". Das spricht für die Markgräfin – und gegen den so gelehrten Philosophen.

Mit Karl Friedrich blieb Herder dagegen in Kontakt. Er fand den Ostpreußen auch als geeigneten Ansprechpartner für ein Projekt, das ihn lange umgetrieben hat: eine Art „Gelehrtenparlament", in dem Geistesgrößen aus allen deutschen Landen vertreten sein sollten. Tatsächlich legte Herder daraufhin 1787 seine „Idee zum ersten patriotischen Institut für den Allgemeingeist Deutschlands" vor und übersandte seine Denkschrift dem Markgrafen. Nach Herders Gedanken hätte sich dieses „Institut" vor allem mit der „Sprache der Nation" beschäftigen sollen, mit allem, „was zur tätigen Philosophie der Nationalbildung und Glückseligkeit" gehörte. Eine solche Formulierung barg gewaltigen politischen Sprengstoff, auch wenn der Zweck des Instituts nicht ursprünglich politisch gedacht war. Alle Fürsten sollten Vertreter in ein solches „Parlament" senden, die in „periodischen Versammlungen mitten in Deutschland" zusammenkommen sollten.

Wie nicht anders zu erwarten, reagierten Karl Friedrichs Kollegen auf den Fürstenthronen, und auch die Berater des Markgrafen, sehr zurückhaltend auf diese Idee. Um den Philosophen nicht vor den Kopf zu stoßen, wollte es der Badener nun eine Nummer kleiner angehen lassen. Zunächst sollten ausgewählte Gelehrte in einem vertraulichen Kreis zusammenkommen, ohne „vorerst der weitergehenden Pläne zu gedenken". Zu einem solchen Debattierklub aber hatte offensichtlich Herder keine Lust. Recht kühl antwortete er dem Markgrafen, dass er sich auf eine Italienreise vorbereite und sich schon „jenseits der Alpen" fühle. Daher könne er die ihm angebotene Leitung eines solchen Kreises nicht annehmen, sondern lediglich „diesen rühmlichen Bemühungen für unser deutsches Vaterland leider nichts als meine besten und aufrichtigsten Wünsche schenken".

Nachdem Herder 1770 von Karlsruhe abgereist war, traf er im Anschluss Johann Wolfgang Goethe (damals noch ohne „von"), der im nahen Straßburg studierte. Es sollte eine wegweisende Begegnung für beide sein. Es wird dabei auch über den Markgrafen in Karlsruhe gesprochen worden sein, und angesichts des gelehrten Rufs, der Karl Friedrich vorauseilte, wäre es schon ein Wunder gewesen, wenn nicht auch Goethe der badischen Residenzstadt einen Besuch abgestattet hätte. Immerhin hatte schon 1763 ein französischer Beamter in einer Reisebeschreibung festgehalten: „Der Markgraf hatte Frankreich, Italien, England bereist und hat in diesen verschiedenen Landen die Kenntnisse geschöpft, die er zu pflegen fortfährt und die seine Erholung bilden. Er war so gnädig, mich in seine Bibliothek zu führen ... Keine seltenen oder geschätzten Bücher fehlten in dieser Bibliothek, in der er seine Mußezeit verbringt."

Musste das nicht auch für Goethe ein Ort sein, den es zu besuchen lohnte? Tatsächlich kam der junge Dichter schon 1775 erstmals nach Karlsruhe, allerdings nicht gezielt, um dem gelehrten Markgrafenpaar einen Besuch abzustatten. Er begleitete die gräflichen Brüder von Stolberg auf ihrer Reise in die Schweiz, und eine der Stationen auf dem Weg dorthin war die badische Residenzstadt. Goethe hat darüber in „Dichtung und Wahrheit" geschrieben: „Der regierende Herr Markgraf, als einer der fürstlichen Senioren, besonders aber wegen seiner vortrefflichen Regierungszwecke unter den deutschen Regenten hoch verehrt, unterhielt sich gern von staatswirtlichen Angelegenheiten. Die Frau Markgräfin, in Künsten und mancherlei guten Kenntnissen tätig und bewandert, wollte auch mit anmutigen Reden eine gewisse Teilnahme beweisen ..." Insgesamt habe er sich den aus seiner Sicht reichlich gesetzten Herrschaften gegenüber „ganz leidlich" verhalten.

In Karlsruhe traf Goethe erstmals den jungen Herzog von Sachsen-Weimar – eine der schicksalhaftesten Begegnungen der deutschen Literaturgeschichte. Und in Karlsruhe, schreibt der Dichter weiter, habe er auch seinen Kollegen Klopstock getroffen, dem er die neuesten Szenen des „Faust" vorgetragen habe. Diese Zeilen aus „Dichtung und Wahrheit" dürften den Historienmaler Friedrich August Pecht (1814–1903) lange nach Goethe und des Markgrafen Tod dazu inspiriert haben, ein Gemälde zu schaffen, das den Empfang des Dichters bei Hofe zeigt: Goethe steht vor einem Licht erfüllten Durchgang und rezitiert. Gebannt lauschen das links sitzende markgräfliche Paar und ihnen gegenübersitzend ein dunkel gekleideter Mann: Klopstock! Las Goethe aus der Urfassung des „Faust" erstmals in Karlsruhe öffentlich vor? Doch da haben der Maler und Goethe selbst einiges durcheinander gebracht: Der Empfang bei Hofe hat weder bei Goethe noch bei Karl Friedrich nachhaltigen Eindruck hinterlassen. Als Goethe 1775 nach Karlsruhe kam, war er noch nicht der Dichterfürst und altersweise Minister, sondern ein junger „Stürmer und Dränger", den Welten von der moralisch-rationalen Lebenseinstellung des Markgrafen trennten. Und Goethes Kommentar über Karl Friedrich spricht ja auch nicht für besonders große Begeisterung, sondern eher für gepflegte Langeweile.

Ob Goethe deshalb den Aufenthalt in Karlsruhe mit dem Besuch bei Klopstock gewürzt hat? In Wirklichkeit hat dieser nämlich nie stattgefunden, nicht stattfinden können. Bei Goethes Besuch in der badischen Residenzstadt war Friedrich Gottlieb Klopstock bereits Hals über Kopf nach Hamburg abgereist. Dabei hatte alles so traumhaft begonnen: Der Markgraf hatte Klopstock, um es etwas flapsig auszudrücken, einen zeitlich unbefristeten Vertrag als Hofrat angeboten – ohne dass der Dichter dafür im Gegenzug eine erkennbare Arbeitsleistung hätte erbringen müssen: „Ich freue mich, Sie persönlich kennenzulernen", schrieb ihm Karl Friedrich, „und den Dichter der Religion und des Vaterlandes in meinem Lande zu haben. Sie begehren einen uneingeschränkten Aufenthalt und werden denselben jederzeit bei mir haben, die Freiheit ist das edelste Recht des Menschen, und von den Wissenschaften ganz unzertrennlich." Das heißt: Klopstock sollte keine materiellen Sorgen haben, um sich ganz seiner Wissenschaft widmen zu können, und zwar so, wie er es wollte, ohne jedwede markgräfliche Vorgaben! Natürlich war das nicht ganz uneigennützig, denn mit dem damals hochberühmten Dichter hätte sich Karl Friedrich im Kollegenkreis durchaus schmücken können. Doch Klopstock wurde in Karlsruhe nicht heimisch: Mancher neidete ihm seine Freiheiten und ließ ihn dies spüren, und der Dichter selbst mag allzu deutlich das Genie in sich hervorgekehrt haben. Immerhin: Karl Friedrich nahm ihm die Flucht nach Hamburg nicht übel; im Gegenteil: Er schrieb ihm einen freundlichen Brief, klagte darüber, welche Leere er hinterlassen habe, und Klopstock erhielt auch weiterhin seine Bezüge als markgräflich-badischer Hofrat. 1786 besuchte ihn der Markgraf gar in Hamburg.

Ein Jahr vor Goethe und Klopstock gab der Schweizer Theologe und Pfarrer Johann Kaspar Lavater (1741–1801) seine Visitenkarte in Karlsruhe ab. Eigentlich wollte der „gefeierte Schriftsteller und Kanzelredner" seinen Freund Johann Georg Schlosser besuchen, der Hofrat in Karlsruhe war. Doch als Lavater in der Stadt eintraf, war dieser bereits nach Emmendingen versetzt. Natürlich erzählte man Karl Friedrich von der Ankunft Lavaters, und der Markgraf bat diesen sogleich ins Schloss. Es war die unbändige und nicht nachlassende Lust auf geistreiche Gespräche, aus denen sich vielleicht gar ein konkreter Nutzen ziehen ließ, der Karl Friedrich ohne Umschweife solche Gelegenheiten nutzen ließ. Zwar fand der Schweizer den Markgrafen zunächst „etwas trocken", doch entwickelte sich bald ein offenes Gespräch: „Ich durfte nach meinem Gefühl aufrichtig und frei reden."

Hauptthema des Gesprächs war neben Glaubensfragen die von Lavater entwickelte Lehre von der Physiognomie. Der Schweizer ging davon aus, dass sich der Charakter eines Menschen an dessen Gesichtszügen erkennen ließe. 1775 veröffentlichte er seine maßgebliche Schrift zu diesem Thema – widmete sie dem Markgrafen Karl Friedrich und ließ ihm natürlich auch das erste Exemplar zusenden. In späteren Jahren wandte sich Lavater zeitweise dem Mesmerismus zu, der auf der Heilwirkung magnetischer Kräfte basierte, die durch Handauflegen übertragen wurden. Karl Friedrich griff auch diese Gedanken seines Freundes auf; man mag es als ein Zeichen für die Offenheit nehmen, mit der der Markgraf neue Wege beschritt, zumal wenn sie ihm von einem seiner gelehrten Freunde ans Herz gelegt wurden. In einem regen Briefwechsel und bei mehreren persönlichen Zusammenkünften vertieften Karl Friedrich und Lavater ihre Beziehung, die bis zum Tod Lavaters am 2. Januar 1801 Bestand hatte.

Mit einem auf dem Sterbebett verfassten, von großen Emotionen geprägten Brief verabschiedete sich Lavater von seinem fürstlichen Freund. Der Tod des Schweizers hinterließ eine tiefe Lücke, die Karl Friedrich umso mehr schmerzte, als er auch aus anderen Gründen (auf die noch einzugehen sein wird), schwer angeschlagen war. Den Platz Lavaters nahm nun ein Mann ein, der mit diesem eng verbunden gewesen war, mit dem aber auch Karl Friedrich bereits schriftlichen Kontakt hatte: Heinrich Jung-Stilling (1740–1817). Doch es war weder dessen Tätigkeit als Arzt noch jene als Dozent für ökonomische Wissenschaften in Marburg, die Karl Friedrich dazu veranlasst hatte, Verbindung zu diesem aufzunehmen. Jung-Stilling zählte auch zu den Wegbereitern erneuerter protestantischer Frömmigkeit, war einer, der gegen die zunehmenden Zweifel an Gott und Kirche zu Felde zog und seiner Frömmigkeit in zahlreichen Schriften Ausdruck verlieh. Für den alternden Markgrafen war die Religion immer wichtiger geworden. Derweil plagten Jung-Stilling auch ganz irdische Sorgen, die er Karl Friedrich offen beichtete: Er hatte kein Geld! Dem wiederum konnte der Markgraf abhelfen. Er ernannte Jung-Stilling zum Hofrat, ließ ihn in seine Residenz kommen, entband ihn „von allen irdischen Verbindlichkeiten" und trug ihm auf, „durch Ihren Briefwechsel und Schriftstellerei Religion und praktisches Christentum ... zu befördern. Dazu berufe und besolde ich sie". Diese Aufgabe war in den Augen Karl Friedrichs das Gehalt eines Hofrats allemal wert: „Es ist etwas Erfreuendes, von den großen und wichtigen Wahrheiten der Religion Jesu gründlich sprechen zu hören und dadurch immer mehr Überzeugung – oder vielleicht besser zu sagen, Bestätigung und Wirkung zu bekommen." Und Jung-Stilling versprach: „Alles! Alles soll nun auf den einen großen Gesichtspunkt Christum und sein Reich gerichtet sein".

Trauer um Markgräfin Karoline Luise

Die Tätigkeit Jung-Stillings hat uns bereits bis in die letzten Jahre der Herrschaft Karl Friedrichs geführt. Baden war so verwandelt wie in den vorangegangenen 500 Jahren nicht. Dies war keine Folge einer eigenständigen Politik Karl Friedrichs; so wenig wie der Anfall Baden-Badens sein „Verdienst" gewesen war. Es war der Strudel der großen Politik, der Baden mitriss. Aber so wie der Markgraf und seine Ratgeber 1771 den Übergang Baden-Badens sorgfältig vorbereitet und konsequent durchgeführt haben, so verstanden es die Verantwortlichen in Baden zwischen 1789 und 1806 auch, das Maximale für Baden „herauszuholen" – selbst wenn mancher dieser Schritte moralisch bedenklich war und Karl Friedrich gerade deshalb viel Überwindung gekostet hat.

Doch ehe die politischen Ereignisse sich überschlugen, traf Karl Friedrich ein persönlicher Schicksalsschlag: der überraschende Tod seiner geliebten und verehrten Gemahlin Karoline Luise. Allerdings war die Markgräfin stets kränkelnd gewesen und ihre Leibesfülle trug nicht gerade zu ihrer Gesundheit bei. Als dazu noch leichte depressive Anwandlungen kamen, rieten die Ärzte zu jener Abwechslung, die die Markgräfin vor allen anderen liebte: einer Reise! Und das Ziel dieser Reise sollte Paris sein, jene Stadt, die Karoline Luise bei ihrem ersten Aufenthalt nur ungern verlassen hatte. Die bevorstehende Abreise hob die Laune der Markgräfin und sie freute sich bereits auf die Begegnungen mit Wissenschaftlern und Künstlern, auf Besuche in Museen und Galerien. Trotz strapaziöser Reise gönnte sich Karoline Luise nach ihrer Ankunft am 4. April 1783 in Paris keine Pause: Schon am zweiten Tag begann sie mit ihrem umfangreichen Besichtigungsprogramm. Bei der Heimkehr in ihr Hotel sackte sie auf der Treppe zusammen. Ärzte wurden herbeigerufen und tatsächlich erholte sich die Kranke ein wenig, sodass man davon ausging, das Schlimmste sei schon überstanden. Offenbar scheint es sich nur um einen leichten Schlaganfall gehandelt zu haben. Doch dann, am 8. April, traf Karoline Luise ein zweiter, sehr viel schwererer Schlaganfall, der in kürzester Zeit zum Tod führte. Karl Friedrich war damals bereits auf dem Weg nach Paris gewesen, um die „beste Frau" nach Hause zu holen. Als er bei Nancy von ihrem Tod erfuhr, kehrte er sofort um. Seine Trauer um den plötzlichen, völlig unerwarteten Verlust kannte keine Grenzen. Am 18. April trafen die sterblichen Überreste Karoline Luises in Karlsruhe ein, doch fand die Beisetzung in der Familiengrablege in der Gruft der Pforzheimer Schlosskirche statt.

Karl Friedrich begab sich nach den Trauerfeierlichkeiten in das von ihm 1749 erbaute Schloss Stutensee. Sein Schmerz über den Verlust sei so groß gewesen, dass er sich „längere Zeit in die Einsamkeit zurückzog und nur seinen vertrautesten Freunden sichtbar war". Dazu gehörte der Schweizer Theologe Lavater, dem er gerne die Türen des Schlosses öffnete, um mit ihm über den Tod, das Leben nach dem Tod – und das Wiedersehen mit Verstorbenen diskutierte. Im August 1783 besuchte Karl Friedrich den Theologen in Zürich und trat in einen biblischen Diskurs über das Wesen Gottes mit ihm ein, der später in einem Briefwechsel fortgesetzt wurde.

Das Ende der Leibeigenschaft

In Stutensee trauerte Karl Friedrich aber nicht nur, sondern brütete über einer Reform, die einem Paukenschlag gleichkam. Zwar hatte er sich damit schon länger getragen, aber vielleicht war es der Tod seiner Frau, der ihn alle Bedenken hintanstellen ließ, zumal Karoline Luise diese Idee stets unterstützt hatte: die Aufhebung der Leibeigenschaft. Leibeigen waren bis dahin nicht nur große Teile der ländlichen Bevölkerung, sondern auch Teile der städtischen. Zwar darf man diese Leibeigenschaft keinesfalls mit Sklaverei gleichsetzen, doch war ein Leibeigener durch vielfältige Verpflichtungen an seinen Herrn gebunden und in seiner Freiheit eingeschränkt: Ohne dessen Zustimmung konnte er weder sein Land verlassen noch heiraten. Dass ein Mensch einem anderen zu eigen war, widersprach dem aufgeklärten Menschenbild zutiefst, und so wundert es eigentlich nicht, dass dieses Thema Karl Friedrich lange umgetrieben hat.

In Eutingen bei Pforzheim erinnert ein jüngst restaurierter Gedenkstein an die Aufhebung der Leibeigenschaft durch Markgraf Karl Friedrich 1783.

Die Aufhebung der Leibeigenschaft in der Markgrafschaft am 23. Juli 1783 war ein Meilenstein in der Geschichte der deutschen Aufklärung, denn Baden war der erste Gliedstaat des Heiligen Römischen Reiches, in der diese theoretische Forderung der Aufklärung auch tatsächlich umgesetzt wurde. Preußen folgte erst 1807, das benachbarte Württemberg 1817. Der Dank des Volkes war Karl Friedrich gewiss, überall fanden feierliche Gottesdienste statt, und der Markgraf wurde mit Ergebenheitsadressen überhäuft. In der Gemeinde Eutingen bei Pforzheim kann man noch heute einen Gedenkstein sehen, den die Bewohner des Ortes damals dem Markgrafen errichtet haben. Karl Friedrich, so heißt es auf dem Denkmal, habe „die Rechte der Menschheit hergestellt". Dem Vorübergehenden wird stolz mitgeteilt: „Wanderer dieser Straße! Sag Deinem Land und der Welt: Hier ist der edelste Mann Fürst." In gewohnter Bescheidenheit wollte Karl Friedrich diese Huldigungen nicht annehmen: „Was mich selbst vergnügt, mir Beruhigung gibt, mich der Erfüllung meiner Wünsche, ein freies, opulentes, gesittetes, christliches Volk zu regieren, nähert, dafür kann man mir nicht danken."

Ein anderes Projekt, das Karl Friedrich 1783 und in den Folgejahren umtrieb, war ein Bund kleinerer und mittlerer Reichsfürsten, die – in Anlehnung an Frankreich, Russland und Preußen – ihre Freiheit in einer Zeit sichern wollten, in der Kaiser Joseph II. den österreichischen Einfluss in Süddeutschland stärken wollte. Die Idee, dass die Wittelsbacher künftig in den österreichischen Niederlanden regieren sollten und statt ihrer die Habsburger in Bayern, hätte die Machtverhältnisse im Reich fast revolutionär verändert. Hier galt es gerade für Baden wachsam zu sein, zerschnitt der österreichische Breisgau doch nach wie vor die Markgrafschaft. Anders als geplant, wollte sich Preußen jedoch nicht mit der Rolle eines Garanten zufriedengeben, sondern strebte offen die Führung des Fürstenbundes an, der schließlich zu einem Werkzeug der antihabsburgischen Politik Friedrichs des Großen wurde. Baden trat dem Bund am 21. August 1785 bei und begab sich damit zum ersten Mal unter die Fittiche des preußischen Adlers. Allerdings war dem Fürstenbund kein langes Leben beschieden; schon 1790 wurde er wieder aufgelöst.

Triebe nach dem weiblichen Geschlecht

Da Karl Friedrich nicht gerne allein sein mochte, trug er sich schon wenige Jahre nach dem Tod Karoline Luises mit dem Gedanken, wieder zu heiraten: „Ich spüre Triebe nach dem weiblichen Geschlecht, und denen möchte ich auf eine erlaubte, mir, meinem Haus und dem Land unschädliche Art Genüge tun." Eine Mätresse kam für den gläubigen Markgrafen nicht in Frage. Doch dachte er auch nicht an eine zweite Ehe mit einer Frau aus fürstlichem Haus. Da er drei Söhne hatte, war der Fortbestand des Hauses Baden gesichert, weiterer erbberechtigter Nachwuchs schien nicht vonnöten zu sein. Und wer würde ihm garantieren, dass er bei einer aus politischen Gründen geschlossenen Ehe noch einmal so viel Glück haben würde wie mit Karoline Luise? Ganz abgesehen von den immensen Folgekosten der Hofhaltung einer regierenden Markgräfin.

Wie seine neue Lebensgefährtin beschaffen sein sollte, hat Karl Friedrich in einer Art Wunschzettel recht offen beschrieben: Sie soll „freimütig, offen und munter" sein, bescheiden, aber „ohne Prüderie, religiös ohne Kopfhängen". Auf keinen Fall sollte sie herrschsüchtig sein, dafür aber „Freude am Guten und Schönen" haben, besonders an „der schönen Natur". Und der sparsame Verwalter in ihm kommt zum Vorschein, wenn Karl Friedrich klarstellt, dass sie „Pracht und Putz" weniger lieben sollte als „Reinlichkeit und Ordnung" (da sollte ihn seine später Angetraute allerdings enttäuschen, denn Bescheidenheit war ihr alles andere als eine Zier). Sie soll „Vergnügen an der Lektüre" haben, aber nicht gerade eine Gelehrte sein; eine zweite „Vielwisserin und Vielfragerin", wie seine verstorbene Frau, sollte es also nicht sein. Karl Friedrichs Wahl fiel schließlich auf die Freiin Luise Karoline Geyer von Geyersberg, die der Bräutigam selbst so beschrieb: „Sie hat ein gutes Herz, viel Aufrichtigkeit und Gradheit und ist dabei munter und aufgeweckt." Aus der Schweiz schickte Johann Kaspar Lavater seine Glückwünsche: „Ich höre mit Vergnügen, verehrungswürdiger Markgraf, dass Ihre Durchlaucht bälder, als ich hoffen durfte, zum Ziel Ihres Wunsches gekommen sind. Alles, was Ihr wohltätiges Leben erleichtert, ist mir wichtig. An Ihrer guten Wahl einer freundschaftlichen Teilnehmerin aller Freuden und Leiden Ihres Lebens zweifle ich keinen Augenblick."

Am 24. November 1787 fand die Hochzeit „zur linken Hand" statt: Luise Karoline wurde Freifrau (später Gräfin) von Hochberg, erhielt aber nicht den Titel einer Markgräfin. Allerdings legte Karl Friedrich fest, dass eventuelle Kinder aus dieser Ehe erbberechtigt seien, sollte die fürstliche Hauptlinie aussterben. Und Kinder waren durchaus zu erwarten: Die neue Frau des mittlerweile 59-jährigen Markgrafen war noch keine 20 Jahre alt. 1790 kam der erste Sohn zur Welt, 1792 der zweite, 1795 ein Mädchen und im Jahr darauf noch einmal ein Junge. Was würde aus ihnen werden? Wie würden sich die Kinder aus erster Ehe nach seinem Tod ihnen gegenüber verhalten? Fragen, die auch Luise Karoline von Hochberg umtrieben, die fürchtete, in diesem Fall schnell wieder auf den Boden der kleinadligen Tatsachen zurückgeholt

Nach dem Tod seiner ersten Gemahlin Karoline Luise von Hessen-Darmstadt heiratete Markgraf Karl Friedrich 1787 die damals erst 19-jährige Luise Karoline Geyer von Geyersberg und machte sie zur Gräfin von Hochberg. Die Erbfolge ihrer Kinder war lange Zeit umstritten. – Reliefmedaillon von Philipp Jacob Scheffauer, um 1805.

zu werden. Und Gerüchte, dass die Kinder doch gar nicht von Karl Friedrich seien (sondern von dessen Sohn Ludwig!), gab es allenthalben. „Schonen Sie um Gottes willen ihre Gesundheit", bat sie ihren Mann einmal eindringlich. Immerhin erreichte der Markgraf, dass der Kaiser seine zweite Frau zur Reichsgräfin erhob.

Zwar waren morganatische Ehen in fürstlichen Kreisen nicht selten, doch waren sie für den Familienfrieden oft eine ziemliche Herausforderung. Karl Friedrichs Schwiegertochter Amalie etwa war bestrebt, keinen Zweifel daran aufkommen zu lassen, dass sie nach dem Tod der Markgräfin die Erste Frau im Staate war. Das Verhältnis zwischen Karl Friedrich und seiner Schwiegertochter hatte sich nach dem Tod Karoline Luises zunächst nicht gebessert. Im Gegenteil: Der Markgraf hielt es nun noch mehr für seine Pflicht, jeden Schritt und Tritt seines Erbfolgers zu überwachen. Und Amalie schaltete ihrerseits auf stur und zeigte ihrem Schwiegervater die kalte Schulter. Es war Johann Kaspar Lavater, der die Situation entschärfte, indem er der selbstbewussten Darmstädterin riet, es doch einmal auf die freundliche Tour zu versuchen. Sie möge ihm „Beweise ihres Zutrauens" geben. Mit „bescheidenen Bitten" erreiche sie beim Markgrafen sehr viel mehr als mit Forderungen. Amalie beherzigte diesen Ratschlag tatsächlich, und so entwickelte sich mit der Zeit ein leidliches Verhältnis – ob von Amalies Seite ernst gemeint oder nur gespielt, sei dahingestellt.

Zum besseren Einvernehmen trug auch bei, dass sich der Kindersegen in der erbprinzlichen Familie mit den Jahren reichlich einstellte. Einziger Wermutstropfen: Sechs Töchtern stand nur ein Sohn gegenüber, der 1786 geborene Karl. So lastete die Erbfolge einzig auf den

Schultern eines kleinen Kindes. Ein Umstand, der aus der Sicht Karl Friedrichs die Nachfolge der Kinder aus seiner zweiten Ehe umso wichtiger scheinen ließ. Doch natürlich waren auch die sechs Töchter Amalies ein Kapital, mit dem sich diplomatische Erfolge erringen ließen; ganz abgesehen davon, dass die Mutter ihren ganzen Ehrgeiz daran setzte, die Mädchen in höchsten Kreisen unter die Haube zu bringen. Und das gelang Amalie eindrucksvoll: Ihre älteste Tochter Karoline heiratete den späteren ersten König von Bayern, Luise wurde unter ihrem orthodoxen Namen Elisabeth als Gemahlin Alexanders I. Zarin von Russland, und Friederike heiratete Gustav IV. Adolf von Schweden. Da nahm sich die Partie der beiden jüngsten Töchter eher bescheiden aus: Marie heiratete Herzog Friedrich Wilhelm von Braunschweig-Wolfenbüttel, und Wilhelmine Großherzog Ludwig II. von Hessen-Darmstadt. Kein Wunder, dass Amalie als „Schwiegermutter Europas" bezeichnet wurde.

Im Schatten der Revolution

Die letzten Jahre der Herrschaft Karl Friedrichs waren geprägt von den Entwicklungen, die von der Französischen Revolution ausgelöst wurden. Dass im Frankreich Ludwigs XVI. vieles im Argen lag, hatte der erfahrene badische Markgraf schon vor dem Ausbruch der Revolution gespürt. In den 1770er-Jahren schrieb er: „Ich gedenke von Frankreich nur so viel, dass es von Tage zu Tage seinem Verderben näher kommt und je mehr einem Koloss ähneln wird, dessen Nervensystem so geschwächt ist, dass alle Funktionen des Körpers nachlassen und es die ungeheuren Glieder nicht mehr zu tragen vermögend ist." Der tatsächliche Ausbruch der Revolution 1789, für die Freiheit des Menschen und des Geistes, kam für ihn daher nicht überraschend. Nun könnte man meinen, dass die deutschen Fürsten dieser Revolution von Anfang an feindlich gegenübergestanden hätten. Aber dem war durchaus nicht so: Viele deutsche Fürsten, nicht nur der badische Markgraf, fühlten sich der Aufklärung verpflichtet. Vernunft bestimmte ihr Handeln, der Nutzen des Staates war die alleinige Richtschnur, nach der sich das politische Handeln richtete.

Gleichwohl konnte Karl Friedrich den Ausbruch der Revolution nicht mit schadenfroher Gelassenheit betrachten. Durch die lange gemeinsame Grenze mit Frankreich bestand die Gefahr, dass die Unruhen über den Rhein schwappen würden. Tatsächlich kam es in der Folge vereinzelt zu Unruhen, die aber im Keim erstickt werden konnten. Typisch Karl Friedrich geschah dies nicht allein durch den Einsatz militärischer Mittel. Er versprach Abhilfe, wo Missstände vorlagen; in Bühl trat er den unzufriedenen Untertanen höchstpersönlich entgegen.

Sehr viel schwerer zu lösen war denn auch ein anderes Problem: Baden – wie andere Reichsfürsten – hatte Besitzungen auf linksrheinischem Gebiet, die unmittelbar von den Beschlüssen der französischen Nationalversammlung zur Aufhebung des Feudalsystems betroffen waren. Zum Problem wuchsen sich schließlich auch die bald in die Tausende gehenden französischen Emigranten in Baden aus: Adlige, Priester, königliche Beamte ... Sie agitierten aus ihren Exilländern heraus gegen die Revolution und hofften darauf, dass die deutschen Fürsten in Frankreich eingreifen und sie bald wieder in ihr Heimatland zurückkehren konnten. Das konnte den neuen Herren in Paris nicht gefallen. Derweil benahmen sich viele Emigranten auch im Badischen zum Teil wie die Axt im Walde: So drohten die Emigranten einerseits zu einer weiteren Belastung im Verhältnis zu Frankreich zu werden, andererseits waren aber auch die Gastgeber zunehmend schlechter auf ihre ungebetenen Gäste zu sprechen.

Dass sich die Revolution in der Folge immer mehr gegen die Monarchie als Staatsform wandte und schließlich von immer brutalerer Gewalt begleitet wurde, musste rechts des Rheins umso mehr beunruhigen. König Ludwig XVI. suchte sein Heil in der Flucht, die Flucht scheiterte – und er kehrte als Gefangener nach Paris zurück. Damit war das Tischtuch zwischen den Revolutionären in Frankreich und auch dem aufgeklärtesten deutschen Fürsten zerschnitten. Die Revolution, das war eine Störung jener Harmonie, die das Ideal Karl Friedrichs war. Dieses Ideal hat der Markgraf einmal so beschrieben: „Der reiche Landmann drücke seinen armen Mitbürger nicht; er sei nicht stolz gegen ihn; er behandle ihn mit Liebe; er gebe ihm Verdienst, suche ihm seinen Nahrungsstand zu verbessern, ihm aufzuhelfen. Der Arme beneide den Reichen nicht; er schäme sich der Armut nicht. Redliche Armut ist ehrbarer als mit Unrecht erworbener Reichtum. Der ehrbare Arme schäme sich nicht, bei seinem wohlhabenden Mitbürger Verdienst anzunehmen. Durch Treue und Fleiß wird er sich Vermögen erwerben. Hier ist Vereinigung zum gemeinsamen Zweck der Kräfte: Harmonie ... Menschen aller Klassen im Staat ... vereinigt eure Kräfte mit den meinigen ..."

Karl Friedrich war allerdings weit davon entfernt, leichten Herzens den Krieg gegen das revolutionäre Frankreich zu suchen. Das französische Ultimatum an Österreich, die vor der Revolution geflohenen Emigranten zurück nach Frankreich zu schicken, und das gleichzeitige Ultimatum Kaiser Franz' II., die feudalen Rechte der deutschen Fürsten links des Rheins wiederherzustellen, führten schließlich 1792 zum ersten von drei sogenannten Koalitionskriegen. Baden sah trotz eines französischen Neutralitätsangebots keine andere Möglichkeit, als sich der Koalition von Österreichern und Preußen anzuschließen, die glaubten, leichtes Spiel zu haben. Die Soldaten der Revolution hielten sie für einen ungepflegten, schlecht organisierten Haufen, der keinen Pfifferling wert war. Doch das war ein Trugschluss, und je länger der Krieg andauerte, umso mehr stritten sich die Koalitionäre. Zudem zeigte es sich, dass vor allem die Reichsarmee nicht in bestem Zustand war; fast schon mit Galgenhumor kommentierte der badische Oberst Sandberg: „Es fehlt nur, dass man sie förmlich als Hanswürste kleide. Die Gewehre von verschiedenartigstem Kaliber. Hier stellt ein Kloster zwei Mann, dort ein Graf einen Fähnrich, dort eine Reichsstadt einen Hauptmann." Und wie so oft in den vergangenen Jahrhunderten wurde der Oberrhein zum Schauplatz eines Krieges. Auf der einen Seite fühlte Karl Friedrich sich dem Reich und dem Kaiserhaus trotz aller Querelen verbunden; zum anderen sah er die Gefahr, dass der Oberrhein – wie so oft in den vorangegangenen Jahrhunderten – wieder einmal zum Kriegsschauplatz würde.

Als erster Staat zog überraschend Preußen die Konsequenz aus der verfahrenen Situation und schloss im April 1795 in Basel einen Sonderfrieden mit Frankreich. Karl Friedrich hatte einen Mann als Beobachter zu den Verhandlungen geschickt, der in den folgenden Jahren die badische Außenpolitik maßgeblich bestimmen sollte, nicht immer im Einklang mit den Überzeugungen des Markgrafen: Sigismund Karl Johann von Reitzenstein. Ein aus der Nähe von Bayreuth stammender Realpolitiker, Jurist *und* „Cameralist", ausgebildet an der Universität Göttingen, dem alte Anhänglichkeit an das Reich wenig bedeutete, der aber klar erkannte, dass nur ein Ausgleich mit Frankreich das Land vor Schlimmerem bewahren konnte. Zwar versicherte Karl Friedrich dem Kaiser einen Monat nach dem preußischen Sonderfrieden, dass er „im Vertrauen auf die göttliche Vorsicht" nach wie vor zum Reich stehe, wies aber zugleich darauf hin, dass dies nur möglich sei, wenn kaiserliche und Reichstruppen seinem Land den notwendigen Schutz boten. Tatsächlich aber überschritten bereits im Juni 1796 französische Truppen die badische Grenze. Markgraf Karl Friedrich war mit seiner

Familie bereits zuvor nach Triesdorf bei Ansbach geflohen, wo er unter preußischem Schutz der Dinge harren konnte. Die „unglaublichen Erfolge der französischen Armee", schrieb er im Juli an die russische Zarin Katharina die Große, „haben mein Land dem Feind ausgeliefert und mich gezwungen, das Asyl aufzusuchen, das mir der König von Preußen in seinen fränkischen Besitzungen eingeräumt hat". Eine Zeitlang dachte Karl Friedrich sogar in seiner Resignation daran, „sich eine Freistätte im südlichen Russland zu gründen, wo er durch Familienverbindungen einen großen Länderstrich zu erhalten hoffte".

Über Jahrzehnte hinweg war Sigismund Freiherr von Reitzenstein (1766–1847) eine der prägenden Persönlichkeiten badischer Politik, vor allem im Zeitalter der großen Umwälzungen in napoleonischer Zeit. – Fotografie nach einem Pastell, anonym, um 1810.

Im Land, wo der Minister Wilhelm von Edelsheim bis zur Rückkehr der markgräflichen Familie im März 1797 die Stellung hielt, war die Situation nicht nur durch die französischen Truppen angespannt. Es begann wieder zu gären, der Funke der Revolution drohte überzuspringen. In dieser brisanten Situation gelang es Reitzenstein, am 22. Juli 1796 einen Waffenstillstand mit Frankreich auszuhandeln – „um meine Untertanen vor völligem Ruin zu bewahren", so Markgraf Karl Friedrich. Nur wenige Tage später wurde daraus ein Friedensschluss: Baden verlor seine linksrheinischen Besitzungen, durfte aber auf Entschädigungen rechts des Rheins hoffen. Schon damals wurde daran gedacht, sich an den geistlichen Territorien schadlos zu halten. Die Aufklärer hielten diese (vielfach zu Unrecht!) ohnehin für rückständige, mittelalterliche Anachronismen. Dies galt jedoch nicht nur für die geistlichen Herrschaften, sondern auch für Mönche und Nonnen ganz allgemein, zumal wenn sie kontemplativ, also zurückgezogen lebten. Da sie keine Nachkommen zeugten, waren sie für die auf Bevölkerungswachstum und damit verbundene Steigerung der Wirtschaftskraft setzenden „Populationisten" schlicht „unnütz".

Aus Baden sollte ein frankreichfreundlicher Puffer- oder weniger freundlich ausgedrückt Vasallenstaat zwischen der revolutionären Republik und dem Reich werden.

Ein solcher Kuhhandel behagte Karl Friedrich jedoch gar nicht und so verweigerte er dem von Reitzenstein ausgehandelten Vertragswerk die Unterschrift, zumal Erzherzog Karl in dieser Zeit einige aufsehenerregende Erfolge am Oberrhein errang. Der Vertrag verletzte nach Ansicht des Markgrafen seine „natürlichen Bindungen und Pflichten gegenüber der Reichsverfassung". Baden musste in dem Vertrag sogar zusichern, künftig keiner gegen Frankreich gerichteten Koalition mehr Hilfe zu leisten. Würde er einen solchen Vertrag unterschreiben, meinte Karl Friedrich, wäre er doch nichts anderes mehr „als ein französischer Vasall und Tributär". Der Geheime Rat versuchte den Markgrafen zu beschwichtigen, indem er ihn darauf hinwies, dass man so wenig das „Klugsein wie die Schlange, als das Ohnefalschsein wie die Taube" vernachlässigen dürfe, „weil die Pflichten, welche Höchstdieselbe für Dero Familie und Land haben, uns stärker und näher dünken, als jene gegen das Reichsoberhaupt und die Mitstände". Gleichwohl befahl er seinem Unterhändler, Paris sofort zu verlassen. Doch Reitzenstein blieb, eine eigenmächtige Entscheidung, die sich im Nachhinein als goldrichtig erweisen sollte.

Denn nur kurze Zeit später musste auch Österreich unter dem Druck der sich wieder drehenden militärischen Verhältnisse in Friedensverhandlungen eintreten. Und endlich sah selbst Karl Friedrich ein, dass jedes weitere Zögern seinem Land nur Schaden zufügen würde. Am 5. November 1797 ratifizierte der Markgraf endlich den von Reitzenstein ausgehandelten Vertrag. Österreich hatte schon am 17. Oktober seinen Frieden mit Frankreich geschlossen: Im Vertrag von Campoformio mussten die Habsburger große Gebietsabtretungen hinnehmen, darunter auch alle linksrheinischen Besitzungen. Das revolutionäre Frankreich beendete, was einst Ludwig XIV. begonnen hatte: das Vorschieben der französischen Grenze an den Rhein. Der Krieg hatte gezeigt, dass das Reich zu schwach war, um seine Glieder zu schützen. Und alle Fürsten, die Länder links des Rheins verloren hatten, drängten nun auf die versprochene Entschädigung. In Rastatt trat der Kongress der Sieger und Verlierer zusammen, um darüber zu beraten. Zudem stand ein offizieller Friedensschluss zwischen dem Heiligen Römischen Reich und Frankreich noch aus; in Campoformio hatte Franz II. lediglich als Erzherzog von Österreich Frieden geschlossen.

Die Verhandlungen in Rastatt begannen im November 1797 – und zogen sich hin, ohne dass ein einvernehmliches Ergebnis erreicht wurde. Im Gegenteil: 1799 kam es zur Bildung einer zweiten Koalition gegen Frankreich, der sich England, Russland und schließlich auch Österreich anschlossen. Vor diesem Hintergrund machten die Beratungen in Rastatt keinen Sinn mehr, und die Gesandten der Mächte reisten ab. Wie vergiftet die Atmosphäre bereits wieder war, zeigte sich, als die französischen Delegierten am 29. April 1799 bei ihrer Heimreise wahrscheinlich von österreichischen Husaren überfallen wurden; zwei von ihnen fanden den Tod. In dem nun ausbrechenden Krieg blieb Baden neutral, gemäß dem mit Frankreich geschlossenen Friedensvertrag. Wie nicht anders zu erwarten, wurde diese Politik in St. Petersburg und Wien heftig kritisiert. Mit dem russischen Zaren Paul gab es darüber sogar familiäre Zerwürfnisse, denn 1793 hatte Karl Friedrichs Enkelin Luise – wie oben erwähnt – den russischen Großfürsten Alexander geheiratet, den nachmaligen Zar Alexander I. Und Alexanders Vater, Zar Paul, war von der badischen Neutralität alles andere denn angetan. Obwohl Luises Mutter Amalie die badische Neutralität innerlich ablehnte, weil sie die Revolution und ihre Machthaber zutiefst verabscheute, akzeptierte doch auch sie die badische Staatsräson und erklärte dem Zaren in einem Brief die Gründe für die Haltung Badens.

Wie richtig die Entscheidung für die Neutralität war, zeigte sich in den folgenden Auseinandersetzungen bald. Auch der neuen Koalition gelang es nicht, Frankreich und dessen neuen starken Mann Napoleon Bonaparte in die Knie zu zwingen. Im Gegenteil: Nach der Niederlage von Hohenlinden am 3. Dezember 1800 sah sich Österreich erneut zum Friedensschluss gezwungen. In Lunéville wurde am 9. Februar 1801 neuerlich der Rhein als Grenze zu Frankreich festgeschrieben. In Norditalien mussten die Habsburger weitere Gebietsverluste hinnehmen. Und wieder wurden die geistlichen Herrschaften und die Reichsstädte als mögliche Entschädigungsmasse für die verlorenen linksrheinischen Besitzungen genannt. Dass der Kaiser damit seine letzten echten Stützen preisgab und einem eklatanten Rechtsbruch Vorschub leistete, sagt eigentlich alles. Derweil warteten die fürstlichen Herrschaften darauf, sich auf den Kuchen zu stürzen, der da zur Verteilung anstand. Ein besonders großes Stück davon sollte Baden zufallen. Denn das Ziel Reitzensteins war klar: endlich ein Ende des Flickenteppichs, ein geschlossenes badisches Territorium. Und für den Realpolitiker Reitzenstein stand fest: „Wir dürfen und können unter den gegenwärtigen Umständen unser Heil nirgends suchen und finden als in der Unterstützung und unter dem Schutze Frankreichs." Inzwischen war auch dem Markgrafen klar geworden, dass Reitzenstein recht hatte. Die beiden Männer hatten sich ausgesprochen und waren sich nähergekommen; die Ernennung Reitzensteins zum Geheimen Rat war das äußere Zeichen für dessen gefestigte Position.

Das Jahr 1801 war für Karl Friedrich auch persönlich ein Schicksalsjahr: Erbprinz Karl Ludwig und seine Gemahlin Amalie waren im Herbst zu einer Reise nach St. Petersburg und Stockholm aufgebrochen, um ihre dort verheirateten Töchter zu besuchen. Lange hatte Amalie mit ihrem Schwiegervater darum gerungen; endlich hatte er seine Erlaubnis dazu gegeben. Doch dann geschah das Unglück: Am 16. Dezember 1801 kippte der Wagen Karl Ludwigs um, und der Erbprinz starb infolge einer dabei erlittenen Kopfverletzung; andere Quellen sprechen davon, dass er einem durch den Schock ausgelösten Schlaganfall erlegen sei. Karl Friedrich war zu diesem Zeitpunkt schon 74 Jahre alt. Der Verlust seines Sohnes traf den Markgrafen schwer, der sich aber zudem nun auch noch mit der schwierigen Nachfolgefrage konfrontiert sah. Wie schon in seinem eigenen Fall würde jetzt wieder eine Generation übersprungen. Zwar war Karl Ludwigs und Amalies Sohn bereits 16 Jahre alt. Doch was würde geschehen, wenn Karl Friedrich in naher Zukunft stürbe? Dann stünde an der Spitze Badens wieder ein auf seine Aufgabe in keinster Weise vorbereiteter, noch minderjähriger Herrscher. Und dies in einer so kriegerischen und politisch verworrenen Zeit.

Viel Zeit zum Trauern blieb indes nicht, denn die politischen Ereignisse überschlugen sich in der Folge fast. Russland hatte ebenfalls seinen Frieden mit Frankreich gemacht, was der Markgrafschaft Baden natürlich zugute kam. Doch die eigentlichen Entscheidungen wurden in Paris gefällt. Und dort hatte Baden durch die Tätigkeit Reitzensteins seinen Ruf inzwischen mächtig aufpoliert. Von Napoleon, der nun als Erster Konsul die Geschicke der Republik lenkte, kamen wohlkalkulierte Lobeshymnen auf Karl Friedrich, die einiges erwarten ließen. Die Neutralität im Zweiten Koalitionskrieg und die Verwandtschaft mit dem neuen Zaren Alexander I. begannen sich auszuzahlen, und auch die Bestechungsgelder, die Reitzenstein – von Karl Friedrich beargwöhnt, aber geduldet – in Paris verteilt hatte. Dabei scherte sich Napoleon wenig um überkommene Institutionen. Er gedachte, Europa nach seinen Ideen zu formen. Und für Baden war hier die Rolle einer an Frankreich angelehnten Mittelmacht vorgesehen.

Länderschacher – oder: Wer bekommt den größten Kuchen?

In Regensburg tagte seit Ende 1802 ein Ausschuss des Reichstags oder wie man damals sagte: eine Deputation. Diese Deputation sollte die Frage der Entschädigungen jener Fürsten regeln, die auf der linken Seite des Rheins Besitzungen an Frankreich verloren hatten. Welche Territorien an wen fielen, war in Paris allerdings schon längst weitgehend festgelegt worden. Es ging daher eigentlich nur noch darum, den reichsrechtlichen Schein zu wahren. Um nicht Komplizen bei ihrer eigenen Auflösung zu sein, nahmen die Vertreter jener Herrschaften, deren Ende Napoleon beschlossen hatte, an den abschließenden Beratungen nicht teil. So fiel die Abstimmung über den Reichsdeputationshauptschluss am 25. Februar 1803 erwartungsgemäß einstimmig aus. Denn die Kuchenstücke, welche die größeren Herrschaften schlucken durften, fielen zum Teil sehr üppig aus. Der Umfang der verlorenen Besitzungen links des Rheins stand jedenfalls in keinem Verhältnis zu den Zuwächsen, auf die jene Fürsten rechnen konnten – nicht zuletzt der Markgraf von Baden, der rechts des Rheins fast fünfmal so viel bekam, wie er auf der anderen Flussseite verloren hatte. Auf der linken Rheinseite hatte Baden 25 000 Einwohner verloren, nun waren rechts des Flusses fast 240 000 Menschen hinzugekommen. Baden hatte nun über 400 000 Einwohner. Nur der nach wie vor österreichische Breisgau mit Freiburg trennte Baden noch von dem Traum eines zusammenhängenden Flächenstaats.

Doch hätte Karl Friedrich diesen Länderschacher nicht mitgemacht, hätte er nur seinem eigenen Land geschadet. Für Sentimentalitäten war in der explosiven politischen Gemengelage des Jahres 1803 kein Platz. Der Flickenteppich, aus dem das Heilige Römische Reich vor allem in Südwestdeutschland bestand, erschien vor dem Hintergrund der rationalen Staatsauffassung der Aufklärung veraltet und überholt. Baden erhielt durch den Reichsdeputationshauptschluss die Herrschaftsgebiete zahlreicher Abteien und Chorherrenstifte, den rechtsrheinischen Besitz der Bistümer Straßburg, Basel und Speyer, die rechtsrheinische Kurpfalz mit Mannheim, Heidelberg und Schwetzingen sowie eine Reihe von einst freien Reichsstädten. Karl Friedrich beeilte sich, die hinzugewonnenen Herrschaften zu besuchen und sich den neuen Untertanen zu zeigen. Mannheim und Schwetzingen wurden zu badischen Nebenresidenzen, wobei Karl Friedrich besonders Schwetzingen mit seinem ausgedehnten Garten gefiel. Gerne frühstückte er bei seinen Aufenthalten darin – und gab damit zugleich ein

Der Ottheinrichsbau des Heidelberger Schlosses gilt als einer der bedeutendsten Renaissancebauten im deutschen Sprachraum. Die ehemalige kurpfälzische Residenzstadt wurde 1803 dem damaligen Kurfürstentum Baden zugeschlagen.

Zeichen seiner Volkstümlichkeit, denn der Garten war öffentlich, und so „mussten wir oft lange suchen, um eine leere Bank zu finden", denn der Markgraf „wollte niemanden in seinem Vergnügen stören". Die Herzen der Mannheimer versuchte er zu gewinnen, indem er die Gemäldesammlung eines sizilianischen Grafen kaufte und sie in den Räumen des Schlosses aufstellen ließ, „wo früher die kurpfälzische Galerie aufbewahrt worden war", deren „Wegführung" die Bevölkerung „schmerzlich empfunden" habe.

War Karl Friedrich in Karlsruhe, so verliefen die Tage meist nach dem gleichen Muster: Der Markgraf stand, wie sein zweitjüngster Sohn Wilhelm (1792–1859) erzählt, „in der Regel früh auf, verrichtete, nachdem er angekleidet war, sein Gebet und las in der Bibel. Im Sommer ritt er dann aus und machte große Touren, nur an den Sitzungstagen des Geheimen Rats, zweimal in der Woche, beschränkte er sich auf einen kleinen Ritt ... Um zehn Uhr empfing er die Minister, was bis ein Uhr dauerte. Einmal in der Woche erteilte er öffentliche Audienz, zu der jedermann zugelassen wurde, der ihm etwas vorzutragen hatte ... Abends ließ er sich vorlesen, und um zehn Uhr ging er zu Bett."

1803: Aus dem Markgrafen wird ein Kurfürst

Das Jahr 1803 brachte Karl Friedrich aber nicht nur eine Vergrößerung seines Landes, sondern auch eine Rangerhöhung: Artikel 31 des Reichsdeputationshauptschlusses legte fest, dass dem Markgrafen von Baden die Kurwürde verliehen wurde; am 8. Mai 1803 wurde der neue Titel überall im Land feierlich verkündet, die Markgrafschaft Baden war nun ein Kurfürstentum! Diese Erhöhung war zwar einerseits die Anerkennung der gestiegenen Bedeutung des Landes, doch mutet der Titel, mit dem sich künftig auch der Herzog von Württemberg schmücken durfte, gleichwohl wie ein Treppenwitz der Geschichte an: Das sterbende Reich erhob mit Hilfe des Kaisers jene Fürsten, die sich seine letzten Stützen – die geistlichen Herrschaften und die Reichsstädte – einverleibt hatten, in den einst exklusiven Kreis der Königswähler. Karl Friedrich war dies durchaus bewusst, und den in Anhänglichkeit des alten Reichs aufgewachsenen Fürsten plagte denn auch das schlechte Gewissen. Schon im September 1802 hatte er Heinrich Jung-Stilling bei einem Besuch in Karlsruhe gefragt, was er denn von der ganzen Sache halte. Dass der Protestant Jung-Stilling sich für die aufgelösten geistlichen Herrschaften verwenden würde, stand allerdings nicht zu erwarten, und tatsächlich sprach er Karl Friedrich Mut zu: „Da nun einmal alle diese Staaten ihren bisherigen Herren entzogen werden sollten, so war es für diese Länder eine große Wohltat Gottes, dass sie alle an einen Herrn kamen, zu dem sie alle das beste Zutrauen haben und der sie alle glücklich machen wird. Es ist also eine wohltätige väterliche Fügung Gottes, dass Euer Durchlaucht diese Länder bekommen haben. Sie können sich desfalls völlig beruhigen – auch dann, wenn sie tätig zur Erwerbung derselben gewirkt haben." So was nennt man wohl einen Freibrief, und natürlich war dies das Bestreben Karl Friedrichs: die neuen Besitzungen in Baden zu integrieren; seine neuen Untertanen davon zu überzeugen, dass sie keinen Grund hatten, mit ihrem Schicksal zu hadern.

Napoleon – der neue Stern am badischen Himmel

Dass die Unterstützung Napoleons einen hohen Preis hatte, musste Karl Friedrich bald feststellen. Ein Ereignis stand am Beginn dieser bitteren Erfahrungen: die Entführung des Herzogs von Enghien. Dieser war 1789 vor der Revolution nach Ettenheim geflohen, das damals zum rechtsrheinischen Besitz des Bistums Straßburg gehörte. 1803 fiel Ettenheim durch den Reichsdeputationshauptschluss an Baden. Am 14./15. März 1804 ließ Napoleon den Herzog aus seinem Exil entführen, weil er ihn – zu Unrecht – der Teilnahme an einer Verschwörung gegen sein Leben beschuldigte. Letztlich ging es dem Ersten Konsul darum, ein Exempel zu statuieren und damit allen Emigranten klarzumachen, dass sie auch jenseits des Rheins nicht sicher waren. In einem Schauprozess wurde Enghien zum Tode verurteilt und anschließend hingerichtet. Karl Friedrich, den die Nachricht „wie ein Donnerschlag traf", musste ein solches Vorgehen, das seine Souveränität grundsätzlich in Frage stellte, eigentlich empören. Doch nichts hätte die Machtlosigkeit des Kurfürsten besser illustrieren können als dieser Husarenstreich.

Zwar stellte Baden einen Antrag, dass über den Fall auf dem Reichstag verhandelt werden sollte, doch verlief die Sache im Sande, weil niemand ein ernstliches Interesse daran hatte. Und letztlich konnte auch Karl Friedrich kein Interesse daran haben, sich wegen des Herzogs von Enghien, selbst wenn er diesen gekannt und geschätzt hatte, in einen aufgrund der klaren Machtverhältnisse aussichtslosen Konflikt mit Napoleon einzulassen. So weit sei die Einschüchterung über Napoleons Macht gekommen, erinnerte sich die Hofdame der Prinzessin Amalie, Karoline von Freystedt, „dass man diesen Mord nicht zu tadeln wagte". Karl Friedrich kam sogar der Forderung Napoleons nach, sämtliche französischen Emigranten aus Baden auszuweisen: „Bestimmte Ausgewanderte" seien in eine Staatsverschwörung gegen die französische Regierung verwickelt gewesen; daher sei das Verbot von deren Aufenthalt in Baden „in seiner ganzen Strenge zu erneuern". Reichlich unangenehm war ihm vor diesem Hintergrund der Besuch König Gustavs IV. Adolf von Schweden, der mit seiner Enkelin Friederike verheiratet war. Der Schwede schimpfte in Karlsruhe wie ein Rohrspatz über Napoleon und ließ sich in seiner Empörung kaum bremsen.

Zu dem von Napoleon einberufenen Fürstenkongress in Mainz reiste Karl Friedrich, obwohl schon 76 Jahre alt, höchstpersönlich an, während andere lediglich ihre Thronfolger oder nachgeborenen Prinzen schickten. Es war die erste Begegnung zwischen Karl Friedrich und Napoleon; die „ehrwürdige Greisengestalt" soll auf den Korsen tiefen Eindruck gemacht haben.

Wie sehr sich Baden auf Gedeih und Verderb Napoleon ausgeliefert hatte, zeigte sich beim Ausbruch des Dritten Koalitionskriegs 1805. Anders als zuvor gab es für Baden, so sehr es sich auch wand, nun nicht mehr die Möglichkeit der Neutralität. Der Zorn Napoleons wäre unausweichlich gewesen. Eine neuerliche Flucht Karl Friedrichs nach Ansbach hätte unabsehbare Folgen für sein Land gehabt. An der Seite des großen Nachbarn mussten badische Soldaten, insgesamt 3000 Mann, gegen Österreich, Russland, England und Schweden in den Krieg ziehen. Zwei Enkelinnen Karl Friedrichs saßen damals also auf gegnerischen Thronen, doch darauf konnte der Kurfürst keine Rücksicht nehmen; zu offen erinnerte ihn Napoleon, der sich am 2. Dezember 1804 selbst zum Kaiser gekrönt hatte, daran, dass er seinen Aufstieg nur ihm und niemand anderem verdankte. Etwas vom schlechten Gewissen Karl Friedrichs dringt in einem Aufruf an seine Soldaten auf: „Ihr seid nicht die einzigen Deutschen, die mit der kaiserlichen französischen Armee fechten werden ... Viele deutsche Mächte, darunter auch eure nächsten Nachbarn, fechten für dieselbe Sache."

Doch diese Politik zahlte sich einmal mehr in territorialer Münze aus: In der Schlacht von Austerlitz erlitten die vereinigten österreichischen und russischen Armeen am 2. Dezember 1805 eine verheerende Niederlage. Im Pressburger Frieden musste Österreich den Breisgau und die Ortenau an Baden abtreten. Diese neueste Errungenschaft ließ sich auch historisierend einsetzen, denn Mittelpunkt des Breisgaus war und ist die Universitätsstadt Freiburg, die einst von den Zähringer Herzögen gegründet worden war – und das badische Herrscherhaus stammte von einer Nebenlinie der einst mächtigen Zähringer ab; als deren würdiger Erbe konnte sich Karl Friedrich nun darstellen.

König oder Großherzog?

Derweil neigte sich das Siechtum des Heiligen Römischen Reiches dem Ende zu: Am 6. August 1806 legte Franz II. die Krone des altehrwürdigen Reiches unter dem ultimativen Druck Napoleons, und weil er selbst nicht mehr allzu viel auf dessen Zukunft gab, nieder; schon 1804 hatte er den Titel eines Kaisers von Österreich angenommen. Noch vor der Niederlegung der Kaiserkrone hatten zahlreiche süddeutsche Fürsten am 12. Juni 1806 den Reichsverband verlassen (und das Reich damit ihrerseits dem Zerfall preisgegeben) und sich dem von Napoleon gegründeten Rheinbund angeschlossen. Zu diesen Fürsten gehörte natürlich auch Karl Friedrich von Baden. Eine andere Entscheidung wäre schlicht unmöglich gewesen; Napoleon hätte Baden den Nachbarn zum Fraß vorgeworfen. Wohl fühlte sich Karl Friedrich in seiner Haut nicht: „Ist es hart, sich und seine Staaten von dem deutschen Vaterlande ganz zu trennen und dem weit fassenden Interesse eines übermächtigen fremden Staates hingeben zu müssen," schrieb er an Reitzenstein, „so vermag nur der Gedanke an eine alles lenkende Vorsehung und das Bewusstsein des unablässigen redlichen Strebens, das Schicksal der Regenten, seiner Familie und Untertanen möglichst zu erleichtern und zu verbessern, einige Beruhigung zu gewähren."

Aber wie sollte er sich nun nennen? Mit dem Reich war auch der Kurfürstentitel untergegangen, doch zurück zum „kleinen Markgrafen" – das hätte dem veränderten Gewicht Badens nicht mehr entsprochen. Natürlich zahlte sich die Unterstützung Napoleons auch dieses Mal wieder aus: Karl Friedrich wurde Großherzog und Baden zum souveränen Großherzogtum, das zumindest nominell keinen Kaiser mehr über sich hatte, tatsächlich aber ein Staat von Napoleons Gnaden war. Mehr noch als dieser Umstand, der nun einmal nicht zu ändern war, ärgerte Karl Friedrich, dass Napoleon nur Württemberg und Bayern zu Königreichen gemacht hatte, nicht aber Baden. Der württembergische Herzog und spätere König Friedrich I. hatte zum einen mit Erfolg dagegen intrigiert; zum anderen war Napoleon nicht entgangen, dass Karl Friedrich nur unter Druck die badische Neutralität aufgegeben hatte. In Frankreich war man gar nicht amüsiert darüber, dass der Badener am Ende noch selbstständig darüber entscheiden wollte, wohin seine Soldaten marschierten. Anders als in früheren Jahren hatte die badische Seite die notwendigen Bestechungsgelder nicht mehr so üppig fließen lassen, wie es notwendig gewesen wäre. Und statt des gewieften Reitzenstein war zunächst nur ein untergeordneter Beamter in Napoleons Hauptquartier geschickt worden.

Keinesfalls hat Karl Friedrich die Königswürde aus lauter Bescheidenheit abgelehnt, sondern vielmehr bis zuletzt darauf gehofft, sie doch noch zu erreichen. Ein Unterfangen, das der schließlich doch noch zum Einsatz gekommene Reitzenstein ziemlich unsinnig fand, wie er in einem Brief unverblümt schrieb: König von Baden, das klinge genauso „einzig" wie König von Würzburg oder König von Hessen-Darmstadt ... Und ein Königreich, „dessen Hauptstadt nur über eine einzige, aus Hütten gebildete Straße" verfüge, werde unweigerlich zum „Gespött Europas", ja sei „kläglich". Allein wenn Baden sich territorial noch weiter vergrößern könnte, wäre ein Königstitel angebracht. Das Einzige, was Karl Friedrich schließlich erreichte, war die Anrede „Königliche Hoheit", das klang zumindest ein bisschen nach König, und in einem Zeitalter, das sehr viel auf Titulaturen gab, war es nicht nur ein Trostpflaster.

Ganz so schlecht war das Ergebnis nicht: Es blieb auch 1806 nicht bei der – wenngleich nicht ganz wunschgemäßen – Rangerhöhung; es kamen erneut Gebietsgewinne hinzu: Nach den geistlichen Herrschaften wurden nun durch die Rheinbundakte auch die meisten kleineren Fürstentümer im deutschen Südwesten aufgelöst und ihr Territorium unter den Nachbarn verteilt. Im Gebiet des heutigen Baden-Württemberg blieben so nur vier Staaten übrig: Württemberg, Baden sowie die kleinen Fürstentümer Hohenzollern-Hechingen und Hohenzollern-Sigmaringen, die nur dank der guten Beziehungen der Sigmaringer Fürstin zu Napoleon und der Protektion des neutralen Königreichs Preußen überlebt hatten, politisch aber bedeutungslos waren.

Dass nun auch einst reichsunmittelbare Fürstentümer und Grafschaften in Besitz genommen wurden, war rechtlich noch weniger zu begründen als die Säkularisation der geistlichen Herrschaften. Das wusste auch Karl Friedrichs Unterhändler Reitzenstein: „Die Sache", bekannte er, „ist auch nicht mit dem geringsten Scheine zu rechtfertigen, gibt das übelste Beispiel und dürfte in der Folge die jetzt teilnehmenden mächtigen Fürsten außer der Lage setzen, sich nur einmal darüber beschweren zu dürfen, wenn dereinst die nämliche Gewalttätigkeit von noch größeren gegen sie selbst ausgeübt wird."

Doch der Zweck hatte auch dieses Mal die Mittel geheiligt: Aus der zersplitterten badischen Markgrafschaft war jetzt endlich ein abgerundeter, zusammenhängender Staat mit über 900 000 Einwohnern geworden, der sich in Form einer Sichel von Mannheim bis Basel am Rhein entlang zog; auch das nordwestliche Ufer des Bodensees war nun badisch. Rasch durchgeführte Reformen machten aus dem bisherigen Länderkonglomerat einen einheitlichen und modernen Staat. Dazu gehörte die Einteilung des Landes in drei Provinzen und die Neugliederung der inneren Verwaltung; allen voran des Geheimes Rats, der in seiner bisherigen Zusammensetzung nicht mehr den Erfordernissen des Großherzogtums entsprach. Vier Unterabteilungen sollten helfen, die Behörde effizienter zu machen. 1807 wurde der Geheime Rat ganz abgeschafft und durch fünf Ministerien ersetzt: Außen-, Innen-, Finanz-, Justiz- und Kriegsministerium. Das neue Badische Landrecht baute auf dem französischen Code Civil auf, der unter anderem die Gleichheit vor dem Gesetz festschrieb. Weitere Verwaltungsreformen folgten. Auch das gehörte zum Beispiel Napoleons, dem man nacheiferte, und nicht nur das Geschacher um Kronen und Länder. Dass dabei alte stän-

Denkmal für Großherzog Karl Friedrich vor dem Karlsruher Schloss. In seiner Hand hält er die Urkunde zur Aufhebung der Leibeigenschaft.

dische Traditionen, wie es sie etwa im Breisgau gegeben hatte, verloren gingen, bedauerten die badischen Modernisierer nicht. Die Breisgauer Landstände nannte Reitzenstein „verrottet", die darin vertretenen Prälaten erschienen dem Aufklärer als „bigott und unwissend".

War das Bündnis mit Napoleon bis dahin eine einzigartige Erfolgsgeschichte gewesen, so zeigten sich bald die Schattenseiten: Badische Soldaten mussten gegen Preußen und selbst in Spanien für Frankreich in den Krieg ziehen. Die Unterstützung von Napoleons Kriegführung, der immer mehr badische Soldaten anforderte, die Übernahme zum Teil hoch verschuldeter Herrschaften und auch die Kosten für die zahlreichen Reformen, die durch diesen staatsrechtlichen Gewaltakt notwendig geworden waren, bedeuteten eine immense finanzielle Belastung, die dazu führte, dass ausgerechnet der so sparsame Karl Friedrich am Ende seines Lebens Schulden machen musste. Es sei für ihn ein „peinliches Gefühl", das er „ohne Unterlass" empfinde, wenn er aus diesem Grund die Untertanen mit „ungewöhnlichen Lasten" belegen müsse und zugleich keine Mittel habe, um die „Landesindustrie zu unterstützen".

Es waren wohl auch diese Sorgen, die Karl Friedrichs ohnehin angegriffene Gesundheit weiter schwächten. Körperlich und geistig wurde er zunehmend gebrechlicher; die Regierungsaufgaben konnte er in seinen letzten Lebensjahren kaum noch wahrnehmen. Am 11. Juni 1811 starb der erste Großherzog von Baden im Alter von fast 83 Jahren. Am Ende war er so hinfällig, dass er sich nur noch mit dem Rollstuhl fortbewegen konnte. Das Essen „musste ihm von andern in den Mund gebracht werden ..., nur sein Glas vermochte er noch selbst zu führen".

Eine tragische Gestalt

Großherzog Karl

(1786–1818)

Auf einen starken Herrscher folgt in der Geschichte oft ein schwacher. Und Großherzog Karl, der 1811 die Nachfolge von „Deutschlands bestem Fürsten" antrat, haftet dieses Etikett bis heute an. Ein um 1806 entstandener Kupferstich des damaligen Kurprinzen scheint dieses Bild zu bestätigen: Verloren steht er vor der Kulisse des Mannheimer Schlosses. Die militärische Kopfbedeckung wirkt viel zu groß für den schmächtigen jungen Mann; fast sieht es so aus, als ob sie jeden Moment herunterfallen könnte. Gedankenverloren, ja gelangweilt blickt der Kurprinz in die Ferne. Die rechte Hand hat er nach dem Vorbild Napoleons in die Uniformjacke gesteckt, doch die Geste wirkt bei ihm nur aufgesetzt. Wie weit deckt sich dieses Bild mit der Realität?

Unentschlossen, misstrauisch, träge

Der spätere Großherzog Karl wurde am 8. Juni 1786 geboren. Er war der einzige Sohn des 1801 verstorbenen Erbprinzen Karl Ludwig und der Amalie von Hessen-Darmstadt. Seine Geburt war, wie erwähnt, sehnsüchtig erwartet worden; nicht zuletzt von seiner Mutter, die sich dem unausgesprochenen Vorwurf ausgesetzt gesehen hatte, „nur" weiblichen Nachwuchs zur Welt zu bringen. Durch den frühen Tod seines Vaters war klar, dass er schon in jungen Jahren zur Macht kommen würde. Gleichwohl wurde er nur unzureichend auf seine spätere Rolle vorbereitet. Dazu kam, dass er sich – wie sein Vater – gerne vor Entscheidungen drückte, zugleich aber argwöhnisch fürchtete, hintergangen zu werden. Von seinen Eltern hat der spätere Großherzog nur wenig Zuneigung erfahren; das war zwar nicht ungewöhnlich für fürstliche Sprösslinge der Zeit, doch hätte es dem sensiblen Jungen sicherlich gutgetan. Stattdessen bekam er von seiner Mutter die gleiche Strenge zu spüren wie einst sein Vater von dem allmächtigen Großvater Karl Friedrich. Karl zog sich immer mehr in sich selbst zurück, fühlte sich unverstanden und ungeliebt. Große Emotionen konnte man von dem jungen Mann offensichtlich nicht erwarten; auf seine Zeitgenossen wirkte er farblos und seltsam unbeteiligt.

In der Mitte des 19. Jahrhunderts beschrieb ihn der deutsche Geschichtsschreiber Carl Eduard Vehse so: „Carl war ein träger, nachlässiger, misstrauischer, immer unentschlossener und immer zu Willkürlichkeiten neigender Herr." Zwar war Vehse ein überzeugter Republikaner und seine „Geschichte der deutschen Höfe" dementsprechend bissig gegen die hohen Herren. Doch Karl kam auch bei jenen, die ihn kannten, nicht gut weg. So formulierte einer seiner späteren Minister, Karl Wilhelm von Marschall, seine Einschätzung in noch deutlicheren Worten als Vehse: „Anstatt sich bei dem Rat eines oder einiger bewährter Männer zu beruhigen, fragt er über denselben Gegenstand zehn vornehme und geringe Diener um Rat, letztere heimlich. Das ist die Hauptquelle seiner Unentschlossenheit. Natürlich sind die Ratschläge entgegengesetzt und Ausflüsse der verschiedensten Leidenschaften, die der geistesschwache Herr nicht zu durchschauen vermag und nichts Besseres tun zu können glaubt, als die Sachen ohne Resolution hinzulegen." Karl August Varnhagen von Ense, von 1816 bis 1819 preußischer Gesandter in Karlsruhe, meinte, dass Karl durchaus mit „glücklichen Anlagen und nicht geringen Kräften ausgestattet war", doch sei er einzig seinem „Hange zum Sinnengenuss" gefolgt.

Das aufregendste Erlebnis in Karls Jugend war seine Teilnahme an der Krönung Napoleons zum Kaiser im Jahr 1804. Begleitet wurde der damalige Kurprinz von seinem Onkel Ludwig, dem einzigen Familienmitglied, mit dem ihn so etwas wie Zuneigung verband. Der Glanz der Kaiserkrönung beeindruckte Karl nachhaltig; vielleicht war dies mit ein Grund dafür, dass er Napoleon später länger als alle anderen Mitglieder des Rheinbunds die Treue hielt. Dass es an der Seite des Franzosen auch künftig nicht friedlich zugehen würde, bekam Karl bei seinem Abschied von Napoleon direkt zu hören: „Baden wird im nächsten Krieg mit Österreich unsere Avantgarde bilden." Das waren eigentlich keine verlockenden Aussichten.

Ehepläne werden geschmiedet

Nachdem sie ihre Töchter vorteilhaft verheiratet hatte (nur Prinzessin Amalie blieb ledig), war die Markgräfin Amalie natürlich bestrebt, auch für ihren einzigen Sohn eine adäquate Partie zu finden. Für die standesbewusste Darmstädterin war klar: Je ranghöher die Partie, umso besser auch für sie selbst. Denn mit dem Rang der Schwiegertochter stieg auch ihr eigenes Renommee. Und Amalie hatte auch schon einen Plan: Ihr bayerischer Schwiegersohn Max Joseph war in erster Ehe mit Auguste Wilhelmine von Hessen-Darmstadt verheiratet gewesen. Und die älteste Tochter aus dieser Ehe, ebenfalls mit Namen Auguste, war noch unverheiratet. Beim Zustandekommen der Eheschließung konnte Amalie natürlich auf die Unterstützung ihrer Tochter Karoline bauen, die eine neuerliche Verbindung zwischen Baden und Bayern nicht minder gerne gesehen hätte. Auch vom Alter passte das Ganze bestens: Erbprinz Karl wurde 1786 geboren, seine Braut in spe 1788. Zwar teilten weder Karl Friedrich von Baden, der sich an der katholischen Religion der Prinzessin störte, noch Max Joseph von Bayern die Begeisterung Amalies, doch gaben sie dem Projekt schließlich ihren Segen. Im Juni 1805 schickte der bayerische Kurfürst einen Brief mit dem Entwurf eines Ehevertrags an Amalie. Doch die Badenerin war keineswegs blind vor Freude über diese Verbindung. Offensichtlich las sie den Vertrag sehr genau, denn sie leitete ihn an Kurfürst Karl Friedrich mit dem Hinweis weiter, dass sie einen der Artikel keinesfalls akzeptieren könne.

Dass es nicht zu einer Eheschließung kam, lag aber nicht am Streit über Einzelheiten des Ehekontrakts, sondern an den anderen Plänen eines mächtigen Mannes: Napoleon Bonaparte! Der Kaiser war darum bemüht, seine Verwandtschaft mit Mitgliedern des europäischen Hochadels zu verheiraten. Damit verpflichtete er sich die regierenden Häuser auch familiär; zudem zeigten diese Verbindungen, wenigstens aus der Sicht Napoleons, dass er von den alten Adelshäusern als ihresgleichen angenommen worden war. In Ermangelung eigener Nachkommen verheiratete Napoleon seine Geschwister sowie die Verwandtschaft seiner Gemahlin Joséphine, die in erster Ehe mit dem 1796 guillotinierten Vicomte Alexandre de Beauharnais verheiratet gewesen war. Die ersten Zielscheiben dieser Politik waren seine süddeutschen Verbündeten Baden, Württemberg und Bayern: Für Joséphines Sohn Eugéne hatte Napoleon ebenjene bayerische Prinzessin auserkoren, die eigentlich Karl von Baden heiraten sollte. Dagegen versuchten Baden und Bayern zunächst, hinhaltenden Widerstand zu leisten mit dem Hinweis, dass schon eine förmliche Verlobung erfolgt sei. Selbst als ein Emissär Napoleons in Karlsruhe anfragte, ob man in Baden wirklich vorhabe, die Absichten Napoleons zu durchkreuzen, hoffte man noch, dass der Kelch schon irgendwie vorübergehen würde. Deutliche Worte fand Karls Mutter Amalie: „Ein rechtmäßiger Souverän", meinte sie über Napoleons Ansinnen, „würde dies nicht einmal von seinen Untertanen verlangen". Doch Kurfürst Karl Friedrich bekam kalte Füße, scheute sich davor, das Projekt der Verbindung zwischen seinem Sohn und Auguste unter Dach und Fach zu bringen, hatte Angst, den Zorn des „allmächtigen Mannes" hervorzurufen. Auch der Minister von Reitzenstein riet davon ab, den Kaiser zu brüskieren. Er verwies auf den Landhunger des benachbarten Kurfürstentums Württemberg, dem man nur mit Hilfe Napoleons widerstehen könne. Und der Bräutigam in spe machte erst recht keine Anstalten, das Projekt zu forcieren. So kam Napoleon doch noch zu dem, was er wollte. Denn auch in München begann man daraufhin, sich von der Vorstellung einer ehelichen Verbindung zwischen den beiden Häusern zu verabschieden.

Der nun brautlose Erbprinz brauchte sich nicht zu grämen. Auch hier war der Korse in seiner Familie fündig geworden: Für Karl hatte Napoleon die 1789 geborene Stéphanie de Beauharnais ausgesucht. Ihr Vater Claude war königlicher Gardehauptmann und ein Cousin von Joséphines erstem Mann. Die Mutter Claudine Adrienne de Lezay hatte sich kurz nach der Geburt Stéphanies von ihrem Mann getrennt und war bereits 1791 gestorben. Das war, um es sehr milde auszudrücken, nicht gerade die Partie, die sich Amalie vorgestellt hatte. Sie hielt Napoleon für einen unsäglichen Emporkömmling und seine angeheiratete Verwandtschaft für so wenig standesgemäß wie ihn selbst. Zwar waren die Beauharnais adlig, doch ein Vicomte stünde in Deutschland irgendwo zwischen Freiherr und Graf, war also keineswegs standesgemäß. Dass Stéphanies Großmutter, Fanny Mouchard (1738–1813), sich einen Namen als Autorin von Romanen gemacht hatte und der Großvater als Offizier zur See gefahren war, dürfte bei Amalie ebenfalls heftiges Stirnrunzeln ausgelöst haben.

Stéphanie de Beauharnais wuchs in Südfrankreich unter der Obhut einer irischen Freundin ihrer verstorbenen Mutter in einem Pensionat ehemaliger Nonnen auf; der Vater kümmerte sich kaum um sie. Eine ihrer Erzieherinnen hat Stéphanie so charakterisiert: Diese sei „eine reiche, vielseitige Persönlichkeit, eine wunderbare Mischung von Leichtigkeit zum Lernen, Eigenliebe, Eifer, Trägheit, Liebenswürdigkeit,

Gerechtigkeitssinn, Behändigkeit, Ehrgeiz und Frömmigkeit". 1803 ließ Napoleon die Verwandte seiner Frau nach Paris kommen, um sie dort so zu erziehen, wie es einem, wenn auch nur angeheirateten, Mitglied seiner Familie zukam. Es galt, einiges nachzuholen, denn Stéphanie war ein rechtes, wenngleich erfrischendes, ‚Landei'. Am 2. Dezember 1804 erlebte sie zutiefst beeindruckt die Kaiserkrönung Napoleons mit; Augen für den ebenfalls anwesenden badischen Erbprinzen Karl wird sie dabei kaum gehabt haben. Umso mehr für Napoleon, dem sie so hübsche Augen machte, dass es Joséphine zu viel wurde und sie ihre junge Verwandte zur Ordnung rief. Es dürfte der Kaiserin daher nicht unrecht gewesen sein, als sie Stéphanie 1806 eröffnen durfte, dass sie Karl von Baden heiraten sollte. Die gut 16-Jährige war erschrocken, doch beruhigte Joséphine sie mit dem Hinweis, dass ihre neue Heimat vor der französischen Haustür läge: „Die badischen Lande liegen so nahe bei Frankreich, dass Du uns oft besuchen kannst".

Erbprinz Karl fügte sich in das Unabänderliche, zumal nachdem man ihm erzählt hatte, dass Stéphanie hübsch sei. Bei einem Zusammentreffen in Augsburg gab er Napoleon seine Zustimmung. Karl wusste aber auch um die nicht druckreife Meinung seiner Mutter über den französischen Kaiser und bat diesen daher darum, ihn vor der zu erwartenden Wut Amalies zu schützen. Karls Großvater übertrug die Verhandlungen dem erfahrenen Unterhändler Reitzenstein; wenn die Heirat schon stattfinden musste, dann sollte für Baden etwas Zählbares dabei herausspringen. Das war schließlich der österreichische Breisgau, der einzig noch einem einheitlichen badischen Flächenstaat im Wege gestanden hatte. Keine Chance bei Napoleon hatten sehr viel weitergehende badische Vorstellungen: So träumte man in Karlsruhe kurzzeitig von der Inbesitznahme Frankfurts, Aschaffenburgs, Nürnbergs und weiterer Städte. Selbst die Schweiz geriet wieder auf die badische Wunschliste. Nur wenn diese ein Königreich unter badischer Führung werde, sei garantiert, dass sie weiter an der Seite Frankreichs stehe.

Am 20. Januar 1806 kam der Kaiser höchstpersönlich nach Karlsruhe, um die Eheverbindung unter Dach und Fach zu bringen. Natürlich wurde Napoleon mit größten Ehren empfangen; die nach wie vor schlechten Karlsruher Straßen wurden eigens mit Sand bestreut, im Schloss die Familienzimmer für den hohen Besucher geräumt. Die Stimmung war alles andere denn entspannt, und vor lauter Furcht vor dem großen Korsen tranken sich die Hofchargen „Courage an".

Napoleon wusste selbstverständlich über die Einstellung Amalies Bescheid, auch über ihre Ablehnung der Verbindung, die für sie nichts anderes als eine Mésalliance war. Natürlich blieb der Markgräfin nichts anderes übrig, als Napoleon halbwegs höflich zu begegnen. Dabei zeigte sie durchaus Größe, verleugnete weder ihre Ablehnung der Politik des Kaisers noch ihre Meinung über das Heiratsprojekt. Wenn Stéphanie wenigstens Napoleons Verwandtschaft wäre und nicht nur eine entfernte Verwandte der Kaiserin ... Doch das hätte Amalie besser nicht gesagt. Wie aus der Pistole geschossen erklärte Napoleon seine Bereitschaft, Stéphanie – wie zuvor schon Eugéne – zu adoptieren (was er vielleicht ohnehin vorgehabt hatte, wie ein Brief Karl Friedrichs an Reitzenstein nahelegt). Damit war die Hochzeit beschlossene Sache. Denn das war unbestritten eine Rangerhöhung, egal wie man nun zum Kaisertitel des Korsen stand. Jedenfalls konnte Amalie nicht mehr aus der Falle, die sie selbst gestellt hatte, auch wenn sie nach dem Gespräch mit Napoleon behauptet hat, dass sie sich aus der Schlinge noch hätte befreien können, wenn ihr Sohn sie nur unterstützt hätte. Stattdessen habe er dem Kaiser seine Zustimmung zu der Ehe gegeben.

Eheschließung mit Hindernissen

Im Februar reiste Reitzenstein nach Paris, um die Details des Ehevertrags auszuhandeln. Schon im März konnte die Verlobung bekannt gegeben werden. Nun musste „nur" noch Karl nach Paris reisen, wo die Hochzeit stattfinden sollte. Doch der Erbprinz legte keine Eile an den Tag. Endlich platzte dem Minister der Kragen. Er forderte den Bräutigam auf, sobald als möglich nach Frankreich zu reisen. Denn erst wenn diese Hochzeit stattgefunden hatte, konnte auch der politische Lohn eingefordert werden. Reitzenstein kannte den Erbprinzen und die Umstände am badischen Hof, sodass er an Karl schrieb: „Ich wüsste nicht, was Sie zurückhalten könnte, aber ich kenne die unendliche Langsamkeit von Karlsruhe. Dort schläft man nur gut, wenn man auf morgen verschoben hat, was man heute hätte beenden sollen. Ich versichere Ihnen auf das Entschiedenste, Ihre teuersten Interessen stehen auf dem Spiel, wenn Sie nur einen einzigen Tag zögern." Das war deutlich genug, und so brach Karl nun umgehend auf, am 2. März 1806 traf er in Paris ein. Und zu Hause in Karlsruhe blieb seine Mutter Amalie zurück, resigniert und unzufrieden: „Bisher war es mein höchster Wunsch, noch vor meinem Tod einen Enkel aus Karls Stamm zu sehen. Jetzt wünsche ich es nicht mehr; zum mindesten ist es mir gleich." Mit großer Verärgerung betrachtete Amalie zudem das Bemühen Karl

Friedrichs um die Kinder aus seiner zweiten, nicht standesgemäßen Ehe: Um deren Ebenbürtigkeit durchzusetzen, „würde er sein Land verkaufen und noch mehr tun". Amalie war zutiefst verbittert.

Karl ärgerte sich in Paris vor allem über den Minister Reitzenstein, der ihn so unter Druck gesetzt hatte. Dieser plage ihn „mit lauter Kleinlichkeiten"; er sei „einer von denen, die meinen, jedermann müsste immer schlechterdings ihrer Meinung sein". Die ersten Begegnungen zwischen Karl und Stéphanie in Paris verliefen in dem erwarteten steifen Rahmen; wirklich nähergekommen sind sie sich dabei nicht: „Jeden Morgen gegen zwölf Uhr besuchte mich der Kurprinz ... Diese Verpflichtung erfreute ihn ebenso wenig wie mich. Wir waren beide sehr verlegen und wussten nicht, wovon wir reden sollten. Jeder blickte verstohlen nach der Uhr, ob die endlos peinliche Stunde des Zusammenseins nicht bald vorüber sei." Die tägliche Stunde mit seiner Braut war aber nicht die einzige Pflichtübung, die Karl in Paris auferlegt wurde. So ließ ihn Napoleon an den Sitzungen seines Staatsrats teilnehmen, um den jungen Badener etwas Regierungspraxis schnuppern zu lassen, und Reitzenstein schleppte den Erbprinzen in Museen und Galerien. Besonders interessiert scheint diesen das alles nicht zu haben, wie eine Hofdame überliefert hat: „Er sprach wenig, er schien sich zu genieren und schlief überall ein." Dass er seine Haare weiß puderte, wie es in Paris schon lange nicht mehr Mode war, führte zu Heiterkeitsausbrüchen.

Die standesamtliche Trauung fand schließlich am 7. April 1806 statt, die kirchliche einen Tag später, und zwar nach katholischem Ritus. Das dürfte für Karl eine neue Erfahrung gewesen sei. Großvater Karl Friedrich überkamen denn auch schon Befürchtungen in dieser Richtung, doch war im Ehevertrag festgelegt worden, dass die Kinder aus der Verbindung im „Glauben des kurfürstlichen Hauses" erzogen werden sollten. Die beiden Hochzeitsfeiern wurden vor großem Gefolge und vor allem die kirchliche Zeremonie mit überwältigender Prachtentfaltung begangen; immerhin war es die (Adoptiv-)Tochter des Kaisers, die heiratete. „Die Prinzessin war schön wie ein Engel", berichtete ein Augenzeuge, und auch Karl gab einen ordentlichen Bräutigam ab. Das war es denn aber auch schon, denn die Hochzeitsnacht wurde zur Katastrophe. Stéphanie soll ihren frisch angetrauten Ehemann hinauskomplimentiert und dieser daraufhin die Nacht in einem Lehnstuhl vor der Tür verbracht haben. Der unerfahrene Bräutigam scheint sich nicht besonders geschickt verhalten zu haben, und Stéphanie war von der Situation gleichfalls überfordert: „Ich war zu jung, um zu verstehen, welche Pflichten eine Frau gegenüber ihrem Mann hat … Der Kurprinz war auch zu jung, um ein einfaches und reines Mädchen zu schätzen, das ein wenig launisch war, aber wohl bald eine gute, vielleicht liebenswerte Frau geworden wäre, wenn er genügend Erfahrung gehabt hätte, um meinen Charakter zu verstehen. Ich sah in der Ehe nur Ungelegenheiten, eine Art Knechtschaft …" Überdies habe sie damals alle Männer mit Napoleon verglichen, „was natürlich zu ihrem Nachteil war".

Während das junge Ehepaar mit heftigen Startschwierigkeiten zu kämpfen hatte, versuchte Reitzenstein noch einmal, Napoleon davon zu überzeugen, dass die Eidgenossenschaft gut zu Baden passen würde. Und schließlich sei die Schweiz schon im Mittelalter von den Zähringern regiert worden, warf Reitzenstein leicht geschichtsklitternd in die Verhandlungen ein. Kurprinz Karl meinte sogar, seiner Mutter in einem Brief mitteilen zu können, dass „wir hoffen können, die Schweiz als Königreich zu bekommen". Doch am Ende blieben diese Träume Schäume und wurden in Paris auch nicht wirklich ernst genommen.

Am 1. Juli 1806 verließen Stéphanie und Karl die französische Hauptstadt und machten sich auf den Weg nach Karlsruhe. Die Bande zwischen Baden und dem napoleonischen Frankreich waren noch enger geknüpft als zuvor. Napoleon fühlte sich nun mehr denn je dazu berechtigt, seinen Einfluss in der badischen Politik geltend zu machen – und nicht nur dort.

Kühler Empfang in der neuen Heimat

Der Empfang für das neue Familienmitglied in Karlsruhe war nicht besonders herzlich. Einzig der alte und kranke Kurfürst Karl Friedrich bemühte sich, Stéphanie das Gefühl zu geben, willkommen zu sein. Ihre Schwiegermutter Amalie hatte es vorgezogen, bei ihrer Ankunft nach Darmstadt zu fliehen, und die zweite Frau des Kurfürsten begegnete der Französin höchst unfreundlich; wohl auch, weil sie fürchtete, nach dem Tod Karl Friedrichs wieder ins zweite Glied zurückrücken zu müssen. Karl und Stéphanie erhielten das Mannheimer Schloss als Residenz zugewiesen, eine weitläufige, durchaus standesgemäße Unterkunft. Als Sommerresidenz diente ihnen Schloss Schwetzingen mit seinem großen Park. Auch auf Schloss Favorite bei Rastatt verbrachte das Paar einige Zeit. Wobei es Stéphanie überall schöner fand als in Karlsruhe, wo ihr am Hof so viel Missgunst entgegengebracht wurde.

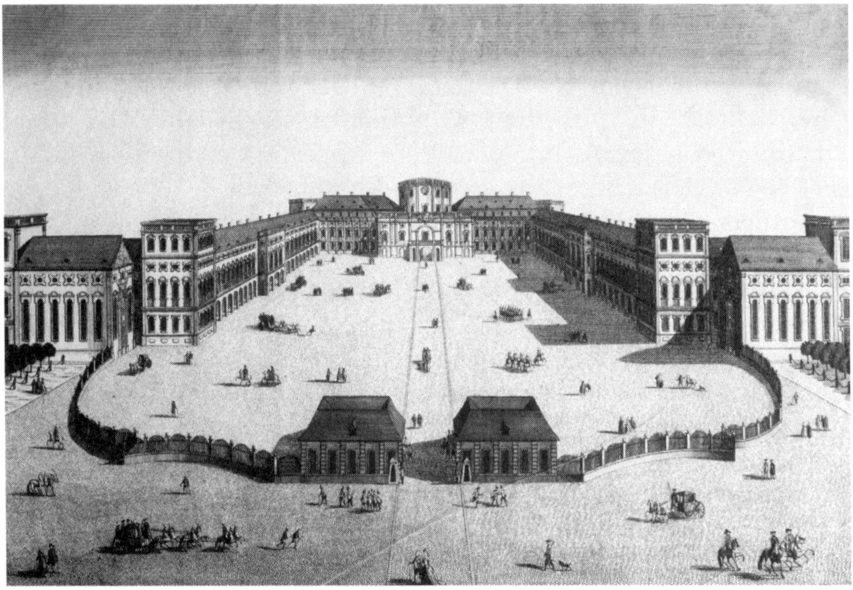

Das Mannheimer Schloss gehört von seinen Ausmaßen her zu den größten Residenzen Europas. Erbaut wurde es unter den Kurfürsten Carl Philipp und Carl Theodor zwischen 1720 und 1760. Zusammen mit der gesamten rechtsrheinischen Kurpfalz fiel auch Mannheim 1803 an Baden. – Koloriertes Guckkastenblatt von Georg Matth. Probst, um 1765/70. Reiss-Engelhorn-Museum.

In Mannheim jedoch wurde sie mit Wohlwollen empfangen, wobei vor allem die Katholiken ihre Hoffnungen auf die künftige Landesherrin setzten. Als die Stadt ein Fest veranstaltete, das eigentlich zu Ehren Karls stattfand, entwickelte sich daraus eine einzige Sympathiebekundung für Stéphanie, die „Gegenstand aller Aufmerksamkeiten und Huldigungen" wurde. Karl stieß dieses Verhalten bitter auf.

In Mannheim ist die Erinnerung an die spätere Großherzogin bis heute lebendig geblieben. Hat man sich von dem riesigen Residenzschloss (immerhin das zweitgrößte in Europa) unter dem Gewirr von Straßen und Eisenbahntrassen hindurchgekämpft, gelangt man an die Rheinpromenade. Läuft man eine Weile am Fluss entlang, kommt man zum Stephanienufer, einer ursprünglich von der Großherzogin angelegten kleinen Parkanlage. Diese wie auch den gesamten Schlosspark hat Stéphanie in ihrer Witwenzeit für die Bürger der Stadt geöffnet. Am Eingang zu der nach ihr benannten Anlage befindet sich als Dank der Stadt eine strahlend weiße Skulptur Stéphanie de Beauharnais'.

Denkmal für die Großherzogin Stéphanie am Stephanienufer in Mannheim. Als Witwe residierte die Adoptivtochter Kaiser Napoleons I. bevorzugt im Mannheimer Schloss. Der Stadt und ihren Bewohnern fühlte sie sich stets eng verbunden.

Wenig angenehm war der erste Besuch von Karls Mutter Amalie in Mannheim, zumal der stolzen Frau bedeutet wurde, dass Stéphanie als „Kaiserliche Hoheit" im Rang über ihr stehe. Immerhin rang sie sich durch zuzugeben, dass die Frau ihres Sohnes hübsch, der „Gesamteindruck angenehm" sei. „Karl behandelt sie gut, ist aber überhaupt nicht verliebt." Tatsächlich verband das Paar wenig. Stéphanie unternahm gerne Ausflüge in die Umgebung, freute sich an der schönen Natur im Schwarzwald und in der Kurpfalz. Das Heidelberger Schloss empfand Stéphanie als „schönste Ruine Europas", wenngleich der Anblick „peinlich sein muss, wenn man sich bewusst wird, dass Ludwig XIV. die Ursache der Verwüstung war". Auch gab Stéphanie gern Bälle, weshalb die jungen badischen Prinzen erst einmal nach französischer Sitte tanzen lernen mussten.

Diese Interessen Stéphanies teilte Karl überhaupt nicht und mit seiner Frau durch die Wälder bei Rastatt zu streifen, hatte er schon gar keine Lust. „Der Prinz … langweilte sich", berichtet die Erbprinzessin, „er war dieses Aufenthalts, vielleicht auch meiner überdrüssig. Ich war noch zu sehr Kind, um einem jungen Mann gefallen zu können. So verließ er mich, um – wie er sagte – in Karlsruhe seinen Geschäften nachzugehen." Und wenn er dann doch einmal mit seinen Freunden scherzte und lachte, fand Stéphanie deren Unterhaltungen so peinlich, dass sie lieber vorgab, die auf Deutsch geführten Gespräche nicht zu verstehen.

Karl kehrte nicht nach Favorite zurück. Im Oktober 1806 nahm er am Feldzug Napoleons gegen Preußen und auch an der berühmten Doppelschlacht von Jena und Auerstedt teil. An der Seite Napoleons zog er in Berlin ein. Diese Ereignisse mögen den Glauben Karls an die Unbezwingbarkeit des französischen Kaisers weiter gestärkt haben. Allerdings bekleckerte sich Karl während dieses Feldzugs nicht mit Ruhm. Anstatt sich um seine Aufgabe als Kommandeur der badischen Rheinbundtruppen zu kümmern, gab er sich lieber Vergnügungen hin. Auf Napoleon machte das Verhalten des Badeners einen denkbar schlechten Eindruck. Bald erkrankte Karl auch noch schwer, wofür er natürlich nichts konnte, aber der Kaiser nahm ihm selbst das übel. Er solle endlich nach Karlsruhe zurückfahren und für Nachkommenschaft sorgen. Selbst ein ebenfalls an dem Feldzug beteiligter badischer General hielt mit seiner Meinung nicht hinter dem Berg: „Im ganzen wäre es besser gewesen, wenn der Prinz zuhause geblieben wäre." Doch Karl hatte es nicht eilig mit seiner Rückkehr; erst im Sommer 1807 traf er seine Gemahlin in Karlsruhe wieder. Inzwischen hatte Kaiser Franz II. die Krone des Heiligen Römischen Reiches niedergelegt; aus dem Kurfürstentum war das Großherzogtum Baden geworden. Karl war nun Erbgroßherzog – von Napoleons Gnaden.

Napoleon greift ein

Dass Stéphanie in Baden Eiseskälte entgegengeschlagen war, wurde natürlich auch Napoleon berichtet. Als er erfuhr, dass der Erbprinzessin sogar ein Brief vorenthalten worden und ihre Schwiegermutter in die Angelegenheit verwickelt sei, platzte ihm der Kragen, und er forderte, „die Schuldigen zu bestrafen". Aber auch mit dem Verhalten Stéphanies war der Kaiser nicht zufrieden. Noch in Paris hatte ihr die Kaiserin klarzumachen versucht, dass es nun eheliche Pflichten gab, sprich sie ihren Mann nicht allabendlich vor die Tür setzen konnte. Doch nachhaltige Wirkung scheint dieses Gespräch nicht gehabt zu haben, denn im Juli 1806 schrieb Napoleon an Stéphanie: „Lieben Sie Ihren Gatten, der es durch die große Zuneigung zu Ihnen verdient, geliebt zu werden." In demselben Brief warnte der Kaiser seine Adoptivtochter vor Überheblichkeit: „Bequemen Sie sich dem Lande an und finden Sie alles gut, denn nichts ist unverschämter als immer von Paris und den Größen zu sprechen, von denen man weiß, dass man sie nicht haben kann; es ist dies der Fehler der Franzosen, verfallen Sie ihm nicht. Karlsruhe ist ein schöner Aufenthalt. Man wird Sie nicht mehr lieben und schätzen als Sie das Land, in dem Sie sind." Selbst zu der Gräfin Hochberg, der zweiten Gemahlin Karl Friedrichs, sollte Stéphanie freundlich sein, egal wie diese sich benehme. Die Situation scheint sich daraufhin etwas entspannt zu haben, was vor allem daran lag, dass Stéphanie die Ratschläge ihres Stiefvaters beherzigte. Das Verhältnis zu ihrem Mann blieb jedoch kühl, was Napoleon, der ihm zunächst freundlich gegenübergestanden hatte, noch vor dem Regierungsantritt Karls zu dem vernichtenden Urteil brachte: „Dieser Prinz ist unverbesserlich."

Zu diesem Urteil Napoleons trug maßgeblich das Verhalten Karls nach seiner Rückkehr aus dem Krieg gegen Preußen bei. Eine gemeinsame Reise nach Paris zur Hochzeit der württembergischen Prinzessin Katharina mit Napoleons Bruder Jérôme brachte das Paar einander nicht näher. Zurück in Baden, wurden gar getrennte Hofhaltungen eingerichtet: für Stéphanie in Mannheim, für Karl in Karlsruhe. Und dies obwohl noch kein Nachwuchs in Sicht war. Zwar war 1806 von einer Schwangerschaft Stéphanies die Rede gewesen, doch ist unklar, ob es eine solche jemals gegeben hat. Wenn ja, dann muss sie das Kind schon zu einem sehr frühen Zeitpunkt verloren haben. Karl scheint weder dies besonders bekümmert zu haben noch zeigte er sich besorgt, als Stéphanie im Herbst 1807 schwer erkrankte. Sie hatte hohes Fieber, war wohl aber auch nervlich am Ende, mutmaßlich wegen der ihr berichteten Ausschweifungen Karls. Doch dem Erbgroßherzog kam es nicht in den Sinn, seiner Frau auch nur einen Besuch abzustatten.

Die Adoptivtochter des Kaisers vernachlässigt man nicht ungestraft: Napoleon Bonaparte schrieb zwei Briefe, einen an Karl, den anderen an seinen Vater Karl Friedrich. Der Korse behandelte die beiden Badener darin wie ungehorsame Kinder, in einem kaum zu überbietenden schneidenden Ton. Kaum etwas hätte die Abhängigkeit des Großherzogtums von Baden besser unter Beweis stellen können. Unter souveränen Herrschern war ein solcher Ton bis dahin jedenfalls nicht üblich gewesen. An Karl schrieb Napoleon: „Hätte ich Deinen Charakter gekannt, wie ich ihn jetzt kenne, so hätte ich mich gehütet, Dir ein mir teures Wesen zur Frau zu geben. Willst Du Dich weiterhin so benehmen, dann schicke mir meine Tochter zurück; Du bist ihrer nicht würdig. Was man von Dir und gewissen Personen, die im Lande Baden so viel Unrechtes tun, Schlimmes berichtet, ist leider, wie ich sehe, wahr ... Verhalte Dich so, dass ich nicht in die Staatsgeschäfte einzugreifen brauche."

Der Brief an Karl Friedrich ist in einem nicht minder unfreundlichen Ton gehalten: „Ich setze voraus, Ihre körperliche Schwäche ist schuld daran, dass sie die Niedrigkeiten nicht kennen, die man begeht ... Wie dem auch sei, ich frage Eure Hoheit kategorisch, ob Sie einschreiten wollen und können, damit meine Tochter gebührende Behandlung erfährt und die schuldige Achtung ihrer Umgebung genießt." Besonders wütend war Napoleon auf den Markgrafen Ludwig, in dem er eine der Ursachen für das schlechte Verhältnis zwischen Karl und seiner Frau vermutete. Ultimativ forderte er Karl Friedrich nun auf: „Wenn Sie nicht die Macht haben, den Schlechtigkeiten des Markgrafen ein Ende zu bereiten und Ihren Enkel zu den Gefühlen der Ehre und Anständigkeit zurückzuführen, verlange ich meine Tochter zurück."

Dem Kaiser zu widersprechen, stand überhaupt nicht zur Debatte. Markgraf Ludwig wurde in die badische Provinz verbannt, dem Erbgroßherzog der weitere Umgang mit seinen Kumpanen verboten. Und schließlich wurde ein hochoffizielles Entschuldigungsschreiben nach Paris geschickt. Die Wut des Kaisers war noch immer nicht verraucht. Der Überbringer, ein badischer General, musste ganze Schimpftiraden über sich ergehen lassen. Neben dem Markgrafen Ludwig bekam vor allem die zweite Gemahlin Karl Friedrichs, deren Schuldenberg schwindelnde Höhen erreicht hatte, Napoleons Zorn zu spüren: Sollte sie nicht Schluss machen mit ihren Umtrieben, werde er sie in ein Kloster sperren. Wie gespannt die Atmosphäre damals war, zeigte sich, als in Mannheim bei einem Konzert anlässlich des Namenstags der Erbgroßherzogin von der Decke ein Stück Holz auf den Fuß fiel und der französische Gesandte Bignon sogleich ein Attentat vermutete.

Doch auch seiner Adoptivtochter Stéphanie redete der Kaiser wieder ins Gewissen. In ihrer jugendlichen Unbekümmertheit hatte sie am badischen Hof für manchen Unmut gesorgt. So etwa, als sie eines Abends mit ihren Hofdamen als französische Bäuerinnen verkleidet zum Abendessen erschien. Da sie als Kaisertochter die Ranghöchste war, musste die Markgräfin Amalie in ihrer „reichen Hofkleidung" der „Bäuerin" hinterherlaufen. Und als Napoleon das Gerücht zu Ohren kam, Stéphanie wolle eine Reise an den Bodensee im Sommer 1808 dazu nützen, um in die Schweiz zu fliehen, war er nicht minder erbost: Eine Gattin hatte auf ihrem Posten zu bleiben – und damit basta: „Seien Sie vernünftig und benehmen Sie sich gut."

Aussprache in Paris

Karl verehrte, ja fürchtete Napoleon zwar, doch seiner Frau gegenüber konnte er auch weiterhin keine Gefühle entgegenbringen. Im Frühjahr 1809 klagte der Erbgroßherzog dem neuen Geschäftsträger des Königreichs Westfalen in Baden, Norvin, sein Leid: Der Kaiser liebe ihn nicht mehr ... Darüber, antwortete Norvin, müsse er sich doch nicht wundern: „Der Kaiser liebt sie nicht, weil Sie seine Tochter nicht lieben. Er hat sie Ihnen gegeben, damit Sie ihr ein guter Gatte seien, nicht aber, dass Sie sie in kompromittierender Einsamkeit dahinwelken lassen."

Durch gemeinsame Auftritte sollte nach außen hin ein Wandel im Verhältnis der Eheleute demonstriert werden, um Napoleon nicht weiter zu reizen. Gemeinsam reisten Karl und Stéphanie zu dem von Napoleon einberufenen Fürstentag nach Erfurt. Doch als der Kaiser die beiden im Herbst dazu aufforderte, unverzüglich nach Paris zu kommen, zeigte Karl wenig Begeisterung. Dafür gab es rational betrachtet sogar einen Grund: Großherzog Karl Friedrich wurde immer hinfälliger, das „Schwinden von Gehör und Gedächtnis" hätten sehr zugenommen, bemerkte ein Zeitgenosse. Daher war Karl zum Mitregenten ernannt worden. Doch den Hinweis auf seine daraus erwachsenen neuen Pflichten nahm ihm weder Napoleon noch Reitzenstein als Begründung ab. Gleichwohl reiste Stéphanie zuerst allein nach Paris, wo sie aus ihrer Sicht wenig Erfreuliches erfuhr: Napoleon wollte sich wegen der ausgebliebenen Nachkommen von Joséphine trennen und die Erzherzogin Marie-Louise heiraten, eine Tochter des österreichischen Kaisers. Zwischenzeitlich kehrte die Erbgroßherzogin nach Karlsruhe zurück; zusammen mit ihrem Mann wollte (musste) sie an der Vermählung Napoleons mit der österreichischen Kaisertochter teilnehmen. Doch Karl hatte nach wie vor keine Lust, nach Paris zu fahren: Zum anderen würde ihm dort doch nur demonstriert, wie machtlos er war, und die zu erwartenden Moralpredigten des Kaisers verlockten auch nicht gerade dazu, in die Kutsche zu steigen.

Doch so wenig wie sich Baden politisch Napoleon widersetzen konnte, so wenig hatte Karl persönlich eine Wahl. Das machte ihm Reitzenstein in zwei Briefen klar. Dem rationalen Minister ging es dabei weniger um das Glück der Eheleute als um Baden: Würde Karl sich nicht endlich um seine Frau kümmern, könnte dies auch weitreichende politische Folgen haben. Er warnte den Erbgroßherzog davor, dass er gleich nach seiner Ankunft in Paris „einen schweren Sturm" werde über sich ergehen lassen müssen. Keinesfalls dürfe er versuchen, sich herauszuwinden, denn „der Kaiser wisse alles". Daher riet er Karl, im Gespräch mit Napoleon, sogleich seine Schuld zu bekennen, „verbunden mit dem festen Entschluss ..., Ihre Fehler ablegen zu wollen und den guten Willen hierzu sofort unter des Kaisers Augen zu beweisen. Der erste Schritt dazu muss eine Aussprache mit Ihrer Gemahlin sein."

Karl sollte in Paris nicht nur den Willen bekunden, seine Ehe in Ordnung zu bringen. Napoleon hielt ja auch sonst nichts von dem Badener. Seines Erachtens war Karl ein träger Jüngling, für den Pflichterfüllung und Arbeit Fremdwörter zu sein schienen. An Benehmen ließ er es offensichtlich gleichfalls mangeln; so hatte er beispielsweise die „üble Angewohnheit, erst zur Tafel zu kommen, wenn man schon lange saß, und erschien oft erst, wenn der Nachtisch aufgetragen wurde". So konnte er sich in Paris jedenfalls nicht benehmen. Reitzenstein mahnte Karl daher, an der Seine gefälligst jeden Morgen um sechs Uhr aufzustehen und um sieben Uhr angekleidet zu sein. Danach solle er sich mit etwas Nützlichem und Ernsthaftem beschäftigen und den Eindruck erwecken, „immer in Tätigkeit zu sein, mit hervorragenden Männern des Geistes und in guter Gesellschaft zu verkehren ... Sie können gerettet werden, wenn Sie es wollen."

Die dauernden Mahnungen zeigten endlich Erfolg: Karl wurde allmählich klar, dass er drauf und dran war, nicht nur seine Frau zu verlieren, sondern damit auch seine eigene Position und sein Land in Schwierigkeiten brachte. So entschied er sich, mit seiner Gemahlin zur Hochzeit Napoleons mit Marie-Louise nach Paris zu fahren, die am 2. April 1810 stattfand. Und er bemühte sich, den Eindruck eines strebsamen und ernsthaften Mannes zu vermitteln. Das war ganz im Sinne Napoleons, zumal sich immer deutlicher zeigte, dass Großherzog Karl Friedrich nicht mehr regierungsfähig war. Nicht einmal seinen Namen konnte er mehr schreiben. Daher müsse sein Sohn endlich einmal „anfangen zu arbeiten". Stéphanie musste sich ihrerseits vorhalten lassen, dass sie bislang ebenfalls nicht den nötigen Einsatz gezeigt habe: Sie solle künftig „den größten Eifer und alle Koketterie aufbieten, um ihrem Mann zu gefallen".

So ließ denn auch bald das äußere Zeichen der Annäherung der Eheleute nicht auf sich warten: Stéphanie wurde schwanger! Am 5. Juni 1811 kam ein Mädchen zur Welt, das auf den Namen Luise getauft wurde. Sie sollte einmal den schwedischen Prinzen Gustav Wasa heiraten. Mit der Geburt Luises war zwar noch immer kein Thronfolger geboren, aber immerhin war jetzt klar, dass Karl und Stéphanie Kinder bekommen konnten. Und da die Großherzogin erst 22 Jahre alt war, blieb noch genügend Zeit, für weiteren Nachwuchs zu sorgen. Irgendwann würde doch wohl ein Sohn zur Welt kommen? Die Freude über die Geburt des Mädchens wurde allerdings getrübt durch den Tod des Großherzogs Karl Friedrich nur fünf Tage später, auch wenn mit dem Dahinscheiden des fast 83-Jährigen gerechnet werden musste. Damit war Karl nun Großherzog – eine Aufgabe, die zu meistern ihm nur wenige zutrauten.

Herrscher mit eingeschränkter Macht

Doch für welche Politik stand Großherzog Karl? Hier ist zunächst einschränkend zu wiederholen, dass der Spielraum für eine eigene Außenpolitik sowieso gering war: Diese wurde in Paris und nicht in Karlsruhe gemacht. Auf diesem Gebiet konnte es also nur darum gehen, in der Zusammenarbeit mit Frankreich, das seinerseits auf die Truppenunterstützung der Rheinbundstaaten angewiesen war, möglichst viele Vorteile für Baden herauszuschlagen, so wie es Reitzenstein lange gelungen war. Doch kühlte sich das Verhältnis in den letzten Jahren Karl Friedrichs, wie aufgezeigt, merklich ab. Größer war der Spielraum Karls in der Innenpolitik. Allerdings stand er sich hier selbst im Weg: Er habe wohl eingesehen, dass er „die Kraft zum Regieren nicht hatte, aber so viel Kraft war ihm geblieben, das, was er selbst nicht vermochte, auch anderen nicht zu gestatten“, beschrieb Varnhagen von Ense die Situation.

Dabei hätte es genügend Aufgaben gegeben: So standen die Integration der neuen Landesteile und der in Schieflage geratene Haushalt ganz oben auf der Tagesordnung. Doch auch in die badische Innenpolitik griff der französische Kaiser massiv ein, so etwa, als er Karl ultimativ dazu aufforderte, die ihm von seinem Gesandten berichtete Benachteiligung der Katholiken in Baden zu beenden. Dem badischen Gesandten in Paris wurde ein geharnischtes, von keiner diplomatischen Zurückhaltung gehemmtes Schreiben in dieser Sache überreicht: „Der unterzeichnete Minister hat den ausdrücklichen Auftrag erhalten, dem Gesandten des badischen Hofes von dem äußersten Missmut Kenntnis zu geben, den Seine Majestät empfunden hat, als sie vernahm, dass in der badischen Regierung neuestens ein System eingeführt wurde, das darauf abzielt, die Katholiken und die Einwohner der neu erworbenen Gebiete von jeder Teilnahme an den öffentlichen Ämtern und Funktionen auszuschließen. Seine kaiserliche Majestät kann nicht gleichgültig und ruhig zusehen, wie man als missliebige Untertanen und sozusagen als Heloten Leute behandelt, die sie selbst dem Großherzogtum geschenkt hat, aber nicht dazu, um sie zu Sklaven zu machen, und denen sie Schutz schuldig ist, eben deshalb, weil sie dieselben ihm geschenkt hat ... Deshalb wünscht Seine Majestät, dass der badische Hof ohne Verzug ein entgegen gesetztes System bevorzugt, dass er von jeder Verfolgung und jeder ungerechten Ausschließung absteht, und dass in dem Ministerium wie in allen Beamtenklassen die Katholiken, die mehr als die Hälfte der Bevölkerung ausmachen, die Hälfte der Ämter erhalten."

Zwar ging es den Katholiken in Baden nicht so schlecht, wie Napoleon mutmaßte, aber die wichtigsten Ämter in Hof und Regierung waren nach wie vor von Protestanten besetzt. Das Schreiben des Kaisers zeigt aber auch, dass er die Gebietserweiterungen als persönlichen Gnadenerweis betrachtete, für den er dauerhafte Fügsamkeit erwartete.

Dass die von Napoleon ebenfalls heftig kritisierte Schieflage des badischen Haushalts nicht zuletzt mit dessen eigenen militärischen Anforderungen zu tun hatte, wollte der große Korse natürlich nicht sehen. Und diese Anforderungen wurden nicht kleiner, sondern größer: Einzig Russland betrieb auf dem europäischen Kontinent noch eine eigenständige Politik, und so war es fast zwangsläufig, dass Napoleon auch diese Macht zu bezwingen suchte. Für Baden bedeutete dies, noch mehr Soldaten zu stellen. Am Ende waren es fast 7000 Mann, die mit Napoleon nach Russland zogen, und egal wie der Großherzog hieß – er hätte sich dieser Verpflichtung nicht entziehen können. Angeführt wurde das badische Kontingent von Wilhelm von Hochberg, dem zweiten Sohn aus der morganatischen Ehe Karl Friedrichs.

Bekanntlich wurde der Russlandfeldzug zum Anfang vom Ende der napoleonischen Herrschaft. Damit verbunden war eine ungeheure menschliche Katastrophe, bedenkt man am Beispiel Badens, dass von den ausgerückten 7000 Männern im Dezember 1812 nur noch 500 am Leben waren. Und Napoleon forderte immer neue Soldaten an. Großherzog Karl stand auch nach der Katastrophe von Moskau treu zu Napoleon und versicherte diesem noch Anfang 1813, dass er persönlich stets dem „väterlichen Rat" des Kaisers folgen werde. „Ich, der ich durch die süßesten und geheiligtesten Bande den hohen Geschicken Eurer Majestät und des durch Sie gegründeten Hauses verbunden bin,

bin völlig durchdrungen von der Notwendigkeit, dass alle verbündeten Staaten auch ihrerseits diejenigen Anstrengungen machen werden, welche die Umstände erfordern."

Das sahen längst nicht mehr alle so: König Friedrich Wilhelm III. von Preußen und etwas später Kaiser Franz I. von Österreich schlossen sich Zar Alexander I. an. In der Völkerschlacht von Leipzig brachte diese neue Koalition vom 16. bis 19. Oktober 1813 Napoleon und seinen verbliebenen Verbündeten eine weitere, entscheidende Niederlage bei. Zu diesen Verbündeten gehörte nach wie vor das Großherzogtum Baden, wo man aber die Macht selbst des bezwungenen Kaisers noch fürchtete.

Ins Lager der Gegner Napoleons

Wenige Tage vor der Völkerschlacht war das Königreich Bayern aus dem Rheinbund ausgeschert, Württemberg folgte kurz danach auch offiziell, nachdem seine Truppen bereits während der Schlacht die Seiten gewechselt hatten. Baden machte sich gleichfalls daran, das sinkende Schiff zu verlassen. Doch als größter Nutznießer der napoleonischen Flurbereinigung mussten die badischen Unterhändler alles daran setzen, das Land in seinem vergrößerten Besitzstand zu erhalten. Hier zahlte sich nun die Heiratspolitik der Markgräfin Amalie aus: Zar Alexander I. war ja mit einer Schwester des Großherzogs verheiratet, und wenn der Zar seinem badischen Schwager 1807 vor lauter Zorn über dessen enge Bindung an Napoleon auch die russische Generalswürde aberkannt hatte, so ließ er sich nun doch dazu bewegen, für die Unversehrtheit des Großherzogtums einzutreten.

Nachdem die anderen Mitglieder der antinapoleonischen Koalition ebenfalls dazu bereit waren, diese Zusicherung (mit einigen Einschränkungen und Fallstricken) zu geben, wechselte Baden die Seiten: Am 20. November 1813 wurde, gerade rechtzeitig, um sich später doch noch zu den Siegern zu zählen, in Frankfurt am Main der Bündnisvertrag unterzeichnet. Es ist nicht ganz gerecht, das badische Zögern allein der Entscheidungsschwäche und Ängstlichkeit des Großherzogs Karl zuzurechnen, selbst wenn Reitzenstein, der sich auch dieses Mal ausschließlich von den Interessen Badens leiten ließ und dem jede Anhänglichkeit an den gestrauchelten Kaiser fremd war, einmal mehr alle Register ziehen musste, um Karl nach Frankfurt zu bekommen, wo sich die Häupter der antinapoleonischen Koalition versammelt hatten.

Es ist aber nicht nur menschlich nachvollziehbar, dass der Großherzog vor einem solchen Bußgang nach Frankfurt zurückschreckte. Baden war, anders als Württemberg oder Bayern, ein direkter Nachbar Frankreichs. Jeder übereilte Schritt hätte am Oberrhein verheerende Auswirkungen haben können. Und Baden war ohne Zweifel der engste Verbündete Frankreichs in Süddeutschland; so eng, dass Napoleon den Großherzog sogar aufgefordert hatte, zusammen mit seiner Frau und natürlich möglichst vielen Soldaten über den Rhein zu fliehen, um in Frankreich an der Seite des Kaisers weiterzukämpfen. Doch selbst Großherzogin Stéphanie hatte ihrem Mann, der Baden am liebsten neutral gesehen hätte, dringend davon abgeraten. Er dürfe sein Land auf keinen Fall verlassen. Würde Österreich dann nicht unweigerlich den Breisgau zurückfordern? Der württembergische König Friedrich I. wartete doch auch nur darauf, seiner Krone weitere Zacken hinzuzufügen, und in Bayern hatte man den Verlust der rechtsrheinischen Kurpfalz noch lange nicht verwunden …

Während die politische Lage turbulenter nicht sein konnte, hielt der Haussegen zwischen Karl und Stéphanie. Von plötzlich erwachter Liebe zu reden, wäre vielleicht übertrieben. Aber die beiden respektierten sich endlich, ja Stéphanie entwickelte sogar eine gewisse Zuneigung zu ihrem unsicheren und von allen Seiten kritisierten Ehemann. Als demütigend musste es Karl empfinden, dass man ihm auf der Fürstenversammlung in Frankfurt ernsthaft vorgeschlagen hatte, sich von seiner Frau zu trennen, die ihm doch nur von Napoleon aufgedrängt worden sei. Auch seine Mutter Amalie (natürlich!) und seine Schwestern rieten dazu. Einige Jahre zuvor wäre der Großherzog vielleicht auf diesen Zug aufgesprungen, doch nichts zeugt mehr von dem Respekt, mit dem sich die Eheleute mittlerweile begegneten, als die entrüstete Ablehnung dieses Vorschlags. Im Gegenteil: Nun, wo Stéphanie nicht mehr den allmächtigen, gefürchteten Napoleon hinter sich hatte, schlüpfte Karl für die Beobachter völlig unerwartet in die Rolle ihres Beschützers: „Weit entfernt, seine Gattin weniger zu ehren, weil sie den mächtigen Beschützer verloren hatte, schloss er sich nur um so inniger an sie an, und nie war Stéphanie entschiedener die Großherzogin, als sie es nicht mehr durch Napoleon war" (Varnhagen von Ense).

Am 29. September 1812 wurde dem Paar dann endlich der so lange ersehnte Sohn geboren. Als Stéphanie einige Tage später im Theater erschien, schreibt Karoline von Freystedt in ihren Erinnerungen, „wurde sie mit großem Jubel und Vivats empfangen." Die Freude über die Geburt des kleinen Prinzen war riesengroß: „Man schwamm in einem Meer von Freuden", erinnerte sich ein Zeitgenosse, „Kirchenfeiern, Paraden, Gala- und Freitheater, Hoffeste und öffentliche Volksbelustigungen kamen da an die Reihe". Doch das Glück hielt nicht lange; keine drei Wochen darauf starb das Kind, nachdem es urplötzlich starke Fieberkrämpfe bekommen hatte. Da das Kind sehr kräftig gewesen war, machten Gerüchte von ärztlicher Nachlässigkeit und sogar Vergiftung die Runde.

Doch Karl und Stéphanie gaben den Glauben an einen Erbfolger nicht auf, und schon kurz nach dem Tod ihres kleinen Sohnes war die Großherzogin erneut schwanger. Am 21. Oktober 1813, drei Tage vor der Völkerschlacht von Leipzig, gebar sie eine Tochter. Deren Name war Programm: Joséphine, nach der einstigen Gemahlin Napoleons und Kaiserin, Joséphine de Beauharnais. Dieser Name war, trotz der Scheidung, ein deutliches Zeichen, dass sich das badische Großherzogspaar noch nicht von Napoleon und Frankreich abgewendet hatte. Selbst nach dem Seitenwechsel hielten Karl und Stéphanie an dem Namen fest, als das Kind am 26. Dezember in Karlsruhe getauft wurde. Das kleine Mädchen heiratete später den Fürsten Karl-Anton von Hohenzollern-Sigmaringen.

Nach dem Bruch mit Napoleon beeilte sich das badische Großherzogspaar im Dezember 1813, den durchreisenden Vertretern der siegreichen Koalition die Verlässlichkeit Badens zu suggerieren. Stéphanie entdeckte ihre Liebe zur deutschen Sprache (dass ihre dreijährige Tochter deutsch erzogen worden war, galt nun beinahe als patriotisch), und Großherzog Karl bereitete dem Zaren bei einem kurzen Aufenthalt in Karlsruhe einen glänzenden Empfang. Nicht alle ließen sich dadurch blenden. Der Freiherr vom Stein, der Alexander I. begleitete, hielt in einem Brief mit seiner Meinung über die Rheinbundfürsten nicht zurück: Ihre Souveränität bestehe doch nur aus „Aufgeblasenheit, Genussliebe und Herrschsucht". Dies zu erhalten, habe sie nur eines gekostet: „das Blut der Untertanen".

Der Krieg war für Baden auch nach dem Seitenwechsel erwartungsgemäß nicht zu Ende: Nun marschierten badische Soldaten (rund 17000), neuerlich unter dem Befehl Wilhelms von Hochberg, Anfang Januar 1814 an der Seite von Österreichern und Preußen in Frankreich ein. Für Großherzogin Stéphanie waren dies schwere Wochen. Als im Februar 1814 die russische Zarin Elisabeth zu Besuch nach Karlsruhe kam, begegnete sie ihrer Schwägerin unhöflich, ja mit Eiseskälte. Der „Hass gegen die französische Nation", erzählt Karoline von Freystedt, sei damals „zur Mode geworden". Großherzog Karl konnte seiner Frau in diesen Wochen nicht beistehen. Es wurde von ihm erwartet, dass er den Feldzug gegen Frankreich im Hauptquartier der antinapoleonischen Koalition begleitete, auch wenn er dort natürlich nichts zu melden hatte. So war Karl gleichfalls dabei, als die Verbündeten im April 1814 in Paris einmarschierten und Napoleons Herrschaft beendeten.

Der Großherzog tanzt …

Auf dem im September 1814 beginnenden Wiener Kongress, der die Neuordnung Europas nach dem Ende der napoleonischen Kriege besorgen sollte, hatte Karl einen schweren Stand. Er galt persönlich nach wie vor als wenig integer; über seinen Lebensstil wurden wahre Schauergeschichten erzählt, und natürlich galt er jenen, die in den Kriegen gegen Napoleon die ersten Anzeichen nationaler, deutscher Empfindung sahen, nach wie vor als Franzosenfreund. Ein vernichtendes Urteil fällte etwa der Dichter Ernst Moritz Arndt: „Der Großherzog von Baden hat sich dem Gemeinen ergeben, ist sorglos, verschwenderisch und ausschweifend und versteht bei alledem, seine Hofleute und Günstlinge in Kleinigkeiten mit einem rechten Tyrannenkitzel zu peinigen, während er nur tut, was seinen Lüsten beliebt. Ohne Scheu für Anstand und Sitte … überlässt er sich der bodenlosesten Verschwendung und Üppigkeit. Dieser Fürst gibt in dieser Zeit französischen Hofdamen, die mit seinen Günstlingen verkuppelt werden …, Ausstattungen von 50 000 bis 60 000 Gulden: er hat diesen Frühling in Frankreich 40 000 Gulden verspielt. Er macht eine Menge Generale …, damit die Untertanen ja recht fühlen, dass sie von einem souveränen Fürsten regiert werden. Ein solcher Herr, seine Frau, welche eine Französin ist, die meisten seiner Generale und Minister und Beamten müssen wohl französisch sein, und sie sind es ganz laut. Es war allen vaterländischen Menschen ein Gräuel, den vorigen Winter … zu sehen, wie die Schlechten bei den Nachrichten frohlockten, die verbündeten Heere müssten sich zurückziehen, und ihr Napoleon werde bald wieder am Rheine sein. Da war lautes Freudengeschrei auf den Gassen, da waren Umarmungen mit frohem Schluchzen und mit Freudentränen in den Augen." Tatsächlich berichtete der „Rheinische Merkur", dass badische Offiziere die Rückkehr Napoleons von der Insel Elba im März 1815 gefeiert und ihrer Hoffnung Ausdruck verliehen hätten, dass sie gerne wieder unter seinem Befehl dienen wollten.

Das Urteil Arndts zeugt gleichwohl vom fehlenden Verständnis des im fernen Rügen geborenen Dichters für den Vertreter eines Landes an der Grenze zu Frankreich, eines Landes, das der französischen Kultur nahestand, und in dem der Krieg gegen Napoleon keine nationalen Begeisterungsstürme ausgelöst hatte. Baden war gezwungen gewesen zum Lavieren zwischen den Mächten, und daran sollte sich auch auf dem Wiener Kongress nichts ändern. Richtig ist, dass Karls Auftreten auf dem Kongress nicht besonders glücklich war, doch im Kreis von anderen Herrschern und deren Ministern hat er nie eine glückliche Figur gemacht. Wie wenig Karl gelitten war, zeigte sich, als er zu einem großen Festessen Zar Alexanders I. (der immerhin sein Schwager war) zur Feier des ersten Jahrestags der Völkerschlacht von Leipzig als einziger Souverän nicht eingeladen wurde. Und bei der Konstituierung des Komitees für die deutschen Angelegenheiten wurde der badische Gesandte ausgeschlossen.

Insgesamt profitierte Baden bei den Beratungen in Wien allerdings davon, dass zwar einzelne Staaten territoriale Korrekturen zu Lasten Badens anstrebten (Württemberg wollte das badische Bodenseeufer, Bayern die rechtsrheinische Pfalz), diese aber letztlich gegen die anderen nicht durchsetzen konnten. Auch ging man in Baden davon aus, vom Schutz Zar Alexanders profitieren zu können, der ja immerhin der Schwager des Großherzogs war. Umso Besorgnis erregender musste es sein, dass die offenkundigen Spannungen zwischen Alexander und Karl diesen Vorteil zunichte zu machen drohten.

Letztlich blieb das dank Napoleon erreichte Gebiet des Großherzogtums Baden erhalten, auch wenn die Zusicherungen dazu in Wien recht vage und interpretationsfähig gehalten wurden. Die badischen Unterhändler hatten auf den Gang der Ereignisse des Kongresses nur wenig Einfluss, Großherzog Karl schon gar nicht, zumal die Großmächte bei den entscheidenden Beratungen unter sich blieben. Derweil gab sich Karl dem Vergnügen hin, wie Metternichs Geheimpolizei meldete. So äußerte sich auch nicht nur der Dichter Arndt drastisch über den Auftritt des Badeners in der Stadt an der Donau. In seinem Tagebuch notierte Erzherzog Johann von Österreich, dass Fürsten wie der badische Großherzog eine „Geißel und ein Gräuel" seien. Man müsse sich nicht wundern, wenn die Menschen solche Herrscher loswerden wollten. Ernsthafter als Karl bemühte sich Wilhelm von Hochberg in Wien um das Schicksal Badens, doch hatte er natürlich noch viel weniger Einfluss als Karl vielleicht gehabt haben könnte.

Die geringen Einflussmöglichkeiten Badens zeigten sich auch bei der Gründung des Deutschen Bundes am 8. Juni 1815, eines lockeren Zusammenschlusses, der das untergegangene Heilige Römische Reich zwar nicht ersetzen konnte, aber doch eine gewisse Klammer bildete. In Baden war man davon zunächst wenig begeistert, denn es bedeutete, sich wieder in eine gewisse Abhängigkeit von größeren Staaten zu begeben. Davor scheute nicht zuletzt auch Karl persönlich zurück. Doch letztlich konnte das Großherzogtum nicht außen vor bleiben, denn der Bund versprach auch Schutz. Und so trat Baden am 26. Juli 1815 ebenfalls dem Deutschen Bund bei. Dass dies erst geschah, nachdem Napoleon bei Waterloo endgültig besiegt worden war, wurde an den anderen Höfen mit Stirnrunzeln zur Kenntnis genommen.

So bleibt das außenpolitische Fazit der Regierung des Großherzogs Karl zwiespältig: Eigentlich, könnte man sagen, hätte sein von allen so verehrter Großvater auch nicht mehr erreichen können. Doch das lag nicht an Karl, sondern an den Umständen, die für Baden erneut so beschaffen waren, dass selbst ein schwacher und von seinen Herrscherkollegen wenig geachteter Großherzog daran nichts änderte.

Großherzog ohne Erben

Wenn es Gefahr für Baden unter seiner Herrschaft gab, dann lag dies an einem Schicksal, das weder Karl noch seine Frau ändern konnten: Zwar wurden dem Paar noch zwei Kinder geboren, ein Sohn (1816) und eine Tochter (1817). Doch der als Zeichen der Dankbarkeit für den russischen Zaren Alexander getaufte Junge wurde nur ein Jahr alt: „Er starb an den Folgen eines sehr beschwerlichen Zahnausbruchs, der mit anhaltendem Fieber verbunden war." Das Mädchen, Marie, heiratete später den Herzog von Hamilton. Karl hatte sich natürlich einen Jungen gewünscht, doch er freute sich aufrichtig über das Mädchen: „Er hatte die Kleine so viel als möglich um sich und erzeigte ihr zärtliche Liebe". Dass Karl im engen Familienkreis seine Scheu ablegte, wird auch von anderen Beobachtern berichtet. Vielleicht wäre er ein anderer geworden, wenn ihm mehr Menschen solch ungeteilte, vorbehaltlose Liebe geschenkt hätten wie seine Kinder. Umso mehr traf ihn deshalb der Tod seines Sohnes. Er verzweifelte darüber vollständig und verlor jeden Lebensmut. Obwohl der Großherzog bei der Geburt Maries erst 31 Jahre alt war und Stéphanie gar erst 28, wurde die Nachfolgefrage daher spätestens jetzt wieder akut.

Schon bei seiner Rückkehr vom Wiener Kongress im Mai 1815 bot Karl, durch seinen Lebensstil vor den Jahren gealtert, aufgedunsen und missmutiger denn je, ein Bild des Jammers. Dazu kam ein ebenfalls noch gesteigertes Misstrauen gegen jedermann, nachdem es Gerüchte um einen Giftanschlag auf ihn gegeben hatte. Zwar gab es auch immer wieder Wochen, in denen sich Karl besser fühlte, zur Jagd ging und „sogar die alten Vergnügungen wieder genoss", doch jedes Mal, wenn er über die Stränge schlug, fühlte er sich danach nur noch schlechter.

Von den Söhnen des Großherzogs Karl Friedrich lebte 1818 nur noch der unverheiratete Ludwig. Doch dieser Onkel Karls machte keine Anstalten, für erbberechtigte Nachkommen sorgen zu wollen. Damit lief alles auf eine Erbfolge der Hochberg-Kinder hinaus, auf die schon Großherzog Karl Friedrich hingearbeitet hatte. An dieser Einsicht kam auch Großherzog Karl nicht mehr vorbei, nachdem er sich lange dagegen gesträubt hatte. Zwar hatten die Söhne und Enkel Karl Friedrichs diese schon im Grundsatz gutgeheißen (natürlich nach dem Aussterben des Hauptstamms), doch bekräftigte Karl dies 1817 zusätzlich mit einem Hausgesetz, das zum einen die Unteilbarkeit des Großherzogtums festlegte und zum anderen die Erbfolge der Hochberg-Kinder bestätigte. Doch wie würden sich die Nachbarn, wie die anderen Mächte in Europa verhalten, wenn es tatsächlich einmal dazu käme?

In der politisch so brisanten Zeit nach dem Sturz Napoleons, in der sich Europa mit nationalen und demokratischen Bewegungen konfrontiert sah, waren die Kaiser und Könige auf ihren Thronen an stabilen Verhältnissen interessiert. Vor diesem Hintergrund wurde auf dem Aachener Kongress im Oktober 1818 die Nachfolge der Hochberger nach zähen Verhandlungen ebenso international anerkannt wie der territoriale Status Badens, nachdem zunächst erhebliche Landabtretungen an Bayern im Gespräch gewesen waren. Doch es war dem Staatsminister Wilhelm Ludwig Leopold Reinhard von Berstett gelungen, Zar Alexander auf die badische Seite zu ziehen – auch mit einem sehr emotional vorgetragenen Hinweis auf den zu erwartenden Tod des Großherzogs. Der Zar, argumentierte Berstett, wolle doch seinem Schwager sicher nicht die „letzten Lebenstage verbittern". Ihren Beitrag dazu hat zudem Zarin Elisabeth geleistet, die ihren Mann von der Notwendigkeit der Hochbergschen Erbfolge in ihrem Heimatland gleichfalls zu überzeugen wusste.

Der „Gründer der Verfassung"

Bedenkt man Karls Biografie, dann überrascht doch, dass er ausgerechnet in seinen letzten Lebensjahren etwas geschafft hat, was wohl kaum jemand von ihm erwartet hätte: Es war dieser schwache Großherzog, der Baden seine erste Verfassung gab. Allerdings muss man schon wieder einschränkend hinzufügen, dass es weder Karls eigene Idee gewesen war, noch er diese Verfassung ohne inneren und äußeren Druck bewilligt hat. Auch in diesem Fall musste der Großherzog sozusagen zum Jagen getragen werden.

Anders als im benachbarten Württemberg hatten die Landstände, also die politischen Vertreter der verschiedenen sozialen Gruppierungen, in Baden keine Rolle gespielt. Karls Großvater, Karl Friedrich, hatte bereits 1808 die Ausarbeitung einer Verfassung angeordnet, in der eine solche ständische Vertretung oder Landtag vorgesehen war, nicht zuletzt als Klammer für das aus so vielen verschiedenen Herrschaftsgebieten zusammengesetzte Großherzogtum. Die Verfassung sollte dazu beitragen, aus Baden auch eine innere, von den Menschen so empfundene Einheit zu machen. Krankheit und Tod des Großherzogs verhinderten allerdings die Verwirklichung dieses Plans. In den ersten Jahren der Herrschaft seines Enkels wurde daran nicht weitergearbeitet. Die Verfassungsfrage wurde dann jedoch auf dem Wiener Kongress wieder aktuell, und in der Bundesakte des Deutschen Bundes verpflichteten sich die Mitgliedsstaaten sogar zu einer „landständischen Verfassung".

Auch im Inneren des Großherzogtums wurden Stimmen laut, die vor dem Hintergrund der katastrophalen Finanzlage eine Beteiligung der Stände an der Haushaltspolitik einforderten. Eine Verfassung schien aber auch geboten, um die Erbfolge und die Unteilbarkeit des Landes zu garantieren. Karl konnte sich diesem Druck nicht entziehen und erneuerte 1816 das Verfassungsversprechen seines Großvaters. Bereits 1814 hatte er Preußen und Russland signalisiert, dass er bereit sei, seinem Land eine Verfassung zu geben, ohne dieser Ankündigung Taten folgen zu lassen. Auch auf dem Wiener Kongress zeigte er keine Eile, entsprechende Anordnungen zu erlassen, obwohl Zar Alexander und der Freiherr vom Stein in dieser Angelegenheit auf ihn einzuwirken versuchten. „Seine Faulheit ist grenzenlos", kommentierte Stein, der zwar auf die ehemaligen Rheinbundfürsten generell nicht gut zu sprechen war – „Prinzlein", nannte er sie spöttisch – Karl aber für besonders unfähig hielt.

In Karlsruhe konnte man von der Trägheit des Großherzogs ebenfalls ein Lied singen: In den Zimmern des hohen Herrn stapelten sich die Akten; war in einem Raum überhaupt kein Platz mehr, ging er eben in den nächsten … Nach seinem Tod fand sich „ein ungeheurer Wust" an „Bittschriften, Akten, Bildern, versiegelten Briefen und anderen Papieren …, bedeckt von Staub", auch Urkunden, die man jahrelang vermisst geglaubt hatte (Varnhagen von Ense). Ganz realistisch sah dies auch Karls eigene Verwandtschaft. Nie habe man gewusst, woran man bei Karl gewesen sei, fand etwa Markgraf Wilhelm: „Seine Unschlüssigkeit und seine Gewohnheit, alles hinauszuschieben, berührte jeden, der zum Handeln bestimmt war, äußerst peinlich."

Ausgearbeitet wurde die Verfassung schließlich von Karl Friedrich Nebenius, der seit 1807 im badischen Staatsdienst tätig war. Als ständische Vertretung sah Nebenius einen aus zwei Kammern bestehenden Landtag vor. Die eine Kammer wurde von den männlichen Mitgliedern des großherzoglichen Hauses, den Vertretern der adligen Standes- und Grundherren, der Kirchen und Universitäten gebildet. Die 63 Abgeordneten der Zweiten Kammer wurden gewählt. Wahlberechtigt waren alle Männer über 25 Jahren, die das Bürgerrecht ihrer Gemeinde besaßen und Steuern bezahlten. Dies waren insgesamt rund 17 Prozent der Gesamtbevölkerung. Allerdings waren die größeren Städte mit Rücksicht auf ihre kommerzielle Bedeutung und wegen der von ihnen geleisteten höheren Abgaben mit mehr Abgeordneten im Landtag vertreten, als ihnen aufgrund ihrer Einwohnerzahl eigentlich zugestanden hätte. Die Abgeordneten wurden nicht direkt gewählt, sondern über den Umweg von Wahlmännern. Diese wurden von den Wahlberechtigten bestimmt und wählten dann ihrerseits die Männer, die in den Landtag einziehen sollten. Beide Kammern konnten von sich aus keine

Karl Friedrich Nebenius (1784–1857) war der Verfasser der ersten badischen Verfassung von 1818. Als Innenminister stand er für eine gemäßigt liberale Politik. – Lithografie nach einer Zeichnung von Kauffmann, undatiert.

Gesetzesanträge einbringen, sondern nur in sogenannten Motionen den Großherzog darum bitten, dies zu tun. Ein Automatismus war damit aber nicht verbunden. Immerhin: Nur mit der Zustimmung beider Kammern konnten Gesetze erlassen, Steuern erhoben oder der Haushalt beschlossen werden.

Die von Nebenius erarbeitete Verfassung – „die vorzüglichste und freisinnigste in ganz Deutschland" – beschränkte sich aber nicht auf die Schaffung der Grundlage für die beiden Kammern des Landtags, sondern umfasste auch einen ganzen Katalog an staatsbürgerlichen und politischen Rechten und Pflichten. Zu Letzteren gehörte etwa, dass niemand davon ausgenommen wurde, Steuern zu bezahlen – durchaus ein Akt der Gleichbehandlung aller Untertanen, die längst nicht selbstverständlich war. Dazu gehörte ebenso, dass viele der bis dahin geltenden Vorrechte des Adels abgeschafft wurden. Auch die Unabhängigkeit der Gerichte wurde in der neuen Verfassung festgeschrieben. Jeder Einwohner des Landes erhielt die „ungestörte Gewissensfreiheit" zugesichert. Und in einem konfessionell geteilten Land besonders wichtig: „Alle Staatsbürger von den drey christlichen Confessionen haben zu allen Civil- und Militärstellen und Kirchenämtern gleiche Ansprüche." Auch die Unteilbarkeit und Unveräußerlichkeit des Landes war Bestandteil der Verfassung. Damit war eventuellem bayerischem, württembergischem oder anderem Landhunger wenigstens eine verfassungsmäßige Hürde in den Weg gestellt; zugleich schützte dieser Passus vor Erbteilungen, wie jener in die Linien Baden-Durlach und Baden-Baden, die Baden über Jahrhunderte hinweg politisch geschwächt hatte. Zudem wurde die durch das Hausgesetz von 1817 festgelegte Erbfolge nun auch verfassungsrechtlich verankert.

Landtag und Grundrechte sollten schließlich die Grundlage dafür bilden, das aus so zahlreichen verschiedenen Herrschaften zusammengestückelte Großherzogtum zu einer inneren Einheit zu formen, einer Einheit, die von den Bewohnern auch als solche empfunden wurde. Denn davon konnte in den ersten beiden Jahrzehnten des 19. Jahrhunderts noch kaum eine Rede sein. Karl von Rotteck, der an der Ausarbeitung der Verfassung mitgewirkt hatte, formulierte es so: „Wir haben eine ständige Verfassung erhalten, ein politisches Leben als Volk … Wir waren Baden-Badener, Durlacher, Breisgauer, Pfälzer, Nellenburger, Fürstenberger, wir waren Freiburger, Konstanzer, Mannheimer: ein Volk von Baden waren wir nicht. Fortan aber sind wir *ein* Volk, haben *einen* Gesamtwillen und *ein* anerkanntes Gesamtinteresse, das heißt *ein* Gesamtleben und *ein* Gesamtrecht. Jetzt erst treten wir in die Geschichte mit eigener Rolle ein."

Der Verfassungsentwurf wurde dem bereits von schwerer Krankheit gezeichneten Großherzog im Sommer 1818 von Reitzenstein vorgelegt. In den Jahren zuvor hatte Karl alles versucht, das doch Unvermeidliche hinauszuschieben. Doch Reitzenstein, den Karl selbst 1810 aus dem Ruhestand zurückgeholt hatte (einer seiner besten Einfälle), brachte den ewig Zaudernden dazu, endlich zu unterschreiben. Durch die Veröffentlichung im „Staats- und Regierungsblatt" am 29. August 1817 wurde die Verfassung rechtskräftig. In der Einleitung zur Verfassung versprach Karl: „Von dem aufrichtigen Wunsche durchdrungen, die Bande des Vertrauens zwischen uns und unserem Volk immer fester zu knüpfen, und auf dem Wege, den wir hierdurch bahnen, alle unsere Staats-Einrichtungen zu einer höheren Vollkommenheit zu bringen, haben wir nachstehende Verfassungsurkunde gegeben und versprechen feierlich für uns und unsere Nachfolger, sie treulich und gewissenhaft zu halten und halten zu lassen." Und so ist es auch zu verstehen, dass mitten auf dem Karlsruher Rondellplatz ein Denkmal für den Großherzog Karl steht, das ihm die Stadt Karlsruhe in den 1820er-Jahren durch Friedrich Weinbrenner errichten ließ – mit folgender Inschrift: „Dem Gründer der Verfassung – die dankbare Stadt Carlsruhe." Selbst in Mannheim und Freiburg, „den bisher am wenigsten badisch gesinnten Städten, waren die Herzen plötzlich wie umgewandelt und dem Landesfürsten aufrichtigst zugewendet", berichtet Varnhagen von Ense.

Der viel kritisierte Großherzog hat aber noch andere Dinge angestoßen, wenigstens nicht verhindert. So wurden in seiner Regierungszeit einige der wichtigsten Bauten Friedrich Weinbrenners in Karlsruhe vollendet, wie das Markgräfliche Palais sowie die evangelische und die katholische Stadtkirche. Und auch die Regulierung des Rheins unter Johann Gottfried Tulla begann 1817 unter Karl. Es bleibt also trotz der menschlichen Schwächen dieses Herrschers keinesfalls eine negative Bilanz seiner Regierungszeit, auch wenn man über seinen persönlichen Anteil daran trefflich streiten und stattdessen die Geduld und die Überzeugungskraft seiner Minister und Berater bewundern mag.

Ein misstrauischer Kranker

Bereits im Winter 1817/18 hatte Großherzog Karls Gesundheitszustand die schlimmsten Befürchtungen genährt. Eine Kutschfahrt mit offenem Verdeck bei strömendem Regen war ihm zum Verhängnis geworden. Er klagte danach über Brustbeklemmungen, heftigen Husten, und Krämpfe. „Missbehagen in allen Gliedern, Schwäche und Hinfälligkeit hörten gar nicht auf", berichtet Varnhagen von Ense aus einem Gespräch mit der Großherzogin. Karl, der wieder an Gift dachte, wurde noch argwöhnischer, als er es je gewesen war. „Niemand durfte seine Arznei anrühren. Er verschloss sie jedes Mal, wenn er das Zimmer verließ". Der Wein musste vor seinen Augen geöffnet werden, und bei Tisch aß er nur, wenn er sah, dass die anderen bereits davon genommen hatten. Bei einer Kur im Schwarzwald hoffte er auf eine Besserung seines gesundheitlichen Zustands. Doch dieser verschlechterte sich immer weiter. Die Ärzte schlossen auf eine Herzbeutelwassersucht, bei der Wasser durch die Blutgefäße in den Herzbeutel gelangt. Andere verwiesen offen auf den wenig gesunden Lebenswandel Karls. Der Großherzog war zäher, als manche erwartet hatten und erholte sich ein weiteres Mal. Doch sein Körper blieb geschwächt und Karl spürte selbst, dass er nicht mehr lange leben würde. Und es blieb ihm nicht verborgen, „dass alles auf seinen Tod wartete ... Von Geschäften durfte man kaum noch mit ihm sprechen, sie mussten einen scharfen Stachel in sich tragen, um ihn zur geringsten Aufmerksamkeit zu reizen".

Am 8. Dezember 1818 ist Großherzog Karl von Baden im Rastatter Schloss gestorben, bis zuletzt liebevoll gepflegt von seiner Frau. Er wurde nur 32 Jahre alt. Stéphanie de Beauharnais überlebte ihren Mann um über vier Jahrzehnte. In ihrer Witwenzeit lebte sie im Sommer in ihrem geliebten Mannheim und im Winter in Baden-Baden, doch gestorben ist sie am 29. Januar 1860 in Nizza, wo sie des wärmeren Klimas wegen den Winter verbringen wollte.

Despot und Modernisierer

Großherzog Ludwig I.

(1763–1830)

Nur wenige Stunden nach dem Tod seines Neffen Karl marschierte das badische Militär „mit fliegenden Fahnen und klingendem Spiel" am 8. Dezember 1830 auf, um dem neuen Großherzog den Treueid zu leisten – der Großherzog ist tot, es lebe der Großherzog! Die Kontinuität war gesichert, doch die Erwartungen an Ludwig waren nicht hoch. Er war bereits 55 Jahre alt, sein schlechter Ruf war nicht vergessen. Vor allem Frauengeschichten wurden ihm nachgesagt. Doch Ludwig hatte sich seine Hörner während des Salemer Exils offensichtlich abgestoßen; Skandale gab es während seiner Regierungszeit jedenfalls keine.

Als Großherzog kümmerte sich Ludwig intensiv um die Regierungsarbeit und drehte das Geld lieber zweimal um, bevor er es ausgab. Auch ein großes Hofleben fand nicht statt. Im Gegenteil: Solche Festlichkeiten waren dem neuen Herrscher ein Gräuel ... Nur während des Karnevals gab er der Tradition folgend einige Bälle. Ludwig war zwar nicht krankhaft misstrauisch wie sein Vorgänger, doch waren es letztlich nur wenige Männer, denen er sein Vertrauen schenkte, und die standen in keinem besseren Ruf als er selbst: „Seine Umgebung war meistens schlecht, niedrige Schmeichler seiner Schwachheiten, aus denen sie so viel Nutzen zogen, als ihnen möglich war", so Karoline von Freystedt. Volkstümlich war Ludwig niemals; dazu war er in seinem Wesen zu verschlossen. Selbst sein Stiefbruder Wilhelm, ein Sohn aus der zweiten Ehe seines Vaters, berichtet, dass Ludwig „nicht gerne mit der Sprache herausrückte ..., sondern lieber auf Umwegen zu seinem Ziel gelangen wollte, ohne sich persönlich voranzustellen". Wer es sich mit ihm einmal verdorben hatte oder wen er nicht mochte, der hatte „niemals Aussicht, sich mit ihm zu versöhnen". „Der Herr", nannten ihn die Karlsruher; das klingt nach Respekt, aber nicht nach Zuneigung.

Erst mit 47 Jahren hat Ludwig geheiratet, allerdings nicht standesgemäß. Katharina Werner war Statistin am Karlsruher Hoftheater gewesen, dazu noch katholisch, und nach katholischem Ritus wurde sie Ludwig auch zur linken Hand angetraut. Sie soll eine ausgesprochene Schönheit gewesen sein. „Trotz seiner sonstigen sehr starken Veränderlichkeit in der Liebe", schreibt der Ludwig ansonsten nicht gerade freundlich gesonnene Carl Eduard Vehse, „bewies er ihr ... große Anhänglichkeit, besuchte sie alle Tage und setzte sie in sein unbegrenztes Vertrauen". Dass Ludwig nie standesgemäß geheiratet hat, mag mit seinen hohen Schulden und seiner im Verhältnis dazu geringen Apanage zusammenhängen. Pläne, eine Prinzessin von Dessau zu heiraten, die er 1814 seinem Stiefbruder Wilhelm anvertraut hat, haben sich zumindest aus ebendiesem Grund zerschlagen.

Der Großherzog erhob seine morganatische Gemahlin zwar zur Gräfin von Gondelsheim und später auch noch zur Gräfin von Langenstein, doch anders als die Kinder aus der zweiten Ehe des Großherzogs Karl Friedrich kam der Sohn aus dieser Beziehung – der 1820 (auch noch unehelich) geborene Ludwig August – für die Erbfolge in Baden nicht in Betracht. 1825 folgte die Tochter Luise, die später den schottischen Grafen Douglas geheiratet hat. Ihre Nachkommen leben bis heute auf Schloss Langenstein in der Nähe des Bodensees. In der Öffentlichkeit trat die Gemahlin Ludwigs kaum in Erscheinung. Ludwig hinterließ ihr und seinen Kindern sein gesamtes Privatvermögen.

In der preußischen Armee

Der spätere Großherzog Ludwig wurde am 9. Februar 1763 als jüngster Sohn des damaligen Markgrafen Karl Friedrich von Baden und seiner Gemahlin Karoline Luise von Hessen-Darmstadt geboren. Früh musste Ludwig einsehen, dass seinem älteren Bruder als Thronfolger die ganze Aufmerksamkeit des Vaters und des Hofes zuteil wurde und sein sieben Jahre älterer Bruder Friedrich der Liebling der Mutter war. Ludwig war so etwas wie das, heute würde man sagen, dritte Rad am Wagen. Das größte Erlebnis in Ludwigs Kindheit war die Reise der markgräflichen Familie nach Paris im Sommer 1771, auch wenn er mit acht Jahren noch nicht alles wirklich erfasst haben dürfte, was um ihn herum geschah. Beeindruckend war der ungewohnte Glanz allemal.

1779 kam Johann Wolfgang von Goethe zu seinem zweiten Besuch nach Karlsruhe, wobei es ihm so wenig gefiel, wie vier Jahre zuvor bei seinem ersten Aufenthalt. Immerhin fand er das markgräfliche Paar „gefällig und gesprächig" und die Kinder „schön und allerliebst". Über den damals 16-jährigen Ludwig schrieb der Dichter, der Jüngste sei „ganz im Fleisch gebacken", ein Ausdruck, der heute wohl kaum noch verstanden wird. Er bedeutet „von passiver Wesensart" bzw. „im Körperlichen verhaftet". Goethe traute dem jungen Markgrafen demnach keine besonderen intellektuellen Fähigkeiten zu.

Für einen nachgeborenen Sohn wie Ludwig schien eine militärische Ausbildung sinnvoll; vielleicht konnte er ja auf diesem Feld später Meriten erwerben. Dabei dachte er nicht an einen Dienst im heimischen Baden, sondern in der preußischen Armee; immerhin eilte dieser ein legendärer Ruf voraus, der jedoch – wie die Kriege gegen Napoleon zeigen sollten – nicht mehr unbedingt gerechtfertigt war. In einem Brief an Friedrich Wilhelm II. von Preußen bat Ludwig im Juli 1787 darum, „eine Campagne" (also einen Feldzug) in dessen Armee mitmachen zu dürfen. Dieser „Begierde" zollte der König seinen „ganzen Beifall" und erwartete „Euer Liebden ... künftigen Monat September hier in Potsdam". Natürlich musste der Markgraf nicht von der Pike auf dienen, sondern trat als Oberst in die preußische Armee ein. Während seiner Dienstzeit in Berlin sondierte Ludwig auch die Möglichkeit, eine badische Prinzessin mit dem Kronprinzen, dem späteren König Friedrich Wilhelm III., zu verheiraten, doch diese Pläne scheiterten. Zur militärischen Beratung des badischen Militärs empfahl Ludwig, einen preußischen Generalstabsoffizier zu engagieren. Während des Ersten Koalitionskriegs erhielt der Markgraf die Möglichkeit, sich auf dem Schlachtfeld auszuzeichnen. Für seine Tapferkeit wurde er 1793 mit dem Schwarzen Adlerorden ausgezeichnet und zum Generalmajor befördert. In Briefen an seinen Vater Karl Friedrich schilderte er mit Begeisterung und in allen Einzelheiten, wie er es mit seinen Männern in einem Vorpostengefecht mit französischen Husaren aufgenommen hatte: „Diese und ähnliche Neckereien werden für dieses Jahr meinen Karneval ausmachen." Zwei Jahre später quittierte er auf Bitten seines Vaters den Dienst in Preußen und kehrte nach Baden zurück.

Seinem alten Kommandeur Herzog Karl Wilhelm Ferdinand von Braunschweig, der im Ersten Koalitionskrieg den Oberbefehl über die preußische Armee hatte, fühlte sich Ludwig, wie Karoline von Freystedt überliefert, auch nach seinem Abschied „sehr ergeben". Daher war es für ihn keine Frage, seinen Einfluss geltend zu machen, als Karl Wilhelm Ferdinand für seinen jüngsten Sohn Friedrich Wilhelm, den

Ludwig aus der gemeinsamen Zeit in der preußischen Armee gut kannte, auf der Suche nach einer Braut in Karlsruhe anklopfte. Ein Klopfen, das Ludwigs Eltern gerne überhört hätten. Denn verglichen mit den Partien ihrer anderen Töchter erschien ihnen diese Verbindung „nicht glänzend genug". Zumal der junge Herzog auch noch drei ältere Brüder hatte, „welche ihm in der Regierungsnachfolge vorangingen". Doch Ludwig schaffte es schließlich doch, Vater und Mutter zu überzeugen und seinem alten Vorgesetzten eine Freude zu machen. Ein Zeichen dafür, dass er doch ein gewisses Geschick an den Tag legen konnte, wenn er etwas erreichen wollte.

Nichts einzuwenden hatte Ludwig gegen die morganatische Ehe seines Vaters mit Luise Karoline von Geyersberg. Im Gegenteil: Für manche Beobachter verstand sich Ludwig etwas zu gut mit seiner fünf Jahre jüngeren (!) Stiefmutter, ja es wurde sogar gemunkelt, dass er der Vater von deren Kindern sei. Doch das ist wohl eine boshafte Unterstellung, die hauptsächlich im Rahmen der großen Verschwörungstheorien um Kaspar Hauser (siehe Seite 107 ff.) zu sehen ist, aber darüber hinaus dazu gedient haben mag, Ludwig in die Ecke des seine Vergnügungen lebenden Playboys zu stellen.

Unterwegs im diplomatischen Auftrag

Nach dem Tod des Erbprinzen Karl Ludwig 1801 übertrug Karl Friedrich seinem jüngsten Spross aus erster Ehe immer mehr Aufgaben, umso mehr in seinen von Krankheit gezeichneten letzten Regierungsjahren. Schon 1802 schickte Karl Friedrich seinen Sohn nach Paris, wo er – nach eigenem Bekunden – von Napoleon „ausgezeichnet empfangen" wurde. Wie die zum Teil sehr langen Briefe an seinen Vater zeigen, hat Ludwig diese Aufträge sehr ernst genommen. Bei allen diplomatischen Missionen begleitete der Markgraf seinen Vater, so zu dem von Napoleon einberufenen Fürstenkongress in Mainz 1804. Wären Gerüchte über ein Verhältnis zwischen Ludwig und seiner Frau tatsächlich an sein Ohr gedrungen, hätte Karl Friedrich sicher anders reagiert.

Zusammen mit seinem Neffen Karl nahm er an der Krönung Napoleons zum Kaiser teil, doch anders als dieser hatte ihm sein Vater einen konkreten Auftrag mit auf den Weg gegeben: Er sollte den Kaiser als Garanten der eventuellen Nachfolge seiner Kinder aus zweiter Ehe gewinnen. Das klappte zwar nicht ganz, aber Ludwig scheint in Paris doch keine schlechte Figur gemacht zu haben. Napoleon hielt ihn zumindest für den geeigneten Adressaten für eine delikate Nachricht. Kurz vor der Abreise der beiden Badener rief er Ludwig noch einmal zu sich und teilte ihm mit, dass sich Erbprinz Karl die Hochzeit mit der bayerischen Königstochter Auguste aus dem Kopf schlagen müsse: „Sagen Sie Ihrem Vater, dass es mir sehr angenehm wäre, wenn aus dieser Heirat nichts wird." Später ließ Napoleon dem stets klammen Markgrafen sogar ganz offen Geld anbieten, wenn er sich für die Verbindung des Erbgroßherzogs mit Stéphanie de Beauharnais einsetze.

Bereits 1803 hatte Ludwig das Kriegsministerium, 1806 auch die Verantwortung für die Finanz- und die Forstverwaltung des Großherzogtums übernommen. Doch gerade dies machte ihn zur Zielscheibe. Er war auf diese Aufgaben nicht vorbereitet und wegen seiner Neigung, über die Stränge zu schlagen, gab er ein gutes Opfer ab. Die Kassen waren leer und war Ludwig nicht für diese verantwortlich? Und dann erst sein vermeintlich negativer Einfluss auf den labilen Erbgroßherzog Karl. Dieser sei von seinem Onkel „sehr eingenommen" gewesen und habe „einen großen Teil der Nacht in dessen Wohnung" zugebracht (statt bei seiner Frau). Nicht zufrieden war der gestrenge Franzose auch, als er bei seinem Besuch in Karlsruhe im Januar 1806 Ludwig nach dem Preis für einen Militärmantel fragte – und der Markgraf passen musste. Auch die Antworten Ludwigs auf Fragen Napoleons zur badischen Forstverwaltung, für die er ja verantwortlich war, fielen nicht zur Zufriedenheit des Korsen aus. Hinter diesen Nickligkeiten steckte aber ein tieferes Misstrauen des Kaisers gegen Ludwig: Dessen lange Zeit in preußischen Diensten, seine offen geäußerte Bewunderung Preußens und seiner soldatischen Leistungen gefielen Napoleon überhaupt nicht.

So kam es zu dem bereits angedeuteten Eklat von 1806/07, der mit der Verbannung des Großherzogs endete, nachdem er die Leitung der Staatsfinanzen, des Forstwesens und dann auch des Kriegsministeriums abgegeben hatte. Ludwig selbst verstand die Welt nicht mehr und bat seinen Neffen Karl, „mir zu raten, was ich tun soll, um der Gnade des Kaisers nicht ganz verlustig zu gehen". Doch das war schon längst geschehen. Da half auch nicht, dass Ludwig darauf hinwies, die Finanzen seien bereits bei seinem Amtsantritt zerrüttet gewesen.

Verbannung an den Bodensee

Fernab von den Schalthebeln der Macht bezog der Markgraf das ehemalige Zisterzienserkloster Salem, das durch den Reichsdeputationshauptschluss an Baden gekommen war. Seine Bemühungen um eine Aussöhnung mit Napoleon waren nur kurzzeitig von Erfolg gekrönt. Kaum nach Karlsruhe zurückgekehrt, zog er sich bald neuerlich den Zorn des Kaisers zu, der nun sogar drohte, ihn in Frankreich einsperren zu lassen. Dem war das Exil am Bodensee denn doch vorzuziehen. Nicht einmal, als sein Vater 1811 im Sterben lag, wurde Ludwig nach Karlsruhe zurückbeordert, selbst an der Beerdigung durfte er nicht teilnehmen. An seinen Neffen, den neuen Großherzog, schrieb er damals verbittert, dass ihm allein der „süße Trost" versagt gewesen sei, seinem Vater auf dem Totenbett seinen „letzten Dank und ehrfurchtvolle Verehrung zu bezeugen". Ludwig war unglücklich in Salem, fühlte sich vernachlässigt und zu kurz gehalten. Er, der so wichtige diplomatische Missionen übertragen bekommen hatte, der bei der Kaiserkrönung Napoleons dabei gewesen war – er saß in der Provinz und langweilte sich: Ein Tag sähe dem anderen so ähnlich wie zwei Tropfen Wasser, schrieb er frustriert an seinen Bruder Friedrich. Auch war seine finanzielle Ausstattung nicht die beste, zumal ihn noch große Schuldenberge plagten. Da er „weder an der Landwirtschaft noch an den Waldungen" Interesse hatte, „empfand er viele Langeweile". Am schlimmsten aber war, dass Ludwig seine Verbannung als ungerecht empfand. Mehrfach bat er vergeblich darum, zurückkehren zu dürfen. Erst im Mai 1812 war es soweit, und Ludwig konnte wieder dauerhaft den Boden der badischen Haupt- und Residenzstadt betreten.

Eine Thronfolge Ludwigs blieb aber auch nach seiner Rückkehr an den Hof mehr als unwahrscheinlich, zumal dem Großherzogspaar 1816 ein Sohn geboren wurde. Auch nach dessen plötzlichem Tod und der schweren Erkrankung des Großherzogs war Ludwig lediglich die Nummer zwei. Denn noch lebte sein älterer Bruder Friedrich. Auch wenn dieser kaum je in Erscheinung getreten ist, stand er doch in der Erbfolge vor Ludwig. Doch genau drei Wochen nach dem Tod des kleinen Erbgroßherzogs Alexander starb Markgraf Friedrich am 28. Mai 1817 im Alter von 60 Jahren. Damit war klar: Ludwig würde dem schwer kranken Großherzog Karl auf dem Thron folgen, und angesichts dessen Gesundheitszustands war auch klar, dass dies nicht mehr allzu lange dauern würde. Das politische Vakuum, das vor allem in den letzten Lebensmonaten Karls entstanden war, füllte der Markgraf bewusst nicht aus. Keinesfalls wollte er sich zu fest an die alten Minister binden oder sich mit diesen auf irgendwelche Abmachungen einlassen. Erst mit der Thronbesteigung am 8. Dezember 1830 begann Ludwig, seine eigene Politik zu machen.

Großherzoglicher Hochschulförderer

Wenige Tage nach seinem Herrschaftsantritt empfing Ludwig den preußischen Gesandten Varnhagen von Ense. Diesem versicherte er, dass er sehr wohl wisse, dass „der Staat kein Landgut oder sonst ein Eigentum sei, mit dem man willkürlich schalten dürfe, sondern ein anvertrautes Pfand, von dem man Rechenschaft ablegen müsse". Als seine Vorbilder nannte er seinen Vater Karl Friedrich und – wenn das nicht zu anmaßend klinge – Friedrich den Großen. Das entsprach der Preußen-Verehrung Ludwigs, aber wohl auch seiner Vorstellung, sich keine zu engen konstitutionellen Fesseln anlegen zu lassen. Eine Bitte gab Varnhagen nur zu gern nach Berlin weiter: Ludwig wollte gern wieder „preußischer General und Inhaber eines preußischen Regiments" sein. Wenige Monate später hatte der Großherzog seine preußische Uniform ... Die „militärischen Wissenschaften", urteilte ein Zeitgenosse, „zogen ihn am meisten an". Diese Vorliebe für das Militär zeigte sich auch in einer Erhöhung der Militärausgaben „weit über den wirklichen Bedarf hinaus", wie Reitzenstein kritisierte, der sich nach dem Regierungsantritt Ludwigs nach Heidelberg zurückzog.

Da Ludwigs Regierungszeit in eine außenpolitisch ruhige, friedliche Phase der europäischen Geschichte fiel, und der Deutsche Bund die Sicherheit seiner Mitgliedsstaaten garantierte, konnte er sich weitgehend auf die innere Entwicklung seines Landes konzentrieren. Schon Ludwigs Vater Karl Friedrich hatte sich als Reformer des Schulwesens hervorgetan: In den 1750ern hatte er beispielsweise die allgemeine Schulpflicht eingeführt und 1768 eine Ausbildungsstätte für Lehrer gegründet. In diese Fußstapfen trat 1820 sein Sohn, der gleich von zwei badischen Hochschulen als Stifter geehrt wird. Die alten Markgrafschaften Baden-Durlach und Baden-Baden hatten über keine eigene Universität verfügt; dazu waren sie zu klein und besaßen auch nicht die notwendigen Mittel. 1803 war die Stadt Heidelberg an Baden gefallen – und mit ihr die traditionsreiche Universität. Im Pressburger Frieden von 1805 wurde der Breisgau badisch – und mit ihm die 1457 gegründete Universität Freiburg. Damit hatte Baden zwei Universitäten, und es war völlig offen, ob sich beide würden halten können. Großherzog Karl Friedrich hatte nie einen Hehl aus seiner Vorliebe für die Heidelberger Universität gemacht und deren Bestand garantiert. Auch die deutlich höheren Studentenzahlen sprachen für die Hochschule in der ehemaligen Kurpfalz.

Der Betrieb von Universitäten war teuer, und angesichts der leeren Staatskassen wäre es nachvollziehbar gewesen, wenn die Freiburger Universität geschlossen worden wäre. Dagegen sprach vor allem ein Punkt, der im Großherzogtum noch für manche Brisanz sorgen sollte: Die Heidelberger Universität war protestantisch (genauer gesagt: reformiert), die Freiburger katholisch. Nun war zwar das regierende Haus ebenfalls protestantisch (genauer gesagt: lutherisch), aber seit 1806 waren zwei Drittel der Bevölkerung katholisch. Diesem kuriosen Umstand musste der Großherzog Rechnung tragen. Dank einer persönlichen Zustiftung und einer von ihm gegebenen Bestandsgarantie wurde Großherzog Ludwig zum zweiten Stifter der Universität im Breisgau, die ihm diese Einflussnahme dankte, indem sie ihren Namen ergänzte: Die Hochschule hieß fortan und heißt bis heute: Albert-Ludwig-Universität, nach ihrem ersten Gründer, dem habsburgischen Erzherzog Albrecht (= Albert) und nach dem Großherzog Ludwig von Baden. Selbst ein so kritischer Zeitgenosse wie Karl Julius Weber hat diese Leistung anerkannt: „Baden hat viel getan, und die Universität, die (1803) kaum 200 Schüler hatte, zählte 1824 gegen 600, worunter 130 Ausländer" – ein Zeichen für die zunehmende Attraktivität der Freiburger Hochschule.

Doch Ludwigs Hochschulförderung beschränkte sich nicht auf altehrwürdige Universitäten. Mit der Gründung einer Polytechnischen Hochschule in Karlsruhe beschritt er 1825 gänzlich neue Wege. Ludwig integrierte darin zwar die von Friedrich Weinbrenner gegründete Architektenschule und die 1807 von Johann Gottfried Tulla gegründete Ingenieursschule, doch letztlich war es eine Neuschöpfung. Die Schüler sollten sich die dort angeeigneten mathematischen und naturwissenschaftlichen Kenntnisse, schrieb Großherzog Ludwig in der Gründungsurkunde, „nicht bloß zu ihrer wissenschaftlichen Ausbildung aneignen, sondern diese Wissenschaften zum künftigen Gebrauch in dem Leben und für das Leben studieren wollen, sei es nun zur Baukunst oder zum Wasser- und Straßenbau, oder zum Bergbau oder zur Forstkunde …"

Auch Fremdsprachen standen auf dem Lehrplan der Polytechnischen Hochschule – nicht Latein oder Altgriechisch, wie an den Universitäten, sondern vor allem Französisch, die Sprache des Nachbarn.

Ein Studium, das auf den praktischen Nutzen und die „unmittelbare Anwendung" ausgerichtet war – zum Wohle des Landes, denn natürlich brauchte Baden gute Ingenieure auf allen Gebieten, um voranzukommen. Und was schien vernünftiger, als diese Fachleute im eigenen Land auszubilden, die dann Straßen bauen oder bei Tullas Rheinbegradigung helfen konnten, den großen Fluss in ein „modernes" Bett zu legen und damit Überschwemmungen zu verhindern und die Schifffahrt zu erleichtern. Gerade Letztere nahm in der Regierungszeit Ludwigs einen enormen Aufschwung. All dies waren die Grundvoraussetzungen für die Industrialisierung Badens – und damit für den Wohlstand des Landes.

Konflikt mit dem Landtag

Weniger glücklich als in der Hochschulpolitik war Ludwigs weiteres Engagement in der Innenpolitik. Die liberale badische Verfassung war ihm ein Dorn im Auge, doch ausgerechnet er musste nun umsetzen, was darin verankert war. Dazu gehörten nicht zuletzt die Wahlen zum ersten Landtag im Frühjahr 1819. Zwar gab es noch keine Parteien, doch die in den Landtag gesandten Männern – Beamte und Geistliche, aber auch Fabrikanten, Kaufleute oder Gastwirte – waren in ihrer Mehrheit liberal gesinnt. Das heißt: Die neue Verfassung war für sie das Maß aller Dinge, und damit war der Konflikt mit dem patriarchalischen Großherzog vorprogrammiert.

Immerhin: Ludwig stellte für die Zusammenkünfte der beiden Kammern das Karlsruher Schloss zur Verfügung und eröffnete selbst die erste Sitzung. Nachdem er unter Geschützdonner und Glockengeläut vorgefahren war, trank er bei der Eröffnung der Versammlung badischen Wein aus einem großen Pokal, den er danach an die Abgeordneten weiterreichte. Dies sollte ein Symbol für die Zusammengehörigkeit von Fürst und Volk sein, mutete aber nicht mehr unbedingt zeitgemäß an. Gleichwohl war es ein Zeichen dafür, dass der neue Landesherr die von seinem Vorgänger erlassene Verfassung als Realität hinnahm. Doch innerlich konnte sich Ludwig nie mit dem Gedanken anfreunden, die Herrschaft zu teilen. Den Landtag sah er lediglich als Stütze seiner Herrschaft, dem es nicht zukam, selbst initiativ zu werden. Diese Einschätzung kam schon in seiner feierlichen Eröffnungsrede am 22. April 1819 zum Ausdruck: „Mit einem erhebenden Gefühle sehe ich mich heute zum ersten Mal umgeben von den

Stellvertretern eines treuen Volkes, das ich in meinem Herzen trage. Durch Sie gelangen nun seine leisesten Wünsche zu mir – ich werde sie gerne anhören und, wenn sie geprüft sind, erfüllen." Um Befürchtungen zu zerstreuen, er könnte die Verfassung außer Kraft setzen, fügte der neue Großherzog hinzu: „Ich werde Gerechtigkeit und Ordnung mit Kraft handhaben und die Konstitution bis auf den letzten Buchstaben gewissenhaft erfüllen, darauf gebe ich Ihnen hier mein heiliges Fürstenwort."

Es zeigte sich jedoch rasch, dass die Abgeordneten der Zweiten Kammer keineswegs vorhatten, die von Ludwig gewünschte Rolle zu spielen, den Haushalt abzunicken und wieder nach Hause zu gehen. Sie wollten Baden mitgestalten und legten gleich einige Vorschläge zur weiteren Reform des Großherzogtums vor, wie etwa die Trennung von Justiz und Verwaltung, die Abschaffung von Zehnten und Fronpflichten, Pressefreiheit und vieles mehr. Doch Ludwig dachte nicht daran, sich mit diesen Forderungen zu befassen, und da nur der Großherzog Gesetze einbringen konnte, waren den Abgeordneten die Hände gebunden: Sie konnten debattieren und bitten, aber nichts beschließen. Dass Ludwig am Landtag vorbei den adligen Standesherren eine Reihe von Sonderrechten einräumen wollte, stieß den Abgeordneten der Zweiten Kammer bitter auf, und sie forderten den Landesherrn dazu auf, das Gesetz nicht in Kraft zu setzen. Der Abgeordnete Georg Ludwig Winter, der selbst Regierungskommissar (also Staatsbeamter!) war, bezeichnete das Adelsedikt gar als „willkürliche Begünstigung, in den gegenwärtigen Verhältnissen durchaus unstatthaft, ein schreiendes Unrecht gegen die Untertanen". Man müsse den Großherzog vor sich selbst in Schutz nehmen. Ludwig fühlte sich von derart massiver Kritik in die Ecke gedrängt, wurde nervös und entschloss sich schließlich, die Abgeordneten „in höchst ungnädigen Ausdrücken" nach Hause zu schicken.

Mit seiner skeptischen Haltung gegenüber Verfassungsstaat und Volksvertretung stand Ludwig nicht allein. Bei einer Minister-Konferenz in Karlsbad vom 6. bis 31. August 1819, einberufen nach der Ermordung des Schriftstellers August von Kotzebue durch einen national gesonnenen Studenten in Mannheim (!), wurde die restaurative Kehrtwende versucht: Die Pressezensur wurde verschärft, die Universitäten wurden unter strenge staatliche Überwachung gestellt und alle liberalen und nationalen Ideen, die die Souveränität und staatliche Ordnung der Mitgliedsstaaten gefährden konnten, kriminalisiert. Der badische Großherzog war also in guter Gesellschaft bei seinem Bemühen, das Rad der Zeit zurückzudrehen. Ludwig soll von der Ermordung Kotzebues höchst beunruhigt gewesen sein und befürchtet haben, dass auch für ihn „schon ein Studentendolch gezückt" sei. In seiner restaurativen Haltung wurde der Großherzog von seinem leitenden Minister von Berstett, den er aus der Regierung Karls übernommen hatte, von seinem Innenminister Berckheim und dem badischen Gesandten beim Deutschen Bund, Friedrich Landolin Karl Freiherr von Blittersdorf, bestärkt. Blittersdorf und Berckheim standen unter dem Einfluss des österreichischen Staatskanzlers von Metternich, der die monarchische Herrschaft und die Souveränität der Fürstenstaaten durch die nationalen und freiheitlichen Bewegungen bedroht sah.

Allerdings: Eine Aufhebung der Verfassung, in Baden oder wo auch immer, wäre ein eklatanter Verstoß gegen die Bundesakte gewesen, in der die Mitgliedsstaaten ja erst dazu aufgefordert worden waren, sich eine solche zu geben. Ludwig musste also versuchen, auf dem Boden der Verfassung zu bleiben, wollte er nicht erhebliche Widerstände in seinem Land riskieren. So rauften sich der Großherzog und die Abge-

Zwei wegweisende Bauten sind auf diesem Kupferstich zu sehen: links die von Friedrich Weinbrenner (1766–1826) erbaute katholische Stadtkirche von Karlsruhe, rechts das Ständehaus, das älteste deutsche Parlamentsgebäude. – Kupferstich von Johann Poppel nach einer Zeichnung von Jacob Pocci, um 1850.

ordneten 1820/21 denn auch leidlich zusammen. Der Landtag bekam nun sogar einen eigenen, durchaus repräsentativen Tagungsort: das von Friedrich Weinbrenner erbaute (und im Zweiten Weltkrieg zerstörte) Ständehaus auf einem Gartengelände direkt neben der katholischen Stephanskirche – es war dies das älteste Parlamentsgebäude in Deutschland überhaupt. Beide Kammern erhielten darin eigene Sitzungssäle mit nach hinten ansteigenden Sitzreihen; an der unteren Stirnwand hatte das Präsidium seinen Platz (so wie auch heute noch im Bundes- oder Landtag), an der hinteren Stirnwand stand der Thron des Großherzogs unter einem kronengeschmückten Baldachin. Eine Äußerlichkeit nur, aber doch eine bemerkenswerte … (In dem 1993 eingeweihten Neuen Ständehaus, das in seiner Architektur die Formen des alten Baus aufnimmt, wird mit einer Ausstellung an die badische Verfassungsgeschichte erinnert.)

Wie nicht anders zu erwarten, kam es in den Folgejahren immer wieder zu Konflikten zwischen dem Großherzog und der Mehrheit der Abgeordneten in der Zweiten Kammer, wobei auch in der Ersten Kammer zunächst durchaus noch reformorientierte Köpfe saßen, die Ludwig nicht nach dem Mund redeten. Die Möglichkeit, den Landtag einfach nicht einzuberufen, hatte der Großherzog nicht, denn die Verfassung schrieb vor, dass dies mindestens alle zwei Jahre der Fall sein musste. Zum Eklat kam es schließlich 1823, als die Zweite Kammer das Militärbudget ablehnte. Daraufhin griff Ludwig zu dem altbewährten Mittel, die Abgeordneten nach Hause zu schicken. Damit bewegte sich der Großherzog allerdings außerhalb oder zumindest am Rande der Verfassung, denn diese sah zwingend eine Zustimmung der beiden Kammern zum Haushalt vor. Ludwig konterte diesen Vorwurf mit dem Hinweis auf seine Pflichten als Bundesfürst, die ein Militärbudget in der eingebrachten Höhe erforderlich machten. Und an diesen Pflichten durften ihn die Stände nicht hindern.

Ludwig setzte in der Folge auf Tricks, um den Landtag in die von ihm gewünschte Richtung zu bewegen. Das begann damit, dass liberale Abgeordnete, die als Beamte zugleich Staatsdiener waren, ihr Amt nicht antreten konnten, weil ihnen der Urlaub dazu verweigert wurde. Das erwies sich aber allenfalls als Zwischenlösung und war auf Dauer nicht praktikabel. Der Großherzog musste den Hebel früher ansetzen: bei den Wahlen. Massive Propaganda gegen liberale Kandidaten, Druck auf die Wahlmänner und auf die Beamten, die sich zur Wahl stellen wollten, sorgten schließlich 1825 dafür, dass ein Landtag zustande kam, der den Wünschen Ludwigs entsprach. In der Ersten Kammer machte der Großherzog seinen Einfluss dergestalt geltend, dass die Universitäten Heidelberg und Freiburg ebenfalls handzahme Vertreter schickten. Die Amtszeit der Abgeordneten wurde auf sechs Jahre festgelegt. Erwartungsgemäß gab es 1825 keine Schwierigkeiten mit der Bewilligung des von der Regierung eingereichten Budgets, das fortan nur alle drei Jahre dem Landtag vorgelegt werden musste. Auch 1828 ging der Haushalt problemlos durch den Landtag. Man mag diese Politik Ludwigs kritisieren, doch entsprach sie dem Zeitgeist nach den Karlsbader Beschlüssen, und sie ist zugleich ein Beispiel für das Geschick und die Standfestigkeit des Großherzogs.

Je älter Ludwig wurde, umso näher rückte die potenzielle Nachfolge der Hochberg-Sprösslinge. Ludwig verließ sich in dieser Frage nicht allein auf das Hausgesetz und die internationale Anerkennung auf dem Aachener Kongress. Der Großherzog schickte Wilhelm von Hochberg nach Paris und London, einen seiner Minister nach Wien. Die Großmächte sollten nicht nur Krokodilstränen weinen, wenn Bayern versuchen sollte, nach seinem Tod die rechtsrheinische Kurpfalz zurückzugewinnen. Doch der Status quo war ein eherner Grundsatz in der europäischen Politik dieser Zeit, und keine europäische Macht war an einer Stärkung Bayerns interessiert. Auch sein geliebtes Preußen wusste Ludwig in dieser Frage auf seiner Seite.

Die Gründung der Erzdiözese Freiburg

So entschlossen Ludwig den Landtag nach seinen und seiner konservativen Minister Vorstellungen formte, so energisch ging er religiöse Fragen an: Die kirchliche Gliederung des südwestdeutschen Raumes wurde zu Beginn des 19. Jahrhunderts komplett umgekrempelt. Die Diözese Konstanz, zu der weite Teile Süddeutschlands gehört hatten, wurde aufgelöst. Württemberg und Baden strebten damals die Bildung von Landesbistümern an. Diözesen, die über Landesgrenzen hinweggingen, entsprachen nicht der modernen Staatlichkeit und nicht dem Wunsch der Landesherren, auch die Kirche ihrer Oberhoheit zu unterstellen. Gerade für die protestantischen Könige von Württemberg und Großherzöge von Baden war es nur schwer zu verstehen, dass ihre katholischen Untertanen sich einer Macht verbunden fühlten, die von ihnen nicht selbst kontrolliert werden konnte: dem Papsttum in Rom. Und der badische Großherzog tat sich grundsätzlich schwer damit, wenn ihm jemand in sein Regierungshandwerk dreinredete.

Freiburg im Breisgau war eine Gründung der Herzöge von Zähringen. Da die Markgrafen von Baden einer Seitenlinie dieser mächtigen Familie entstammten, wurde die Inbesitznahme der lange Zeit vorderösterreichischen Stadt 1805 als Rückkehr zu den eigenen Wurzeln gefeiert. Hier eine historische Aufnahme des gotischen Münsters vom Schlossberg aus. – Foto: G. Röbke, Freiburg i. Br.

Schon 1819 hatten Baden und Württemberg Vertreter zum Heiligen Stuhl gesandt, um über die Gründung neuer Bistümer zu verhandeln. Doch Papst Pius VII. verlangte Garantien für die Ausstattung der Diözesen, weshalb sich die Gespräche über Jahre hinzogen. Erst 1821 wurde dann durch die päpstliche Bulle „Provida Solersque" das Bistum Konstanz aufgelöst und die Oberrheinische Kirchenprovinz gegründet, zu der die Erzdiözese Freiburg und die ihr zugeordneten Suffraganbistümer Fulda, Mainz, Limburg und Rottenburg am Neckar gehörten. Das Gros des neuen Erzbistums Freiburg wurde aus dem aufgelösten Bistum Konstanz gebildet, doch kamen auch Gebiete dazu, die bis dahin zu den Diözesen Speyer, Mainz, Straßburg, Worms und Würzburg gehört hatten. Entscheidend waren die neuen badischen Landesgrenzen und nicht die alten Verbindungen, die oft über Jahrhunderte hinweg bestanden hatten. Bis zur Einsetzung des ersten Erzbischofs, des Münsterpfarrers Bernhard Boll, dauerte es noch weitere sechs Jahre.

Ludwig nahm an der Feier im Freiburger Münster teil, ein wichtiges Zeichen der Verbundenheit des Großherzogs auch mit seinen katholischen Untertanen. Als Bischofssitz war ursprünglich auch Rastatt im Gespräch gewesen, das geografisch sehr viel günstiger gelegen hätte als Freiburg. Doch gaben die zahlreichen Gebäude und die „reiche Stiftspräsenz" den Ausschlag für die Stadt im Breisgau. Auch die beiden hohenzollerischen Fürstentümer Sigmaringen und Hechingen schlossen sich dank der geschickten Verhandlungstaktik der großherzoglichen Regierung der Erzdiözese Freiburg an – und nicht der geografisch sehr viel näher liegenden württembergischen Diözese Rottenburg am Neckar.

Ein Erfolg war es auch gewesen, dass der Metropolitan der Oberrheinischen Kirchenprovinz seinen Sitz in Freiburg nahm. Als Königreich war man in Württemberg davon ausgegangen, Sitz des künftigen Metropoliten der Oberrheinischen Kirchenprovinz zu werden. Sprich die neu zu schaffende Erzdiözese sollte ihren Sitz in Württemberg, die im Rang darunter angesiedelte Diözese in Baden haben. Doch hier legte sich Rom quer, den Ausschlag gab die Zahl der Katholiken: So lebten im Großherzogtum Baden 700 000 Katholiken, in Württemberg aber nur 440 000. Schließlich gab Württemberg nach.

Im Zuge der napoleonischen Flurbereinigung übernahm Baden aber nicht nur eine große Anzahl Katholiken. Das einst kurpfälzische Heidelberg war zwar evangelisch, aber nicht lutherisch, sondern reformiert. Die beiden protestantischen Zweige hatten sich über die Interpretation des Abendmahls zerstritten und waren jeweils eigene Wege gegangen. Großherzog Ludwig, der Ordnung und Einigkeit liebte, sah diese Trennung nicht gern, zumal sie die religiösen Verhältnisse im Großherzogtum nur weiter komplizierte. Er setzte sich daher lebhaft für eine Union der beiden Kirchen in Baden ein. Tatsächlich beschloss eine Generalsynode in der Karlsruher Stadtkirche, an der 44 Delegierte aus ganz Baden teilnahmen, am 26. Juli 1821 die Vereinigung der beiden Bekenntnisse zur evangelischen Landeskirche in Baden.

Kaspar Hauser und die „Erbprinzenlegende"

Großherzog Ludwig konnte in den 1820er-Jahren eigentlich mit sich und der Stellung Badens rundum zufrieden sein. Es war ihm sogar gelungen, einen ausgeglichenen Haushalt zu präsentieren; ihm, dem Napoleon einst Schuldenmacherei vorgeworfen hatte – und der nun fast als Geizkragen galt. Doch dann geschah 1828 etwas höchst Merkwürdiges: Am 26. Mai tauchte in Nürnberg ein verwahrloster Jüngling auf der Polizeistation auf, der nur wenig sprechen konnte, sich „Kaspar Hauser" nannte, und darüber hinaus nur angab, „ein Reiter" werden zu wollen, wie sein Vater einer gewesen sei. Der geistige und gesundheitliche Zustand des Jungen ließen darauf schließen, dass er lange Zeit ohne Kontakt zur Außenwelt eingesperrt gewesen war. Der Jurist und Kriminalschriftsteller Johann Paul Anselm Ritter von Feuerbach übernahm die Vormundschaft des Jungen und machte sich auf, das Rätsel seiner Herkunft zu lösen.

Einem anonymen Hinweis aus Karlsruhe, dass es sich bei Kaspar Hauser um den 1812 geborenen ersten Sohn von Großherzogin Stéphanie gehandelt habe, wollte Feuerbach zunächst keinen Glauben schenken. An den bayerischen König Ludwig I. schrieb er 1830, dass es sich bei dieser Theorie um eine „jedes juristischen tatsächlichen Anhaltspunktes entbehrende romanhafte Phrase" handle. Später änderte der

Über Jahrzehnte hinweg sorgte das „Phänomen Kaspar Hauser" für Unruhe im badischen Fürstenhaus. Der seltsame Jüngling tauchte 1828 in Nürnberg auf und bald entstand das Gerücht, er sei der 1812 geborene, erste Sohn der Großherzogin Stéphanie. Bis heute konnte die wahre Herkunft Kaspar Hausers nicht eindeutig geklärt werden. – Kolorierter Kupferstich aus dem Bilderbogen „Kaspar Hauser", um 1830.

Jurist seine Meinung und gab nun selbst zu Protokoll, dass Kaspar Hauser „ein Kind fürstlicher Eltern" sei, „welches hinweggeschafft worden ist, um anderen, denen er im Wege stand, die Sukzession zu eröffnen". Und welche Familie sollte dies sein? Auch darauf gab Feuerbach eine klare Antwort: „Auf höchst auffallende Weise, gegen alle menschliche Vermutung, erlosch auf einmal in seinem Mannesstamme das alte Haus der Zähringer, um einem aus morganatischer Ehe entsprossenen Nebenzweig Platz zu machen. Dieses Aussterben des Mannesstammes ereignete sich nicht etwa in einer kinderlosen, sondern – seltsam genug! – in einer mit Kindern wohl gesegneten Familie. Was noch verdächtiger ist: Zwei Söhne waren geboren, aber diese beiden Söhne starben. Und nur sie starben, während die Kinder weiblichen Geschlechts insgesamt bis auf den heutigen Tag noch in frischer Gesundheit blühen. Die Frau Großherzogin Stéphanie ist eine wahrhaft zweite Niobe, nur mit dem Unterschiede, dass Apollos tötendes Geschoss ohne Unterschied Söhne und Töchter traf, dort aber der Würgengel an allen Töchtern vorüberging und nur die Söhne erschlug."

Folgt man der sogenannten Erbprinzenlegende, dann wurde Stéphanie nach der Geburt ihres Sohnes 1812 ein anderes Kind untergeschoben, das „für ihn hatte sterben müssen" oder schon todkrank gewesen sei. Den gesunden badischen Thronfolger habe man damals entführt und an einem geheimen Ort versteckt gehalten. Hinter dieser abenteuerlichen Aktion soll die Gräfin Hochberg gesteckt haben, um ihren Kindern zur Thronfolge zu verhelfen. Folgt man den erwähnten weiteren Gerüchten, die im Umlauf waren, wären diese Kinder auch die Kinder Großherzog Ludwigs gewesen, der durch eine 1845 in Paris veröffentlichte Broschüre postum vor diesem Hintergrund in Misskredit gebracht wurde, ja selbst eine Mitwisser- oder gar Mittäterschaft wurde Ludwig von einigen Vertretern der Erbprinzenlegende unterstellt, die den Großherzog als „schändlichen Lüstling" abstempelten.

Die Gräfin Hochberg war zwar Karl Friedrich eine verständnisvolle Wegbegleiterin gewesen, doch hatte sie sich mit den Jahren immer weniger mit einem Dasein im Hintergrund abfinden können. Der Frust, nie wirklich zur großherzoglichen Familie gehört zu haben, ja ihr niemals angehören zu können, saß tief. Ein riesiger Schuldenberg drückte die zweite Ehefrau Karl Friedrichs zusätzlich. Am Hof hatte sie kaum Freunde gehabt, nach dem Tod ihres Mannes noch weniger als zuvor. Von der Markgräfin Amalie, der Mutter des Großherzogs Karl, schlug ihr und ihren Kindern offene Ablehnung entgegen. Persönlich mit den Vorwürfen konfrontieren konnte man Luise Karoline von

Hochberg nicht mehr: Sie starb acht Jahre vor dem Auftauchen Kaspar Hausers am 23. Juni 1820.

Nun könnte man sagen, dass diese Gerüchte um Kaspar Hauser der großherzoglichen Familie doch hätten einerlei sein können. Aber die Geschichte wurde schon bald in verschiedenen Zeitungen öffentlich gemacht, und natürlich war dies ein dankbares Thema in Bürgerhäusern und Fürstenschlössern. Und es war, wie bei den meisten Gerüchten: Irgendetwas bleibt hängen. Die Erbprinzenlegende stellte immerhin die Legitimität der Erbfolge in Baden in Frage bzw. ließ diese auf kriminellen Handlungen gründen.

Die historischen Indizien, die darauf hinweisen, dass es sich bei Kaspar Hauser um den 1812 geborenen Sohn Stéphanies gehandelt hat, sind eher dünn. Neben dem anonymen Hinweis aus Karlsruhe sind dies vor allem unerklärliche Verhaltensweisen und Aussagen des unglücklichen Jünglings. Selbst Träume Hausers, in denen er sich selbst in einem Schloss sieht, wurden entsprechend gedeutet (wobei man sich fragen kann, wie er sich an ein Schloss erinnern konnte, wenn er als Säugling entführt wurde). Allerdings konnte er sich auch an einige Details seiner Gefangenschaft erinnern, die später zu Mutmaßungen über seine Aufenthaltsorte führten. Dazu gehört etwa das Schloss Beuggen am Hochrhein. Erst recht wurde die Phantasie angeheizt, als Kaspar Hauser am 14. Dezember 1833 von einem Unbekannten ermordet wurde.

Zurück zum vermeintlichen Beginn der Geschichte: Eigentlich konnte die Gräfin Hochberg 1812 nicht davon ausgehen, dass sie mit der Entführung des Erbprinzen ihrem eigenen Nachwuchs zur Macht verhelfen würde. Karl und Stéphanie hätten noch viele Söhne haben können – hätte sie diese auch auf so abenteuerliche Weise verschwinden lassen sollen? Tatsächlich starb der zweite Sohn des Großherzogspaares, wie erwähnt, im Alter von nur einem Jahr, und schon damals waren „Gerüchte von Vergiftung" aufgekommen. Damit nicht genug: Auf Großherzog Karl selbst soll, wie ebenfalls erwähnt, bereits während des Wiener Kongresses ein Giftanschlag verübt worden sein, der in ebendieser Absicht begangen worden sei: den Hochbergern zur Erbfolge zu verhelfen. Und nach dem Tod Karls fing das gleiche Spiel von Neuem an. Doch für diese Anschuldigungen gibt es keine stichhaltigen Beweise. (Im 18. Jahrhundert war man schnell bei der Erklärung „Gift", wenn man einen plötzlichen Todesfall oder ein unvermutetes Unwohlsein nicht erklären konnte.)

Auch durch DNA-Analysen konnte bisher die Herkunft Kaspar

Hausers nicht eindeutig geklärt werden, wenngleich die letzte Untersuchung im Sommer 2001 im Rechtsmedizinischen Institut der Universität Münster eine „große, wenn auch nicht lückenlose" Übereinstimmung im Erbgut Kaspar Hausers mit dem einer Nachfahrin von Stéphanie de Beauharnais ergeben hat. Den Leiter der Untersuchung führte dies zu dem Schluss: „Zum jetzigen Zeitpunkt wäre es unverantwortlich, einen Ausschluss zu formulieren, sodass immer noch die Möglichkeit besteht, dass Kaspar Hauser ein biologischer Verwandter zum Hause Baden ist." Am einfachsten wäre es natürlich, den Leichnam des 1812 in der Pforzheimer Schlosskirche beigesetzten Kindes zu untersuchen: Handelte es sich um ein untergeschobenes Kind, dann wäre dies anhand eines DNA-Vergleichs zu ermitteln. Doch dazu gab das Haus Baden bislang keine Genehmigung. Und das sollte aus Gründen der Pietät auch nicht kommentiert werden. Die mutmaßliche Mutter Kaspar Hausers ließ sich aus dritter Hand über den geheimnisvollen Jüngling informieren, war sich offensichtlich nicht schlüssig, was sie davon halten sollte, gab aber nach außen nichts auf die Geschichte. Von Napoleon III. darauf angesprochen, war ihre Antwort kurz und bündig: „Es ist eine unsinnige Fabel."

Umgekehrt stellt sich natürlich die Frage: Wenn Kaspar Hauser kein badischer Erbprinz war, wer konnte dann ein Interesse daran haben, diese Geschichte zu lancieren? Markgraf Wilhelm (1792–1859), der als Hochberg-Sprössling direkt von den Anschuldigungen betroffen war, hatte einen konkreten Verdacht: „Dass eine solche Fabel von verschiedenen bayerischen Schriftstellern mit Vergnügen ergriffen wurde, um bei dem damals zwischen Baden und Bayern obwaltenden Streit über das Surrogat der Grafschaft Sponheim gegen uns benutzt zu werden, ist an sich sehr leicht begreiflich, hatte sich sogar der König Ludwig (I.) von Bayern nicht gescheut, noch verwerflichere Mittel gegen uns anzuwenden; wie aber diese schändliche Verleumdung solche Wurzeln fassen konnte, dass sogenannte deutsche Gelehrte (Vehse) dieselbe als eine geschichtliche Wahrheit hinstellen und solchen Unsinn schreiben konnten, übersteigt alle Begriffe." Aus diesen Zeilen spricht offensichtlich ehrliche Wut, ja Entrüstung.

Zur Erklärung: Die Grafschaft Sponheim war im 15. Jahrhundert zwischen den Häusern Baden und Wittelsbach aufgeteilt worden. Sie gehörte zu den linksrheinischen Gebieten, die Baden und Bayern unter Napoleon hatten abtreten müssen. Baden war für seinen Teil der Grafschaft mit der rechtsrheinischen Kurpfalz (Mannheim, Heidelberg ...) entschädigt worden, ein Verlust, den die Wittelsbacher niemals verwunden haben. Und tatsächlich wollte man in München das Thema Kaspar Hauser dazu benutzen, um eventuell einen politischen Preis von Baden damit herauszuschlagen, am liebsten natürlich die Kurpfalz. Da die Hochberger keine standesgemäßen Erbfolger seien, so das Argument, trete ein Erbvertrag in Kraft, nach der die Grafschaft Sponheim insgesamt an die jeweils andere Familie fallen sollte. Und wenn die Badener keine Ansprüche mehr auf Sponheim hatten, dann gab es natürlich auch keinen Grund für irgendeine Entschädigung … Dennoch ist der Ursprung der Gerüchte um Kaspar Hauser – wie geschildert – nicht in München zu sehen, sondern in dem anonymen Hinweis aus Karlsruhe. Pikantes Detail: Die bayerische Königinmutter Karoline war, wie erwähnt, eine Tochter des Großherzogs Karl Friedrich aus erster Ehe. Und von der Nachfolge der Hochberger war Karoline keineswegs begeistert.

Und noch eine andere Gruppe nutzte die Verwirrung um Kaspar Hauser in den 1840er-Jahren. Dazu wieder Markgraf Wilhelm: „Ähnliche Schändlichkeiten (wie in dem Buch Vehses) finden sich noch weiter in den vor der Revolution von 1848 erschienenen demokratischen Broschüren, die natürlich keinen anderen Zweck haben konnten, als aufreizend zu wirken." Tatsächlich haben die radikalen Demokraten das Rätsel um Kaspar Hauser dazu benutzt, um Stimmung gegen die Monarchie insgesamt zu machen. Doch das führt in die Zeit lange nach Ludwigs Tod.

Lässt man die unterstellten Vorwürfe beiseite, ist Kaspar Hauser für die Biografie des Großherzogs eigentlich nur insofern von Belang, als er während seiner Regierungszeit in Nürnberg aufgetaucht ist. Geäußert hat sich der Großherzog nicht zu dem Gerücht, dass es sich bei dem Jüngling um einen Sohn Stéphanies und Karls handeln sollte – Kaspar Hauser wäre damit immerhin sein Großneffe gewesen. Ludwig dürfte kaum damit gerechnet haben, wie lange dieses Rätsel seine Nachfolger noch umtreiben sollte, die sich immer wieder mit Vorwürfen und neuen Theorien konfrontiert sahen (und offiziell genau so schwiegen wie Ludwig).

Im selben Jahr, in dem Kaspar Hauser in Nürnberg auftauchte, noch ehe man in Karlsruhe von dem seltsamen jungen Mann etwas erfahren hatte, galt es ein großes Ereignis zu feiern: den 100. Geburtstag des Großherzogs Karl Friedrich am 22. November 1828. Doch Ludwig wollte auch bei einem solchen Anlass nicht von seinem Sparkurs abrücken und ließ anordnen, dass die Feier „in einer Weise begangen werden solle, dass daraus keine besonderen Ausgaben oder Belastungen oder

Beschwernisse für die Gemeinden erwachsen, da der Sinn seines teuren Vaters sich stets mehr am Wohltun als am Geräusch und Prunk erfreute".

Am 30. März 1830 ist Großherzog Ludwig von Baden an den Folgen eines Schlaganfalls gestorben – als letzter männlicher Vertreter „aus dem alten Stamm der Zähringer", wie es in zeitgenössischen Quellen heißt. Beigesetzt wurde er in der Gruft der neuen evangelischen Stadtkirche auf dem Karlsruher Marktplatz, die Friedrich Weinbrenner noch unter seinem Vater nach dem Vorbild eines griechischen Tempels erbaut hatte. Nach dem Zweiten Weltkrieg wurde sein Sarkophag in die von Großherzog Friedrich erbaute Grabkapelle im Fasanengarten überführt.

Die evangelische Stadtkirche am Karlsruher Marktplatz gehört zu den bedeutendsten Bauten des Architekten Friedrich Weinbrenner.

Der bescheidene „Bürgerfreund"

Großherzog Leopold

(1790–1852)

Während sich die Trauer über den verstorbenen Großherzog in überschaubarem Rahmen hielt, war die Freude über den neuen groß und weithin verbreitet. Leopold war zwar politisch ein weitgehend unbeschriebenes Blatt, aber er galt als bescheiden und leutselig; das Misstrauen seiner Vorgänger war ihm fremd. Kurz nach seinem Regierungsantritt unternahm er eine Reise durch das Großherzogtum und war selbst ein wenig erstaunt darüber, wie viele Sympathien ihm da ganz offensichtlich entgegengebracht wurden. Und dies nicht nur in den alten badischen Landen, sondern auch in jenen Städten, die wenige Jahrzehnte zuvor noch einen anderen Herren gehabt hatten. Eine Vergnügungsreise war das Ganze dennoch nicht; überall jagte ein Empfang und ein Besichtigungstermin den nächsten. Sieben Tage ging das beispielsweise allein in Freiburg so. Überall waren Ehrenpforten errichtet und die Gebäude illuminiert worden. Honoratioren und Amtsträger wollten empfangen werden, die Studenten formierten sich zu einem Fackelzug, bei einem Festzug präsentierten die Handwerker Beispiele ihres Könnens, und bei einem großen Bürgerfest hatten alle Freiburger Gelegenheit, etwas vom großherzoglichen Glanz abzubekommen. Ein Besuch im Waisenhaus gab Gelegenheit, die soziale Ader unter Beweis zu stellen.

Es war jedoch nicht nur pure Repräsentation, die Freiburg in diesen Tagen erlebte. Politischer Hintersinn kam ins Spiel, wenn dem Großherzog zur Begrüßung ein Kranz aus Blumen, Ähren und Reben mit folgenden Worten überreicht wurde:

> „Nimm, Herr, den Kranz, er kommt von jenen Eichen,
> Die Deiner hohen Ahnen Berg umstehn,
> Und manch Jahrhundert schon an ihren Zweigen
> Im Zeitensturme sahn vorüberwehn."

Freiburg präsentierte sich als alte Zähringerstadt, die 1806 zu ihren Wurzeln zurückgefunden hatte. Die jahrhundertelange Habsburgerherrschaft schien vor diesem Hintergrund nur ein Zwischenspiel gewesen zu sein. Zugleich bot die Anlehnung an die Zähringer auch Leopold, dessen Nachfolge ja keineswegs unumstritten gewesen war, die Möglichkeit, sich in eine lange, bis in das Mittelalter reichende Ahnenreihe einzugliedern. Noch bei zwei anderen Gelegenheiten wurde diese Anknüpfung in Freiburg versucht. Einmal bei einem Lied, das alle Festteilnehmer mitsingen sollten:

„Es grüßen Euch am Dreisamstrom
Die wohlbekannten Fahnen
Es segnen Euch, vor Konrads Dom
Die Geister Eurer Ahnen
Es ist die alte Herrlichkeit
Die sich so glänzend jetzt erneut
Und jede Brust belebt."

Natürlich gehörte der Besuch der Ruine der alten Zähringer-Stammburg zum Programm des großherzoglichen Paares in Freiburg. Leopold und seine Frau Sophie bestiegen den Turm, wo sie – wie ein Chronist vermerkt – „mit unverkennbarem Vergnügen und in der heitersten Stimmung" so lange verweilten, wie es die „vorgerückte Stunde des Tages" erlaubte.

Auch wenn alle diese Besichtigungen inszeniert waren, so war die Begeisterung, die Leopold entgegengebracht wurde, offensichtlich echt. Leopolds erster Biograf fing diese Stimmung in der blumigen Sprache des 19. Jahrhunderts ein: „Ein neuer, lebenswarmer Frühlingshauch durchwehte das Land, und wie ein friedlicher Vater schien der neue Fürst hinauszutreten in den frischen Morgen." Es mutet fast wie eine Tragödie an, dass ausgerechnet unter diesem Herrscher die Revolution von 1848 Baden in seinen Grundfesten erschütterte. Wie kam es dazu?

Kindheit im Schatten

Der spätere Großherzog Leopold wurde am 29. August 1790 in Karlsruhe geboren. Seine Eltern waren Großherzog Karl Friedrich von Baden und dessen zweite, morganatische Gemahlin Luise Karoline Geyer von Geyersberg, die später zur Gräfin von Hochberg erhoben wurde. Bei seiner Taufe erhielt der kleine Junge zunächst den Namen Karl, doch da bereits sein ältester Bruder aus der ersten Ehe seines Vaters und dessen Sohn Karl gerufen wurden, „entstand hieraus manche Verwechslung". Und so wurde aus Karl schließlich Leopold.

Damals war noch lange nicht absehbar, dass Leopold jemals auch nur in die Nähe der Macht kommen würde. Er trug nicht einmal den Namen „von Baden", sondern hieß nach seiner Mutter „von Hochberg". Zwar bemühte sich sein Vater bereits früh um eine eventuelle Erbfolge seiner Kinder aus zweiter Ehe, doch sollte diese natürlich erst eintreten, wenn der Hauptstamm der Zähringer erloschen war. Und das schien 1790 noch in weiter Ferne zu sein. Damals lebten immerhin noch alle drei Söhne aus der ersten Ehe Karl Friedrichs!

Dieses Leben im Schatten hatte jedoch auch etwas Gutes an sich: Bedenkt man, welche Anforderungen an den ältesten Sohn aus erster Ehe, Karl Ludwig, gestellt worden waren – Anforderungen, denen er nicht gerecht werden konnte –, dann hatte es Leopold in jedem Fall einfacher. Die bescheidene Bürgerlichkeit, mit der er später als Großherzog auftrat, war nicht aufgesetzt, sondern hatte ihre Wurzeln in einer Kindheit, die zwangsweise keine höfische war. Das allerdings hat nicht nur Leopolds Mutter wiederum als Zurückweisung und Demütigung empfunden, sondern mitunter sahen dies auch ihre Kinder so, wie ihr zweitältester Sohn Wilhelm in seinen „Denkwürdigkeiten" erzählt. Leopold selbst erlebte eine solche Zurücksetzung, als er gerade einmal 13 Jahre alt war: Im Mannheimer Hoftheater hätte der junge Graf in der Loge des schwedischen Königs Gustav IV. Adolf sitzen sollen, der mit Friederike von Baden verheiratet war. Diese war eine Tochter des verstorbenen Erbgroßherzogs Karl Ludwig und damit eine (Halb-)Nichte Leopolds. Doch der standesbewusste Schwede wollte den kleinen Grafen nicht neben sich dulden und schickte ihn hinaus. Dass dieser Junge einmal sein Schwiegersohn werde würde, das hätte sich der König damals selbst in seinen kühnsten Träumen nicht ausmalen wollen.

Großherzog Karl Friedrich selbst fühlte sich im Kreis seiner zweiten Familie ausgesprochen wohl, und die Kinderschar wuchs stetig an – 1792 wurde Wilhelm geboren, 1795 Amalie, 1796 das Nesthäkchen Maximilian. Bemerkenswert für fürstliche Familien der Zeit war das gute Einvernehmen der Hochberg-Geschwister untereinander, das bis an ihr Lebensende anhielt.

Ausbildung in Lausanne und Heidelberg

Obwohl Leopold offiziell nicht der markgräflichen Familie angehörte, sorgte sein Vater für eine sehr gute Ausbildung. Um diese zu vervollkommnen, wurde Leopold zusammen mit seinem Bruder Wilhelm im Frühjahr 1808 in die Schweiz, nach Lausanne, geschickt, wo einst Karl Friedrich selbst den letzten Schliff erhalten hatte. Die Reise führte die jungen Grafen über Stuttgart und Hechingen, wo jeweils Anstandsbesuche bei Hofe stattfanden, und über die Universitätsstadt Tübingen nach Salem, wo sie ihren Onkel Ludwig in dem von Napoleon verursachten Exil „in sehr gedrückter Stimmung vorfanden". Bei der Weiterreise machte der Bodensee „großen Eindruck" auf Leopold und Wilhelm.

Wie im Falle Karl Friedrichs, so stand in Lausanne auch auf dem Stundenplan seiner Nachkommen Französisch obenan. Doch blieb genügend Zeit für andere Aktivitäten, und „die prächtige Umgebung von Lausanne bot Gelegenheit zu vielen Ausflügen ... Wir konnten uns an der großartigen Natur nicht satt sehen", erzählt Wilhelm in seinen „Denkwürdigkeiten". Schon früh interessierte sich Leopold für Kunst und Architektur. Wie sollte es auch anders sein, wenn jemand einen Lehrer wie Friedrich Weinbrenner hat (er unterrichtete ihn im Freihandzeichnen)! In der Schweiz nutzten Leopold und sein Bruder jedenfalls das offensichtlich nicht ganz knapp bemessene Budget, um entsprechend einzukaufen: „Wir kauften in jeder Stadt von einiger Bedeutung Kupferstiche, Landschaften und Städtebilder." Auch in späteren Jahren reiste Leopold gerne in die Schweiz, wo er sich für Natur und Kunst gleichermaßen begeisterte. Eigentlich wollten die beiden Brüder noch weiter nach Südfrankreich, doch aufgrund der brisanten politischen Lage traten sie am 12. August 1808 bereits wieder die Heimreise an.

Wäre Leopold damals schon als Markgraf von Baden anerkannt gewesen, hätte ihn seine weitere Ausbildung kaum an eine öffentliche Universität geführt: Insofern entpuppte sich die Hintansetzung einmal als Vorteil. In Heidelberg studierte der junge Hochberger vom Frühjahr 1809 an Rechtswissenschaften und Geschichte. Keineswegs war dieses Studium nur ein Alibi; Leopold war ein eifriger Student, der sich viel Mühe gab und gründlich arbeitete. Nebenher lernte er noch Fechten und Italienisch, wobei ihm diese Sprache so gefiel, dass er sie in seinem Tagebuch immer dann benutzte, wenn es um ein Thema ging, von dem keinesfalls ein anderer etwas erfahren sollte. Die große Politik scheint ihn so wenig interessiert zu haben wie das Militär, dem sich sein jüngerer Bruder Wilhelm verschrieben hatte.

Im Alter von 21 Jahren verlor Leopold seinen Vater. Der Großherzog war in seinen letzten Lebensjahren schon kaum noch zurechnungsfähig gewesen, doch verkörperte er das Land, das erst unter seiner Herrschaft geschaffen worden war. Umso größer war die Trauer über seinen Tod. Mit seinen beiden Brüdern begleitete Leopold den Vater auf seinem letzten Weg. Der neue Großherzog Karl war der Sohn von Leopolds Halbbruder Karl Ludwig. Die Umstände von Karls Ehe mit Stéphanie de Beauharnais sind in seiner Lebensbeschreibung bereits ausführlich geschildert worden. Für den jungen Hochberger änderte sich in Sachen Erbfolge dadurch nichts: Jedermann wartete darauf, dass der Ehe Karls und Stéphanies gesunde Söhne entsprossen. Allerdings spürten die Hochberger, dass sich nach dem Tod Karl Friedrichs „alles der aufgehenden Sonne“ zuwandte. Leopolds Mutter wurde aus ihrer

Das Markgräfliche Palais am Rondellplatz in Karlsruhe entstand in den Jahren 1803 bis 1814. Großherzog Karl Friedrich ließ den klassizistischen Bau als Wohnsitz für seine zweite Gemahlin Luise Karoline und ihre Kinder von Friedrich Weinbrenner errichten.

Wohnung im Karlsruher Schloss hinauskomplimentiert und musste nach Bauschlott bei Pforzheim umziehen. Zwar hatte der verstorbene Großherzog von Friedrich Weinbrenner für seine „zweite Familie" das später sogenannte Markgräfliche Palais am Rondellplatz errichten lassen, doch war dieser durchaus stattliche Bau 1811 im Inneren noch nicht fertiggestellt. Auch die Hochberg-Kinder wurden „gebeten", sich vom Hof so lange fernzuhalten, bis ihr „Rang bestimmt sei". Immerhin stellte Großherzog Karl die Gelder zur Verfügung, um das Palais am Rondellplatz standesgemäß ausstatten zu lassen. Hinter dem Haus lagen ausgedehnte Zier- und Nutzgärten; die Fassade zum Rondellplatz hin lässt mit ihren sechs korinthischen Säulen an antike Tempel denken. 1814 konnten die Hochberger endlich in ihr neues Heim einziehen.

Vom Reisefieber gepackt

An den Kriegen auf Napoleons Seite hat Leopold von Hochberg nicht teilgenommen. Nach dem badischen Seitenwechsel war die großherzogliche Familie jedoch gut beraten, ihre militärfähigen Mitglieder an dem Feldzug gegen Frankreich teilnehmen zu lassen, um die hehren Absichten der politischen Rochade zu unterstreichen. Da konnte auch der völlig unmilitärische Leopold nicht beiseite stehen. Am Ende wurde er gar zum Generalmajor befördert, und in der Schlacht bei La Rothière soll er am 1. Februar 1814 unter heftigem Kanonendonner gar „große Kaltblütigkeit" bewiesen haben. Noch Tage danach habe er Probleme mit dem Gehör gehabt. Das mag so gewesen sein, doch kaum in Paris angekommen, beeilte er sich, die Uniform wieder auszuziehen und wie einst sein Vater die Kunstschätze der französischen Hauptstadt in sich aufzusaugen: den Louvre, Notre-Dame, die Tuilerien, den Invalidendom, Versailles, Trianon, Malmaison, die Porzellanmanufaktur in Sèvres, Museen und Galerien.

Von Paris aus reiste Leopold weiter nach England, wo er sich ebenfalls ein umfangreiches Besichtigungsprogramm vorgenommen hatte: die Kathedrale von Canterbury und natürlich alle Sehenswürdigkeiten, die ein Besucher in London auch heute nicht verpassen mag: die St.-Pauls-Kathedrale, den Tower, St. James' Palace, Kensington, Somerset House, den Hyde Park, das British Museum … Die Welt führte Krieg und rang um die Nachkriegsordnung, doch dieser Graf von Hochberg interessierte sich vielmehr für die schönen Künste und große Bauten. Auch hier wiederum ganz anders als sein politisch engagierter Bruder Wilhelm. Und selbst wenn er auf eine militärische Instruktionsreise geschickt wurde, wie im Juli 1815 ins Oberelsass, dann nutzte er die Zeit, um die romantischen Städtchen zu besichtigen, die dort wie Perlen an einer Kette aneinandergereiht sind.

Und es gab noch so viel zu sehen auf der Welt: Auf den Spuren seines Vaters war Leopold schon in die Schweiz und nach Paris gereist, er hatte in Deutschland Franken, Bayern, Sachsen, Thüringen und Hessen besucht, war in Frankreich und England gewesen, doch das eigentliche Ziel seiner Sehnsucht war das Land, in dem für Goethe die Zitronen blühten, und das auch seinen Vater einst so angezogen hatte: Italien! Im November 1816 brach Leopold in Begleitung seines jüngeren Bruders Maximilian auf in den Süden.

In einem Tagebuch hat er alle Besichtigungen und Begegnungen auf dieser Reise notiert. Wie bei seinem großen Interesse nicht anders zu erwarten, bürdete sich Leopold in Italien ein gewaltiges Besichtigungsprogramm auf. Venedig, Verona, Modena, Bologna und Florenz waren die ersten Stationen. In der Stadt am Arno besichtigte Leopold natürlich die weltberühmten Uffizien: „Unmöglich ist es für das Gedächtnis, alle diese Kunstwerke auf einmal zu fassen; ich habe mir daher vorgenommen, so oft wie möglich dahin zurückzukehren.“ Über Viterbo ging es weiter in die Ewige Stadt, nach Rom. Dort nahm ihn Johann Ludwig Weinbrenner, der Neffe des berühmten Baumeisters, mit auf einen Spaziergang, „um einen Überblick über die Sehenswürdigkeiten zu bekommen“. Gleich am ersten Abend in Rom lernte Leopold den Prinzen Heinrich von Preußen kennen, einen Bruder des preußischen Königs Friedrich Wilhelm III., mit dem sich der Besucher aus Baden freundschaftlich verband. Rom übte auf die jüngeren Mitglieder deutscher Fürstenfamilien eine geradezu magische Anziehungskraft aus; auch König Ludwig I. von Bayern ist ihr ja als junger Kronprinz erlegen, ebenso Wilhelmine von Bayreuth, die Lieblingsschwester Friedrichs des Großen. Und Rom war natürlich Teil jener als Grand Tour bekannt gewordenen Reisen, mit denen junge Adlige ihre Ausbildung abschlossen.

In Rom und anderswo standen auch gesellschaftliche Verpflichtungen auf dem Programm der badischen Brüder. Sei es ein Konzertabend beim französischen oder ein Theaterabend mit dem preußischen Gesandten. Und selbstverständlich wollten auch die einheimischen Adligen gerne die Besucher aus dem Norden kennenlernen. Hatte man zu Zeiten seines Vaters noch um das protestantische Seelenheil gefürchtet, das bei näherer Berührung mit dem Katholizismus Schaden nehmen könnte, so konnte Leopold sogar um eine Audienz bei Papst Pius VII. nachsuchen, ohne damit zu Hause einen Sturm der Entrüstung auszulösen. „Sehr gnädig", sei der Heilige Vater gewesen, notierte der junge Besucher in seinem Tagebuch.

Mit großem Interesse für neue Entwicklungen in der Kunst besuchte Leopold die in Rom lebenden Maler und Bildhauer aus dem hohen Norden: Franz Katel, Bertel Thorvaldsen und Rudolf Schadow beispielsweise an einem einzigen Tag ... Auf dem Programm Leopolds in Rom standen nicht nur die Künstlerateliers, die berühmten Kirchen und Museen, sondern auch die Hinterlassenschaften der Antike, das Forum Romanum, das Kolosseum und vieles mehr. Die meisten Besucher der Stadt unternahmen von Rom aus auch einen Ausflug an den Golf von Neapel. Leopold und Maximilian brachen zu diesem in Begleitung des Prinzen Heinrich von Preußen und zweier englischer Lords auf. In der Nacht zum 9. Januar 1817 erreichten sie Terracina hundert Kilometer südlich von Rom. „Den Morgen überraschte uns der Anblick des Meeres, an dem unser Wirtshaus ganz nahe liegt, auf eine äußerst angenehme Art; die Ufer sind sehr malerisch, und in der Ferne erblickt man die Insel Ischia und den Vesuv." Von Neapel aus besuchten die Brüder Pompeji, Herculaneum sowie die antike Sommerfrische Baiae und als Kontrast dazu das riesige Residenzschloss von Caserta, das Versailles der Könige von Sizilien. An einem „glühenden, sich neu gebildeten Lavastrom" vorbei bestieg Leopold den Vesuv, „an dem beständig neue Steine ausgeworfen wurden". Über Rom, Florenz, Parma und Turin ging es zurück über die Alpen. Am 18. April 1817 waren die Brüder wieder zu Hause.

Thronfolger auf Freiersfüßen

Das Jahr 1817 brachte eine einschneidende Änderung im Leben Leopolds: Mit einem am 4. Oktober erlassenen Hausgesetz wurde aus dem Grafen Leopold von Hochberg der Markgraf Leopold von Baden. Nachdem auch der zweite Sohn Großherzog Karls gestorben war und dieser selbst schon von schwerer Krankheit gezeichnet war, musste die Nachfolge auf eine sichere Basis gestellt werden. Bis dahin hatte es nur eine von den Familienmitgliedern akzeptierte Willensbekundung des Großherzogs Karl Friedrich gegeben. Das war zu wenig: Ein von Karl erlassenes Hausgesetz nahm daher die Hochberg-Kinder förmlich in die großherzogliche Familie auf und bestätigte deren Nachfolge, sollte der Hauptstamm der Zähringer aussterben. Auf dem Aachener Kongress folgte dann 1818 die internationale Anerkennung. Da standesgemäße Nachkommen von Karls Nachfolger Ludwig nicht zu erwarten waren, wurde Leopold zum ersten Anwärter auf den großherzoglichen Thron. Allerdings erhielt er nicht den Titel eines Erbgroßherzogs; immerhin war es ja nicht gänzlich ausgeschlossen, dass Ludwig – sollte seine morganatische Ehefrau vor ihm sterben – doch noch eine zweite standesgemäße Ehe eingehen und erbberechtigte Nachkommen zeugen könnte. Das war zwar zugegeben eine sehr theoretische Möglichkeit, aber doch nicht ausgeschlossen. Zudem war es auch in Königshäusern üblich, dass der Thronfolger nur dann den Titel „Kronprinz" führte, wenn er ein direkter Abkömmling des Herrschers war. Es handelte sich in der Frage der Titulatur also um keine Boshaftigkeit Ludwigs, der sich den Hochberg-Kindern gegenüber durchaus anständig verhalten hat. Bereits unmittelbar nach seinem Regierungsantritt hatte er die Brüder zu sich kommen lassen, wie sich Markgraf Wilhelm in seinen „Denkwürdigkeiten" erinnerte: „Der Empfang war sehr herzlich, er legte unsere Hände in die seinigen und sagte, nur durch Einigkeit könnten wir alle bestehen".

Leopold war nun fast 30 Jahre alt, und damit war es eigentlich höchste Zeit, dass er endlich heiratete. Doch das war trotz aller internationalen Anerkennung gar nicht so leicht für einen jungen Mann, über dessen Abstammung nach wie vor noch manche fürstliche Nase gerümpft wurde. Die Wahl, die daraufhin getroffen wurde, war fast schon genial: eine Königstochter und gleichzeitig ein Abkömmling des alten Zähringerstamms – das war eine unschlagbare Kombination, bei der man auch über die eigentümliche Verwandtschaft des Brautpaars hinwegschaute. Prinzessin Sophie von Schweden war eine Tochter König Gustavs IV. Adolph und seiner badischen Frau Friederike, einer Enkeltochter Großherzog Karl Friedrichs. Damit war der Bräutigam zugleich der (Halb-)Großonkel seiner zukünftigen Frau und der (Halb-) Onkel seiner Schwiegermutter. Dennoch lag die Wahl nahe: Gustav IV. Adolph hatte seinen Thron in den napoleonischen Kriegen verloren und war auch nach dem Sturz des Korsen nicht mehr an die Macht zurückgekehrt. Seine Ehe mit Friederike von Baden wurde 1812 geschieden. Seither lebte die schwedische Ex-Königin mit ihren Kindern in ihrer alten Heimat Karlsruhe.

Die Hochzeit von Leopold und Sophie fand am 20. Juli 1819 statt. Im Mittelpunkt der Feierlichkeiten stand die Aufführung der eigens

Großherzogin Sophie (1801–1865) war eine geborene Prinzessin von Schweden; über ihre Mutter Friederike war sie aber auch eng mit dem badischen Herrscherhaus – und damit ihrem Mann, Großherzog Leopold, verwandt. – Ölgemälde von Franz Xaver Winterhalter, 1830. Badisches Landesmuseum Karlsruhe.

zu diesem Anlass komponierten Oper „Berthold der Zähringer", ein weiterer Versuch, sich als legitime Nachfolger dieser im Mittelalter so mächtigen Familie darzustellen. Die Ehe Leopolds und Sophies war, wie üblich, arrangiert: „Die Mutter und Schwestern des verewigten Großherzogs Karl", erinnerte sich Karoline von Freystedt, „fanden einen Trost darin, eine Fürstin ihres Geschlechts die Stelle einnehmen zu sehen, welche sie so ungern einer Fremden überlassen hätten." Aber: „Erfreulicherweise verliebte sich das junge Paar, und die Ehe wurde glücklicher, als dies bei Fürsten gewöhnlich der Fall ist."

Als Leopold 1820 ohne Sophie einen Besuch in Donaueschingen machte, schrieb er von dort einen überaus zärtlichen Brief an seine Frau: „Dir zu schreiben, ist mir wahres Bedürfnis, denn obwohl in Gedanken immer und sogar im Traum bei Dir, ist es doch die einzige Art, mich Dir jetzt mitzuteilen; mit Sehnsucht sehe ich einem Brief von Dir entgegen ... Auf Freitagabend oder Samstagfrüh habe ich meine Abreise angekündigt und freue mich schon herzlich ..., meine innigst geliebte Sophie recht gesund und vergnügt bald an mein Herz drücken zu können ..." Ein „ganz eigenes, schmerzliches Gefühl" sei es, ließ Leopold seine Frau im Postscriptum wissen, „diesmal allein ohne meine liebe Sophie in denselben Zimmern zu wohnen, wo mir so mancher herzliche Kuss von Dir zuteil wurde". Die Liebe beruhte auf Gegenseitigkeit; Sophie nannte den Großherzog „Mutzerle", was fast schon auf eine Biedermeier-Idylle schließen lässt. Acht Kinder wurden dem Paar geboren, als Erstes im Dezember 1820 Alexandrine, im September 1839 als Letzte Cäcilie.

Neuanfang unter liberalen Vorzeichen

Großherzog Ludwig hat seinen Halbbruder Leopold nicht an den Regierungsgeschäften teilhaben lassen. Auch übertrug er ihm nur selten diplomatische Aufträge, wie 1826, als er Zar Nikolaus I. im Namen des Großherzogs zur Thronbesteigung gratulieren sollte (was Leopold natürlich sofort mit einer eingehenden Besichtigung St. Petersburgs verband). Das hatte für Leopold immerhin den Vorteil, dass er nicht mit in die Verfassungskrise hineingezogen und für diese auch nicht mit verantwortlich gemacht wurde – leider aber zugleich den Nachteil, dass nach dem Tod Ludwigs am 30. März 1830 ein unerfahrener Großherzog sein Amt antrat. Er war zwar vielgereist, aber weniger als Diplomat (wie sein Bruder Wilhelm), sondern wie ein moderner Kulturtourist.

Erschwerend kam hinzu, dass dieser Amtsantritt mitten in eine neue europäische Krise fiel. Nach dem Sturz Napoleons waren in Frankreich wieder die Bourbonen an die Macht gekommen. Karl X., der 1824 seinem älteren Bruder Ludwig XVIII. auf dem Thron gefolgt war, versuchte mit einer offen reaktionären Politik das Rad der Zeit zurückzudrehen. In der sogenannten Juli-Revolution wurde er 1830 gestürzt und flüchtete nach England. Sein Nachfolger wurde der „Bürgerkönig" Louis-Philippe von Orléans. Würde auch die Fackel dieser Revolution über den Rhein dringen? War der Liberalismus im Deutschen Bund nicht auch durch die Karlsbader Beschlüsse zurückgedrängt worden – so wie es Großherzog Ludwig in Baden gemacht hatte?

Diese Herausforderungen hätten auch einen erfahreneren politischen Kopf, als es Leopold war, vor große Probleme gestellt. Insofern ist es bemerkenswert, dass der neue Großherzog relativ schnell Nägel mit Köpfen machte. Ein sichtbares Zeichen für den Wandel in der Innenpolitik war die Entlassung der beiden Minister, die für den Konfliktkurs seines Vorgängers mit dem Landtag verantwortlich gemacht wurden: Wilhelm Ludwig Leopold Reinhard Freiherr von Berstett und Karl Christian von Berckheim. Beide mussten noch 1830 ihren Hut nehmen. Noch bemerkenswerter war es fast, wen Leopold zum neuen Innenminister ernannte: Georg Ludwig Winter, der im Landtag von 1819 so offen gegen das Adelsedikt Großherzog Ludwigs zu Felde gezogen war und sich damit dessen offenen Zorn zugezogen hatte. Mit Winter als Innenminister hatte auch die Zeit der Wahlbeeinflussungen ihr Ende.

So nimmt es auch nicht wunder, dass der 1831 gewählte Landtag wieder ein mehrheitlich liberales Gesicht hatte. Zu den Forderungen, die alsbald gestellt wurden, gehörte die Wiederherstellung der Pressefreiheit. Wie sollten der Großherzog und seine Minister darauf reagieren? Mit Ablehnung? Dann konnte der Landtag damit drohen, den Haushalt nicht zu genehmigen. Mit Zustimmung? Das widersprach den Karlsbader Beschlüssen und würde den Widerstand der beiden Vormächte im Deutschen Bund, Österreich und Preußen, hervorrufen. Leopold war dieses Dilemma bewusst; das hatte schon seine Eröffnungsrede in dem neu gewählten Landtag gezeigt: „Durchdrungen von der Heiligkeit meiner Pflichten als deutscher Bundesfürst zähle ich auf Ihre treue Beihilfe zu deren Erfüllung." Die Wiederherstellung der Pressefreiheit gehörte jedoch kaum zu der Art von Beihilfe, die sich Leopold gewünscht hatte. Gleichwohl hielt es Innenminister Winter für die größte Gefahr, wenn gleich der erste Landtag Leopolds im Unfrieden enden würde, und so entschied sich die Regierung, eine Gesetzesvorlage einzubringen, die kleinere Einschränkungen der Pressefreiheit vorsah, im Grundsatz aber den Wünschen des Landtags entgegenkam, der der Vorlage daher auch zustimmte.

Reaktionärer Rückschlag

Die Reaktion ließ nicht lange auf sich warten: Am 28. Juni 1832 beschloss der Bundestag, ein Gesandtenkongress der Mitgliedsstaaten, dass das badische Pressegesetz nicht mit den Gesetzen des Bundes vereinbar sei. Sollte Leopold es riskieren, dass im ärgsten Fall Bundestruppen in Baden einmarschierten? War ihm nicht selbst der Ton in der liberalen Presse zu forsch, zu radikal? Hatte nicht eben erst der Abgeordnete Welcker gefordert, dass der Deutsche Bund, bis dahin ein lockerer Zusammenschluss, in dem die Fürsten dominierten, die „deutsche Nationaleinheit und deutsche staatsbürgerliche Freiheit" verwirklichen sollte. Dem Fürsten Metternich klangen die Ohren, als er hörte, was der Landtag in Karlsruhe da debattierte. Das Großherzogtum Baden, ließ der österreichische Staatskanzler Leopold wissen, „ist die Unruhe in meiner Uhr". Und so bekam der unerfahrene badische Herrscher Angst vor der eigenen Courage und wohl auch Angst davor, dass ihm die Entwicklung entgleiten würde.

Der Retter aus der Not stand schon bereit: Im Juli berief Leopold den alten politischen Haudegen von Reitzenstein, den „Begründer des badischen Staates", aus seinem Heidelberger Pensionärsdasein zurück an die Schalthebel der Macht. Die Sicherheit, die er selbst nicht besaß, erhoffte der Großherzog sich von dem 66-Jährigen, der doch schon seinem Vater so treue Dienste geleistet hatte. Zugleich wusste Leopold, dass Reitzenstein mit der Abschaffung der Zensur nicht einverstanden gewesen war, zugleich aber auch nicht für eine ungezügelt feudale Politik stand. So akzeptierte der Großherzog schließlich den Beschluss des Bundestages, wodurch das liberale Pressegesetz nach nicht einmal einem halben Jahr schon wieder der Vergangenheit angehörte. Auch die Universitäten wurden wieder streng überwacht, liberale Professoren in den Ruhestand versetzt. Derweil versicherte Reitzenstein dem preußischen Gesandten: „Ich werde nicht ruhen, bis der Zügellosigkeit Grenzen gesetzt sind."

Trotz der Wogen, die die Aufhebung des Pressegesetzes ausgelöst hatte und der wohl eher als Beruhigungspille für Preußen und Österreich gedachten Ankündigung des Staatsministers, kam es in der Folge nicht zu der befürchteten völligen Konfrontation zwischen dem Landtag und dem Großherzog bzw. seiner Regierung. Dabei war es das durch Winter und Reitzenstein personifizierte Gleichgewicht der Kräfte, das Baden auf der Bahn hielt. Sogar dem Anschluss Badens an den Deutschen Zollverein unter Preußens Führung stimmte der Landtag am 31. März 1835 mit 44 zu 22 Stimmen zu. Darüber zeigte sich auch Großherzog Leopold erfreut: Er sei „innig überzeugt, dass diese große Nationalangelegenheit und diese Vereinigung die Interessen des Großherzogtums mächtig fördern und dass die Erfahrung auch jene belehren werde, die gegenwärtig noch Zweifel hegen möchten". Diese Zweifel galten weniger dem wirtschaftlichen Nutzen einer solchen Freihandelszone als der Befürchtung, damit auch politisch immer mehr unter preußischen Einfluss zu geraten.

Zwei personelle Veränderungen brachten schließlich die Wende: 1835 folgte auf den gemäßigt reformorientierten Außenminister von Türckheim der bisherige badische Gesandte beim Bundestag, Friedrich Landolin Karl Freiherr von Blittersdorf, der ein strammer Anhänger Metternichs war, und 1838 starb Ludwig Georg Winter. Sein Nachfolger Karl Friedrich Nebenius bemühte sich zwar, Winters Politik des Ausgleichs fortzusetzen, doch zeigte sich bald, dass er gegen Blittersdorf keine Chance hatte, und so resignierte er nach kaum zwei Jahren im Amt. Reitzenstein wiederum war alt und krank, häufiger auf der Kur in Bad Rappenau als bei den Regierungsgeschäften in Karlsruhe anzutreffen. Mit Winters Tod ging die Zeit der „politischen Windstille" in Baden zu Ende.

Großherzog Leopold stand auch schon zuvor im Schatten seiner Minister, doch nach dem Tod Winters und dem weitgehenden Ausfall Reitzensteins geriet er ganz unter den Einfluss Blittersdorfs, der bei jedem Gedanken an Neuerung Gefahr witterte: „Die repräsentative Verfassung hat den Hauptzweck, das Bestehende zu erhalten ... Wenn die Kammern diesen Zweck aus den Augen verlieren und mehr schaffen, neu aufbauen als erhalten wollen, alsdann schwebt der Staat jedes Mal in Gefahr ... Je kleiner der Staat, desto weniger sollte an dem Bestehenden gerüttelt werden." Diese Zeilen schrieb Blittersdorf bereits 1820, doch bildeten sie nach wie vor das Grundgerüst seiner Überzeugung: Selbst der Schein des Mitregierens und Dreinsprechens der Zweiten Kammer in Regierungsangelegenheiten sollte „vermieden oder doch jeder Versuch hierzu entschieden zurückgewiesen werden". Leopold fühlte sich zwar nicht wohl bei der Vorstellung, zu den Methoden seines unbeliebten Vorgängers zurückzukehren, doch unterstützte er schließlich doch, leicht beeinflussbar, wie er war, den Konfrontationskurs, den sein Minister einzuschlagen gedachte.

Die Mittel, mit denen der Landtag gefügig gemacht werden sollte, waren die gleichen wie zwei Jahrzehnte zuvor: So kam es 1841 wieder einmal zu Urlaubssperren für zwei – natürlich liberale – Beamte, die ihr Mandat daraufhin nicht antreten konnten. In einem Manifest rechtfertigte Leopold dieses Vorgehen, sprach darin von der „Verirrung der zweiten Kammer", die aus falsch verstandener Konsequenz an einmal gefassten Beschlüssen festhalte. Die Abgeordneten nahmen diese Ohrfeige jedoch nicht hin und warfen dem Großherzog offen einen Bruch der Verfassung vor. Das wiederum verstörte Leopold zutiefst, der den Landtag daraufhin erwartungsgemäß auflöste und die Abgeordneten nach Hause schickte.

Um bei den auf dem Mai 1842 angesetzten Neuwahlen eine gefügige Zweite Kammer zu bekommen, setzte die Regierung auf das altbewährte Mittel der Wahlbeeinflussung, doch viele Wahlmänner ließen sich nicht einschüchtern, und die Wähler waren politisch mündiger als in den 1820er-Jahren. Auch zeigte sich, dass die liberale Opposition sich als geschlossener Block präsentierte, weit mehr als die Anhänger der Regierung. Und so ging auch dieser Schuss nach hinten los. Der neue Landtag hatte neuerlich ein liberales Übergewicht; nur die Stimmung war aufgeheizter denn je. Friedrich von Weech schreibt in seiner „Geschichte Badens": Die Besuchertribünen seien bei den Sitzungen des Landtags überfüllt gewesen, „zu Verhandlungen, von denen man sich besonders heftige Erörterungen erwartete, kamen Leute aus den entlegensten Gegenden des Landes angereist. In den Sitzungen beteiligte sich das Publikum durch Zeichen des Beifalls und des Missfallens an den Verhandlungen, und ließ der Präsident die Tribünen räumen, so kamen die Zuhörer am nächsten Tage wieder ..."

Es war nicht mehr nur eine kleine Minderheit, die mehr politische Mitsprache einforderte, es waren nicht nur abgehobene Intellektuelle. Die Abgeordneten wurden in ihrem Ringen um größeren Einfluss von der breiten Unterstützung weiter Kreise des Volkes getragen. Als Blittersdorf sich weigerte, weiterhin an Sitzungen der Zweiten Kammer teilzunehmen, sprach ihm diese das Misstrauen aus. Anders als im parlamentarischen System unserer Zeit hatte diese Misstrauenserklärung keine rechtlichen Folgen, doch Leopold scheute vor der völligen Eskalation zurück, von der er keine Lösung der vertrackten Situation mehr erwartete. So entzog er Blittersdorf seinerseits das Vertrauen. Der Minister trat daraufhin im Oktober 1843 von seinem Amt zurück und übernahm wieder seinen alten Posten als Gesandter Badens beim Deutschen Bund. Leopold stand ein solcher Ausweg nicht offen – er stand vor einer fast unlösbaren Aufgabe.

Es ehrt den Großherzog, dass er nun wieder zu den Anfängen seiner Herrschaft zurückzukehren versuchte und gemäßigte Männer in seine Regierung berief, die den Liberalen entgegenkamen, soweit es die Rücksicht auf die konservativen Kräfte im Deutschen Bund eben zuließ. Ein kluger Schachzug war es, den liberalen Abgeordneten Johann Bekk in die Regierung zu holen. Diese Jahre zwischen 1844 und dem Ausbruch der Revolution schienen denn auch zu belegen, dass monarchische Herrschaft und Verfassungsstaat (Konstitutionalismus) miteinander vereinbar waren. Dies hat Leopolds Schwiegersohn, Herzog Ernst II. von Sachsen-Coburg und Gotha, in einem Nachruf zu der durchaus nicht verkehrten Einschätzung gebracht: „Der Großherzog Leopold war eigentlich der erste deutsche Fürst, welcher das ständisch konstitutionelle Regierungswesen ohne Hintergedanken, ohne Umschweife und vor allem mit wirklicher innerer Befriedigung angenommen und zur Durchführung gebracht hat. Mit dieser ihm gleichsam selbstverständlichen, wenn auch in den natürlichen und geschichtlichen Grenzen verstandenen Teilnahme des Volkes an der Gewalt im Staate befreunde er sich nicht vermöge der Vorliebe für eine staatsrechtliche Doktrin, sondern in Folge seiner geradsinnigen und volkstümlichen Denkungsart und seines selbstlosen Wesens."

Doch diese „Grenzen", die dem Herzog so natürlich erschienen,

Großherzog Karl Friedrich in seinem Todesjahr 1811. In seinen letzten Lebensjahren war Karl Friedrich nur noch eingeschränkt regierungsfähig. – Ölgemälde von G. H. Schroeder, 1811. Baden-Baden, Neues Schloss.

Großherzog Karl folgte seinem Großvater Karl Friedrich im Alter von 25 Jahren in der Regierungsverantwortung. – Kolorierter Kupferstich, anonym, nach 1818.

Großherzog Ludwig I. verstand sich vor allem als Soldat. Es fiel ihm schwer, sich in die Abläufe einer konstitutionellen Monarchie einzuordnen. – Ölgemälde von Marie Ellenrieder, um 1827. Privatbesitz.

Bürgerlich und bescheiden trat Großherzog Leopold auf. Der Ausbruch der Revolution von 1848 und die dadurch erzwungene Flucht aus seinem Heimatland haben den Monarchen zutiefst verbittert. – Ölgemälde von Franz Xaver Winterhalter, 1831.

Über ein halbes Jahrhundert lang regierte Großherzog Friedrich I. In dieser Zeit erwarb sich Baden den Ruf eines liberalen Musterlandes. In seiner Außen- und Deutschlandpolitik lehnte sich der Großherzog eng an Preußen an. – Ölgemälde von Hans Thoma, 1901. Baden-Baden, Neues Schloss.

Großherzog Friedrich II., hier auf einer während des Ersten Weltkriegs entstandenen kolorierten Fotografie, setzte die liberale Politik seines Vorgängers fort. Doch konnte auch er 1918 das Ende der badischen Monarchie nicht aufhalten.

Markgraf Karl Ludwig war der älteste Sohn des Markgrafen und späteren Großherzogs Karl Friedrich. Er starb 1801 in Schweden an den Folgen eines Unfalls mit seiner Reisekutsche. – Ölgemälde, Künstler unbekannt, um 1790.

Markgraf Wilhelm von Baden (1792–1859) war ein jüngerer Bruder des Großherzogs Leopold. Seine Memoiren sind eine reiche Quelle für die badische Geschichte des 19. Jahrhunderts. – Lithografie von C. Schultz nach einer Zeichnung von Hähnisch, undatiert.

Prinz Max von Baden (1867–1929) mit seiner Familie. Der letzte kaiserliche Reichskanzler verkündete am 9. November 1918 eigenmächtig die Abdankung Wilhelms II. Prinz Max war ein Cousin Großherzog Friedrichs II. von Baden. – Fotopostkarte der Gebrüder Hirsch, um 1910.

empfanden andere als viel zu eng gefasst. So konnte aufmerksamen Beobachtern nicht entgehen, dass der Ton in der Zweiten Kammer in den 1840er-Jahren immer schärfer wurde. Unter den liberalen Abgeordneten waren nun auch Männer, die radikale Reformen des Staates anstrebten. Zu ihnen gehörte an erster Stelle der 1842 erstmals gewählte Friedrich Hecker.

Kaspar Hauser und andere Sorgen

Das Zusammenspiel von Landtag und Regierung war nicht das einzige Problem, das Leopold zu schaffen machte. Die Ermordung Kaspar Hausers im Dezember 1833 ließ die Gerüchteküche um den geheimnisvollen Jüngling noch einmal kräftig kochen. Es war natürlich zu erwarten gewesen, dass mit dem Finger auf das badische Fürstenhaus gezeigt werden würde. Doch der Bannstrahl traf nicht den Großherzog selbst, sondern seine Frau Sophie, die als Auftraggeberin für den Mord an den Pranger gestellt wurde. Sie soll, soweit die kolportierten Gerüchte, ihrem Mann sogar gestanden haben, dass sie für die Bluttat verantwortlich sei, um das Problem Kaspar Hauser, das wie ein Damoklesschwert über Baden hing, zu lösen. Leopold soll die Tat nicht gebilligt, aber dazu aus Gründen der Staatsräson geschwiegen haben. Doch für dieses Gerücht gibt es keine Beweise, nicht einmal halbwegs nachvollziehbare Indizien. Ebenso muss die Unschuldsvermutung auch für jenen Mann gelten, der die Mordtat ausgeführt haben soll: der badische Major Heinrich von Hennenhofer, der ein Günstling der Markgrafen Karl und Ludwig gewesen war. Nachweislich hat Hennenhofer versucht, das Einsickern von Informationen über Kaspar Hauser in Baden zu verhindern – eine weitergehende Verstrickung des Majors lässt sich jedoch nicht nachweisen. Die Ermordung Kaspar Hausers ist daher bis heute ungeklärt und wird es wohl auch noch lange bleiben.

Als ob dieser Vorwurf nicht genug gewesen wäre, wurde der Großherzogin eine Beziehung mit dem jüdischen Bankier Moritz von Haber unterstellt. Der unvermeidliche Vehse berichtet davon brühwarm, um Haber sogleich mit einem Kübel von Schmutz zu übergießen: „In Karlsruhe war Haber bei allen Ständen verhasst und verwünscht, namentlich wegen seiner spreizenden Hoffärtigkeit … Er wurde deshalb mit allen möglichen Spott- und Schimpfnamen gezeichnet: Man nannte ihn die Pest, die Geißel Badens …“ Weil er eine Hofdame beleidigt haben soll, wurde er 1843 von einem Ball ausgeschlossen. In der

Folge kam es zu einem Duell, bei dem Haber einen Offizier erschoss; das Palais des Bankiers wurde von einem aufgehetzten Mob gestürmt, er selbst von der Polizei in Sicherheit gebracht. Die Anschuldigungen gegen Haber waren zum Teil antisemitisch motiviert, getragen von dem Neid auf einen Emporkömmling. Allerdings hat der Bankier auch selbst einiges zu seinem schlechten Ruf beigetragen, indem er sich gerne mit allem und jedem zerstritt. Sein Einfluss auf die Großherzogin löste allgemein Befremden aus. Auch wenn die weitergehenden Gerüchte noch so hanebüchen waren, mögen sie an den Nerven Leopolds und Sophies gezehrt und die Ehe belastet haben. Jedenfalls trat in den 1840er-Jahren eine spürbare Entfremdung zwischen ihnen ein, die aber natürlich auch andere Gründe gehabt haben kann.

Das Bankhaus Haber geriet 1847/48 ein letztes Mal in die Schlagzeilen: Es machte Bankrott, nachdem ihm seinerseits die Rothschilds einen großen Kredit gekündigt hatten. Dass all jene, die durch diesen Bankenzusammenbruch ihr Geld verloren, noch schlechter auf Haber zu sprechen waren, versteht sich von selbst. Und ihre Wut traf auch jene, denen ein enges Verhältnis zu dem Bankier nachgesagt wurde. Doch die Wut reichte noch tiefer: Haber war auch maßgeblicher Financier der drei größten Industrieunternehmen des Landes gewesen. Nur ein vom Landtag bewilligtes Darlehen rettete die Firmen. Das Argument des Abgeordneten Karl Mathy für diese Unterstützung war einleuchtend: „Die Industrie ist keine undankbare Tochter, sie vergilt die Pflege, die man ihr angedeihen lässt.“ Doch weshalb unterstützte man nur die Großen – und die Kleinen gingen wieder einmal leer aus? Hatte die Missernte des Vorjahres die Menschen nicht schon genug getroffen?

Der Großherzog und die „Stahlrösser“

Um die wirtschaftliche Entwicklung voranzubringen, ging auch unter Großherzog Leopold der Ausbau des Rheins zur Wasserstraße weiter. Und es fuhr der erste Zug in Baden! Nachdem der legendäre „Adler“ bei seiner Fahrt von Nürnberg nach Fürth 1835 gezeigt hatte, dass die „Stahlrösser“ funktionierten, wurde in Baden ein Eisenbahnkomitee gegründet, das die technische und finanzielle Machbarkeit einer Eisenbahnverbindung durch das Großherzogtum prüfen sollte. Großherzog Leopold reiste 1835 eigens nach Nürnberg, um eine Probefahrt mit dem „Stahlross“ zu unternehmen.

Umstritten war, ob die Eisenbahn privat oder von staatlicher Seite finanziert werden sollte. Am 29. März 1838 beschloss der Landtag: „Von Mannheim über Heidelberg, Karlsruhe, Rastatt, Offenburg, Dinglingen und Freiburg bis zur Schweizer Grenze bei Basel wird eine Eisenbahn erbaut, Kehl wird durch eine Seitenbahn mit der Hauptbahn verbunden. Der Bau wird auf Staatskosten ausgeführt." Als erste Verbindung konnte 1840 die Trasse zwischen Mannheim und Heidelberg eingeweiht werden, 1843 folgte die Verbindung zwischen Karlsruhe und Mannheim, 1845 kam der Zug in Freiburg im Breisgau an. Auch die Industrialisierung machte Fortschritte: So entstanden beispielsweise im Wiesental bei Lörrach zahlreiche Baumwollspinnereien und Bandwebereien; auch Papierfabriken siedelten sich am Hochrhein an. In den Gebäuden des Klosters St. Blasien war ebenfalls eine große Baumwollspinnerei eingerichtet worden.

Obwohl protestantisch, verband Leopold ein enges Verhältnis mit den Zisterzienser-Klosterfrauen in Baden(-Baden). Wenn der Großherzog mit seiner Familie in der Stadt weilte, stattete er – bevorzugt an Nachmittagen mit schlechtem Wetter – ihnen einen Besuch ab, der

Blick in die Fürstenkapelle der Zisterzienserinnenabtei Lichtenthal. Hier wurden die Mitglieder der markgräflichen Familie zwischen 1288 und 1424 bestattet. – Aquarell von Johann Stanislaus Schaffroth, 1821.

meist mehrere Stunden dauerte. Als historische Grablege war das Kloster der Säkularisation entgangen, und Leopold war schon vor diesem Hintergrund an guten Beziehungen zu der großherzoglichen Familie gelegen. Gewöhnlich musizierten die Klosterfrauen für den hohen Besucher, im Anschluss daran wurde im Refektorium „ein Imbiss mit Kaffee eingenommen". Für die Kinder des Großherzogspaares gab es Pfeffernüsse.

Förderer der Kunst

Bei dem großen Kunstinteresse Leopolds wäre es fast schon verwunderlich gewesen, wenn er sich als Großherzog nicht auch auf diesem Gebiet engagiert hätte. So übernahm er natürlich bei seinem Regierungsantritt das Protektorat über den Badischen Kunstverein, dem er seit dessen Gründung 1818 angehörte. Im Jahr 1837 beauftragte Leopold den Architekten Heinrich Hübsch mit dem Bau der (heute sogenannten) Staatlichen Kunsthalle, in der die stetig wachsende Kunst-

Die ehemalige Orangerie, erbaut durch Heinrich Hübsch zwischen 1853 und 1857, gehört heute zur Staatlichen Kunsthalle Karlsruhe und beherbergt vor allem deutsche und französische Kunst des 20. und 21. Jahrhunderts.

Den besonderen Reiz des Botanischen Gartens in Karlsruhe machen die von Heinrich Hübsch in der Mitte des 19. Jahrhunderts erbauten Pflanzenschauhäuser aus.

sammlung des Großherzogs ihren Platz finden sollte. Zum Direktor der neuen Galerie ernannte Leopold den Maler Karl Ludwig Frommel, den er bei seiner Italienreise kennen- und schätzen gelernt hatte. Leopold schickte Frommel eigens noch einmal nach Italien, damit er sich dort Galerien anschauen und Anregungen für Karlsruhe sammeln konnte. Der Großherzog selbst unternahm ebenfalls noch einmal eine Reise in sein Traumland Italien. Diese Reise vom 22. Juli bis zum 26. September 1839 führte ihn allerdings nicht mehr so weit in den Süden wie 1816/17. Leopold fuhr entlang des Comer Sees, nach Monza und Mailand, Pavia und Genua. Neben den zahlreichen landschaftlichen Eindrücken galt natürlich ein Hauptinteresse der Kunst und Kultur: Der Dom von Mailand und die Kartause von Pavia beeindruckten Leopold besonders.

Zurück nach Karlsruhe: Der Bau der neuen Kunsthalle im Stil der italienischen Renaissance erstaunte schon die Zeitgenossen im Inneren durch seine gewagten Gewölbekonstruktionen. Zwischen der Kunsthalle und dem Schloss ließ Leopold ebenfalls durch Hübsch die

Orangerie und eine Reihe von Gewächshäusern erbauen. Während diese Bauten heute noch bewundert werden können, fiel das Hof- und Landestheater, der letzte von Leopold in Auftrag gegebene Bau, dem Zweiten Weltkrieg zum Opfer. Allerdings war der Anlass für diesen Bau ein höchst trauriger gewesen: Das alte Hoftheater war am 28. Februar 1847 abgebrannt. Bei dieser Katastrophe kamen 60 Menschen ums Leben.

Doch nicht nur in Karlsruhe entstanden unter der Herrschaft dieses Großherzogs bedeutende Bauten: Von 1839 bis 1842 baute Heinrich Hübsch die Trinkhalle in Baden(-Baden) mit ihrem Säulengang. Das Neue Schloss in Baden(-Baden), das die großherzogliche Familie als Sommerresidenz nutzte, ließ Leopold im Inneren gründlich im Stil der Zeit umbauen. Auch das Casino gab es damals schon, das Besucher aus ganz Europa anzog und der kleinen Stadt ein mondänes Flair verlieh. Zu seinem ganz privaten Refugium ließ sich Leopold das Schloss Eberstein ausbauen. Die ehemalige Burg war 1803 bereits durch Friedrich Weinbrenner in ein neugotisches Schloss umgestaltet worden, Leopold erwarb es 1829.

Im 19. Jahrhundert war Baden-Baden einer der bevorzugten Kurorte des europäischen Hochadels. Die Fotografie zeigt die zwischen 1839 und 1842 von Heinrich Hübsch erbaute Trinkhalle. Im Vordergrund eine Büste Kaiser Wilhelms I.

In seiner Liebe zur Kunst traf sich Leopold mit einem anderen deutschen Monarchen, dem preußischen König Friedrich Wilhelm IV. Zwischen den beiden Herrschern entspann sich ein reger, äußerst freundschaftlicher Briefwechsel. Dabei sparte der Preuße nicht mit Lob für den Großherzog und Baden: „Hinge es von mir ab, ich besuchte gewiss alle Jahre das schöne, herrliche Land, wo ihr Herr und sein Haus uns Preußen wohl will und wo Freundschaftsbeweise keine hohle Form der Konvenienz sind. Wollte Gott, es wäre in ganz Deutschland so." Gemeinsam war Leopold und Friedrich Wilhelm auch die Liebe zum Mittelalter, die sich jeweils in baulichen und denkmalpflegerischen Aktivitäten äußerte. So wie Friedrich Wilhelm das Schloss Stolzenfels am Rhein oder die Burg Hohenzollern auf der Schwäbischen Alb in romantisierender Form wiederherstellen ließ, so tat dies Leopold auf seiner Burg Eberstein in kleinerem Maßstab ebenfalls. Zwar war die Freundschaft zwischen Leopold und Friedrich Wilhelm zunächst eine private. Aber nach dem Beitritt zum preußisch dominierten Zollverein war dies durchaus ein weiterer Schritt auf dem Weg der Annäherung auch zwischen den beiden Staaten. Eine Annäherung, die 1848 eine tragische Wendung nehmen sollte.

„Wenn in Flammen stehen Kirche, Schul und Staat"

Wieder einmal ging die Initialzündung von Frankreich aus: Im Februar 1848 stießen Revolutionäre dort den „Bürgerkönig" Louis-Philippe vom Thron und installierten eine Republik. War das nicht das Zeichen, auch in Deutschland die Fürsten von ihren Sockeln zu holen? Schon 1847 hatten Hecker und der Journalist Gustav Struve die Abschaffung der Monarchie gefordert, doch mit dem in Frankfurt tagenden Vorparlament war dieser Staat nicht zu machen. Und mit dem Karlsruher Landtag ebenfalls nicht: Die gemäßigten Liberalen stellten mit Bekk ein Mitglied der Regierung und konnten sich über deren weites Entgegenkommen in vielen Fragen nicht beklagen, sei es in der Frage der Pressefreiheit, der Gründung von Bürgerwehren oder der Einführung von Schwurgerichten. Also plante Hecker, seine republikanischen Träume auf eigene Faust durchzusetzen. In der blumig-blutigen Sprache des auf ihn gesungenen Hecker-Liedes klang das so:

…

Wenn in Flammen stehen
Kirche, Schul und Staat,
Kasernen untergehen,
Dann blüht unsre Saat.

An den Darm der Pfaffen,
Hängt den Edelmann
Laßt ihn dran erschlaffen,
Hängt ihn drauf und dran

Schmiert die Guillotine,
Mit Tyrannenfett
Reißt die Konkubine,
Aus dem Pfaffenbett

Fürstenblut muß fließen,
Muß fließen stiefeldick
Und daraus ersprießen,
Die rote Republik

|: Ja 33 Jahre
Währt die Knechtschaft schon
Nieder mit den Hunden
Von der Reaktion. :|

Tatsächlich wurde der Hecker-Zug nicht zur Gefahr für die badische Monarchie – und auch nicht für den Großherzog. Hecker war beliebt im Land und ist es bis heute geblieben, doch hatte er den revolutionären Elan der Badener schlicht überschätzt. Es war eine Sache, revolutionär zu reden – doch für die deutsche Republik zu sterben, das stand für viele Familienväter eben auf einem anderen Blatt. Nach zwei Monaten war der Aufstand blutig niedergeschlagen, Hecker floh zuerst in die Schweiz und später in die Vereinigten Staaten. Ein zweiter, von Struve angeführter Versuch, im September 1848 die „Deutsche Republik" auf badischem Boden auszurufen, konnte ebenso rasch im Keim erstickt werden.

Die revolutionäre Bewegung war damit aber noch lange nicht an ihrem Ende angelangt. Im März hatte die Nationalversammlung in der Paulskirche eine Reichsverfassung beschlossen und König Friedrich Wilhelm IV. von Preußen die Kaiserkrone angetragen. Doch der König wollte keine Kaiserkrone von „Volkes Gnaden", und die Reichsverfassung hatte bei den meisten deutschen Fürsten ebenso wenig eine Chance. Dies gab den radikalen Kräften neuerlichen Auftrieb; daran änderte auch die Anerkennung der Reichsverfassung in Baden am 10. Mai 1849 letztlich nichts mehr. Nur zwei Tage später brach der Sturm los. Der in Offenburg tagende Landeskongress der badischen Volksvereine forderte „unverzüglich" die Auflösung des Landtags, den Rücktritt der Regierung, die sofortige Volksbewaffnung und die Freilassung aller politischen Gefangenen (sprich der inhaftierten Revolutionäre). Diese Forderung lehnten der Großherzog und seine Regierung ab; Leopold wollte sich von keiner Volksversammlung sagen lassen, was er zu tun und zu lassen hatte. Offenbar schätzte er die Stimmung in seinem Land falsch ein, denn nun brachen alle Dämme. In Offenburg waren inzwischen Zehntausende von Menschen zusammengeströmt; bald erreichte die Landesversammlung die Nachricht, dass die Soldaten in Rastatt gegen ihre Offiziere meuterten. In den folgenden Tagen sprang der revolutionäre Funke auf alle wichtigen Garnisonen des Großherzogtums über. Nicht zum großen Teil unerfahrene und schlecht bewaffnete Freischärler wie unter Hecker und Struve, sondern ausgebildete Soldaten sollten der Erhebung zum Durchbruch verhelfen, zuerst in Baden und dann in ganz Deutschland: „Die deutschen Fürsten haben sich zur Unterdrückung der Freiheit verschworen und verbunden; der Hochverrat an Volk und Vaterland liegt offen zu Tage … Die Deutschen befinden sich also im Stande der Notwehr; sie müssen sich verbinden, um die Freiheit zu retten; sie müssen dem Angriffe der fürstlichen Rebellen den bewaffneten Widerstand entgegen setzen." Mit dieser Erklärung der Landesversammlung muss auch Leopold endgültig klar geworden sein, dass er in seinem eigenen Land nicht mehr sicher war – die Rebellen stempelten ihn, den Fürsten, zum Rebellen …

Da auch die Soldaten in Karlsruhe rebellierten, verfügte Leopold kaum noch über reguläre Truppen, die ihn hätten schützen können. Einzig die Karlsruher Bürgerwehr (!) schloss sich den Revolutionären nicht an. Überhaupt war die revolutionäre Stimmung in Karlsruhe sehr viel gedämpfter als in Offenburg, Rastatt oder Mannheim. Zu viele Menschen lebten in der Residenzstadt vom Hof und dessen Aufträgen. Das mag in diesen Momenten für Leopold allerdings nur ein schwacher Trost gewesen sein.

Jedenfalls sah der Großherzog keine andere Möglichkeit, als Hals über Kopf mitten in der Nacht aus seinem eigenen Land zu fliehen. Es war ein demütigender Abgang, der den „Bürgerfreund" zutiefst verstört

Karikatur auf die überstürzte Flucht des Großherzogs Leopold in der Revolution von 1849. Nur mühsam kann sich der Monarch auf seinem Wappentier, dem Greif, halten; die Krone rutscht ihm vom Kopf.
Der Korb mit den Champagnerflaschen deutet auf die dem Großherzog unterstellte Liebe zum Alkohol.

hat. Leopold hatte nie ein besonders großes Selbstbewusstsein gehabt; nun war er völlig verunsichert und am Boden. Die Republikaner sparten nicht mit Häme: Auf einer Karikatur reitet er auf einem Greif, dem badischen Wappentier, sitzend eilends davon; seine Krone fällt ihm dabei fast vom Kopf. Auf dem Schoß trägt er einen Korb mit Champagnerflaschen, eine angedeutete rote Nase unterstellte ihm, allzu gern und zu tief in das Glas zu blicken, „während manch' Bäuerlein des Schwarzwaldes nichts zu beißen und zu nagen hatte“. In einem Flugblatt musste sich Leopold als „gekrönte Schlafmütze“ und „fürstlicher Wollüstling“ titulieren lassen. Und „Großherzog“, diese Zeiten waren aus der Sicht der Republikaner auch passé: Für sie war der einstige Landesherr nur noch der „Bürger Leopold Zähringen“, so wie die französischen Revolutionäre einst Ludwig XVI. zum „Bürger Louis Capet“ gemacht hatten.

In dem sogenannten Hof-Tagebuch wird anschaulich geschildert, wie sich die Ereignisse an diesem 13. Mai 1849 immer mehr aufgeschaukelt haben: „Von heute Abend sechs bis halb neun Uhr wohnten Seine Königliche Hoheit der Großherzog und Ihre Großherzogliche Hoheiten die Herren Markgrafen Wilhelm und Maximilian im Haus des Staatsrats Bekk einer Staatsratssitzung bei. Schon um sieben Uhr bemerkte man an der Mannschaft in der Kaserne, dass großes Unglück bevorstehe ... Um acht Uhr gingen sämtliche Offiziere in die Kaserne, um die Mannschaft zurechtzuweisen, was aber durch die Trunkenheit der Soldaten unmöglich war ... Gegen neun Uhr war die Unordnung so groß, dass sie die Requisiten und Fenster der Kaserne demolierten, auch wurde aus den Zimmern geschossen. Gleich nach neun Uhr vermehrte sich das Unglück und brach zu einem Straßenkampf aus. Gegen zehn Uhr wurden Seine Königliche Hoheit der Großherzog aus der Sitzung beim Staatsrat Bekk abgeholt und nachdem der Generalmajor und Stadtkommandant Schwartz Seiner Königlichen Hoheit gemeldet hatte, dass die Infanterie, Kavallerie und Artillerie seinen Befehlen nicht mehr gehorchen, sind Seine Königliche Hoheit der Großherzog mit Höchstdessen Familie um zehn Uhr durch den Fasanengarten, über Graben, Germersheim nach Lauterburg, einige Tage später nach Hagenau und von da in die Gegend bei Koblenz abgereist ..." Ursprünglich hatte der Großherzog – wie passend für einen bürgerfreundlichen Großherzog – mit dem Zug aus Baden abreisen wollen, doch war die Eisenbahntrasse in der Nähe des Schlosses Gottesaue, wo eine Lokomotive bereitstand, bereits von den Aufständischen blockiert. So musste Leopold auf einem Kanonenwagen fliehen.

In einer „Amtlichen Erklärung" betonten die Mitglieder des Großherzoglichen Staatsministeriums kurz vor ihrem eigenen Abgang, dass „nur der größte Drang der Umstände, die Schlag auf Schlag sich folgenden Ereignisse, der Abfall eines Teils der großherzoglichen Truppen von ihrer Fahnentreue ..., die ungesetzlichen Beschlüsse einer Volksversammlung in Offenburg und die daraus unmittelbar bestehenden Gefahren eines bewaffneten Zuzugs nach Rastatt und Karlsruhe, endlich die ganz unerwartete Meuterei eines Teils der hiesigen Truppen" den Großherzog dazu bewogen hätten, „seine Residenz auf kurze Zeit zu verlassen, um sich ... an den Sitz der provisorischen Zentralgewalt nach Frankfurt zu begeben."

Die erste Enttäuschung bereitete Leopold dort der Erzherzog Johann von Österreich, den die Frankfurter Nationalversammlung 1848 zum Reichsverweser gewählt hatte. Soldaten? Da konnte der Österreicher nur milde lächeln; er verfüge über „kein einziges Regiment", ließ er Leopold wissen. Wer sonst außer Preußen, dessen König ihm doch freundschaftlich verbunden war, konnte dem Großherzog nun wieder zurück an die Macht verhelfen? In dieser Haltung wurde Leopold von seinem Bruder Maximilian bestärkt, der es verstand, „diesen gebeugten und von Haus aus unentschiedenen Herrn auf die richtige Bahn zu leiten". Schon auf der Festung Ehrenbreitstein bei Koblenz habe er „auf der unbedingten Hingebung an Preußen bestanden", so der preußische Jurist und Staatsmann Karl Friedrich von Savigny. In Berlin nahm man die Einladung, in Süddeutschland einzugreifen, gerne an. Erst jetzt wollte auch die Nationalversammlung in Frankfurt dem Großherzog unter die Arme greifen, österreichische Soldaten könnten eingreifen. Tatsächlich nahmen später auch andere Bundestruppen an der Besetzung Badens teil, die jedoch völlig im Schatten der preußischen Übermacht standen. Am 3. Juni kündigte Leopold von Frankfurt aus den Einmarsch preußischer Truppen in Baden an.

Rückkehr mit preußischen Soldaten

Nach der Flucht des Großherzogs hatte in Karlsruhe der Landesausschuss der Volksvereine die Regierungsgewalt übernommen. An dessen Spitze stand Lorenz Brentano, ein Jurist, der Abgeordneter der Frankfurter Nationalversammlung gewesen und Anfang 1849 zum Bürgermeister von Mannheim gewählt worden war. Unter den radikalen Demokraten gehörte Brentano zu jenen, die das Maß für das Machbare nicht verloren, doch die Zeit der Worte war vorüber, kaum dass Brentanos Regierung sich etabliert hatte. Zwar wurde am 3. Juni noch eine verfassunggebende Versammlung gewählt und eine von der parlamentarischen Mehrheit getragene Regierung bestimmt, doch nur zwei Wochen später musste er für jene das Feld räumen, die keinerlei Verhandlungen mit dem geflohenen Großherzog und dessen Regierung wollten. Wie die Bevölkerung über die Ereignisse gedacht hat, ist schwer einzuschätzen. Von einer einmütigen Unterstützung kann aber wohl nicht die Rede sein. Ein hoher badischer Verwaltungsbeamter meinte gar, feststellen zu können: „Die Stimmung der Bevölkerung des Großherzogtums im Allgemeinen ist gegen die Revolutionäre; sie wird aber durch Terrorismus niedergedrückt; ich habe nirgends eine Begeisterung für den Aufstand wahrnehmen können …“

Klar war, dass nun die Waffen die Entscheidung bringen mussten. An der Spitze der revolutionären Truppen stand Franz Sigel, ein ehemaliger Leutnant, und nach dessen Verwundung Ludwik Mieroslawski, ein polnischer Freischärler. Dieser war zwar kampferprobt, doch konnte er letztlich nicht ausgleichen, dass es in den Reihen der Aufständischen an erfahrenen Offizieren mangelte, und noch viel weniger konnte er gegen die drückende zahlenmäßige Übermacht der preußischen Invasionstruppen unter dem Befehl des Prinzen Wilhelm, des späteren Kaisers, ausrichten. Dennoch war die erste Niederlage der Aufständischen bei Waghäusel am 21. Juni 1849 höchst unglücklich. In der Folge besetzten preußische und andere Bundestruppen große Teile des Landes, allen voran die Haupt- und Residenzstadt Karlsruhe, in die

Am 23. Juli 1849 kapitulierten die letzten Revolutionäre in Rastatt. Die zeitgenössische Darstellung zeigt die Übergabe der Festung „auf Gnade oder Ungnade" an die preußischen Bundestruppen. – Kolorierte Lithografie aus dem Bilderbogen „Entwaffnung der Insurgentenbesatzung von Rastatt", 1849.

Prinz Wilhelm von Preußen am 25. Juni einzog – unter dem Jubel der Bevölkerung; nicht für alle Badener war er der verhasste Kartätschenprinz. In Freiburg bewarfen „Damen den Prinzen mit Blumen und wehten mit Tüchern aus den Fenstern". In dem in den vergangenen Jahren zur Festung ausgebauten Rastatt verschanzten sich die letzten, gut 5500 Soldaten der Republik. Nach drei Wochen kapitulierten die Eingeschlossenen am 23. Juli 1849. Über 30 Todesurteile wurden in den folgenden Wochen nach standrechtlichen Verfahren vollstreckt, Hunderte warteten hinter Gefängnismauern auf ihren Prozess.

Am 18. August 1849 kehrte Großherzog Leopold in Begleitung des Prinzen Wilhelm nach Karlsruhe zurück. In der Residenzstadt, dessen Bürger die Revolution weitgehend als Zaungäste und mit wenig Begeisterung verfolgt hatten, wurde er mit lautem Jubel empfangen, die Kirchenglocken läuteten, die Straßen waren mit Girlanden geschmückt. Vor dem Einzug in sein Schloss dankte Leopold in der evangelischen Stadtkirche „dem Allmächtigsten für den Sieg des Rechts". Doch der Großherzog war nicht mehr der gleiche Mann wie wenige Wochen zuvor. Zurückhaltend, fast scheu war er schon immer; doch nun fühlte er sich – trotz des freundlichen Empfangs – allein. Heiter wurde er allenfalls noch, wenn er jenen Landeskindern seinen Dank aussprach, die sich der Revolution bewusst verweigert hatten, allen voran der Karlsruher Bürgerwehr, die seine Flucht gedeckt und den Angriff der Revolutionäre auf das Karlsruher Zeughaus zurückgewiesen hatte. Für jene, die ihm den Weg zurück auf den Thron freigekämpft hatten, stiftete er am 29. August den „Orden der Treue“.

In den drei Jahren, die ihm noch blieben, kann kaum von einer Regierung Leopolds mehr die Rede sein. Die badische Armee wurde aufgelöst und unter preußischer Führung komplett neu aufgebaut. Überhaupt entschied die preußische Besatzungsmacht bis zu ihrem Abzug über Wohl und Wehe Badens. Die Geister, die der Großherzog selbst und aus eigenem Antrieb gerufen hatte, wurde er nicht mehr los. Er hatte dazu weder die Kraft noch den Willen, wusste er doch auch, dass es vor allem preußische Bajonette gewesen waren, die ihn zurück auf den Thron gebracht hatten. Der 1848 geschasste Blittersdorf brachte die Dinge in einem Brief an den preußischen Politiker Karl Friedrich von Savigny auf den Punkt: „Soll der Großherzog und seine Dynastie im Lande Wurzeln fassen, so muss er seine Regierung durchaus aufs Neue beginnen, und er darf keine seiner alten Traditionen beibehalten.“ Wer künftig das Sagen im Großherzogtum haben sollte, bekannte Savigny in einem anderen Schreiben ganz offen: „Als der Zweck unserer Intervention in Baden war stets festgehalten, dass es in unserem Interesse liege, in diesem Lande eine kräftige, unserem Einfluss unterliegende Regierung aufzurichten“. Das bedeutete: Absage an jegliche Spielart des liberalen Regiments, und in der Tat waren die letzten Jahre der Herrschaft Leopolds von einer restriktiven Innenpolitik gekennzeichnet.

Durch ihr rigides Auftreten machten sich die preußischen Soldaten (insgesamt rund 80 000 Mann) in Baden wenig Freunde; sie verbreiteten Angst, denn viele Familien waren von der Revolution und deren Unterdrückung unmittelbar betroffen. Im „Badischen Wiegenlied“ reimte sich das so: „Schlaf mein Kind, schlaf leis; dort draußen geht der Preuß'! Deinen Vater hat er umgebracht, deine Mutter hat er arm gemacht; und wer nicht schläft in stiller Ruh, dem drückt der Preuß' die Augen zu.“ Doch waren die Revolutionäre an der Eskalation selbst nicht unschuldig gewesen: Mit der Verweigerung jeglicher Verhandlungen haben auch sie die militärische Option gewählt und waren damit, wie schon Hecker und Struve 1848, gescheitert. Leopold fühlte sich unter dem preußischen Schutz nach wie vor „wohl und sicher“;

sein Gefühl „innigster und dankbarster Anhänglichkeit an Preußen" war groß und von den Ereignissen „nicht erschüttert".

Am 24. April 1852 starb Großherzog Leopold von Baden im Alter von nicht einmal 62 Jahren als gebrochener Mann nach kurzer, schwerer Krankheit, wohl einer von der Gicht ausgelösten Entzündung. „Sanft und stille" sei das „allmähliche Erlöschen seiner Lebensflamme" gewesen. Beigesetzt wurde Leopold, wie sein Vorgänger, in der evangelischen Stadtkirche von Karlsruhe. Und wie dieser wurde er 1945 in das Mausoleum im Fasanengarten umgebettet.

Der Herrscher, der keiner war

Großherzog Ludwig II.

(1824–1858)

Sechs Jahre lang war Ludwig II. Großherzog von Baden, von 1852 bis 1858. Doch hat er seine Regierung niemals angetreten. Es wird immer als Schwäche von Monarchien bezeichnet, dass Herrscher, die offensichtlich nicht in der Lage sind, ihr Amt auszuüben, gleichwohl den Thron besteigen, weil es die sakrosankte Erbfolge so wollte. Allerdings war diese Schwäche insofern beherrschbar, dass an die Stelle eines solchen Königs oder eben Großherzogs ein Regent trat, der faktisch die Aufgaben des Herrschers übernahm.

Großherzog Ludwig II. von Baden wurde am 15. August 1824 geboren. Als „talentvoll und viel versprechend" wurde der Junge beschrieben, allerdings auch als sehr nervös und leicht erregbar – Vorboten der späteren Krankheit? Zusammen mit seinem zwei Jahre jüngeren Bruder Friedrich erhielt er eine höchst moderne Erziehung. Reisen nach Oberitalien und in die Niederlande brachten Abwechslung in den Alltag der Geschwister. Im September 1842 musste Ludwig seine erste diplomatische Mission bestehen: Sein Vater sandte ihn als offiziellen Vertreter seines Hauses zur Grundsteinlegung für den Weiterbau des Kölner Doms durch König Friedrich Wilhelm IV. von Preußen. Ludwig „vollzog seinen Auftrag mit großer Gewandtheit und vielem Geschick".

Den Duft der großen, weiten Welt schnuppern sollten die beiden scheinbar unzertrennlichen Brüder in der Weltstadt Wien, nicht mehr im vergleichsweise kleinen und republikanischen Lausanne, wie die Großherzöge Karl Friedrich und Leopold. Vom Dezember 1842 bis zum Mai 1843 lernten Ludwig und Friedrich die wichtigsten Männer der Metropole des Habsburgerreichs kennen; begeistert sogen sie das pulsierende großstädtische Leben in sich auf. Getrübt wurde der Wien-Aufenthalt allerdings von einer schweren Erkrankung Friedrichs.

Ein Herz und eine Seele waren die Markgrafen Ludwig und Friedrich, die beiden ältesten Söhne des Großherzogs Leopold nicht nur auf dieser romantischen Lithografie von 1841. Ludwig wurde zwar 1852 nominell Großherzog, doch war er zu diesem Zeitpunkt bereits schwer erkrankt, sodass Friedrich für ihn die Regentschaft übernahm.

Natürlich zusammen nahmen die beiden Prinzen nach der Rückkehr von Wien ihr Studium an der Universität Heidelberg auf. Doch bald zeichneten sich erste Hinweise auf eine für alle Beobachter völlig unerklärliche Wesensveränderung Ludwigs ab. Als die ältere Schwester Alexandrine im Dezember 1843 Ludwig zum ersten Mal nach längerer Zeit wieder sah, war sie entsetzt: Ihm fehle „jede frohe Heiterkeit, der Jugend schönstes Erbteil". In seinen Jugenderinnerungen deutet der spätere Großherzog Friedrich zart an, dass sein Bruder die Freiheit in Heidelberg etwas zu sehr genossen hat, übertriebene Gerüchte darüber nach Karlsruhe gelangt seien und dadurch „Misshelligkeiten zwischen meinen Eltern und ihm entstanden sind“. Diese Differenzen hätten einen Grad erreicht, „der auf das ganze Wesen und Empfinden meines Bruders die nachhaltigsten Folgen zu äußern begann. Dadurch wurde die letzte Zeit unseres Heidelberger Aufenthalts sehr beeinträchtigt.“

Krankheit zwischen Hoffen und Bangen

Zu Hause in Karlsruhe besserte sich die Verfassung Ludwigs wieder, und um ihm eine Freude zu machen, erlaubten die Eltern dem Erbgroßherzog „im Interesse weiterer Fortbildung und freierer Geistesentwicklung“ einen längeren Aufenthalt in England. Über Brüssel und Antwerpen, wo er von dem belgischen König Leopold I. freundlich empfangen wurde, reiste der junge Badener im Mai 1845 per Schiff weiter nach Brighton. Schon in Belgien hatte ihm eine schwere Erkältung zu schaffen gemacht; in Brighton gab auch sein Allgemeinzustand wieder zu Besorgnis Anlass. Seine Stimmung schlug von einer Sekunde zur anderen in ihr Gegenteil um, „innere Stimmen“ suchten den Kranken heim. An eine Weiterreise nach London war nicht mehr zu denken. In Karlsruhe konstatierten die Ärzte eine „schwere Störung des ganzen Nervensystems“, doch die Einweisung in eine Klinik kam aus politischen Gründen – immerhin war Ludwig der Thronfolger – nicht infrage. Die Krankheit entwickelte sich in Schüben, sodass zwischenzeitlich immer wieder Hoffnung aufkeimte. Im Winter 1845/46 konnte er sogar wieder an den Verhandlungen der Ersten Kammer des Landtags (deren Mitglied er ja war) teilnehmen.

Alle nur erdenklichen Kuren sollten eine weitere Besserung bringen: zunächst im heimischen Baden(-Baden), danach (im Sommer 1846) im belgischen Ostende. Doch nach wenigen Tagen verfiel Ludwig schon wieder in das nächste Tief. Um seine Stimmung zu heben, wurde ihm darauf sogar ein Herzenswunsch erfüllt: Er durfte nach Südfrankreich und Italien reisen; das milde Klima sollte ihn von seinen trüben Gedanken abbringen. Bis nach Neapel führte ihn die Reise, doch am Wechselbad seiner Gefühlswelten änderte sich nichts. Die Wirren der Revolution von 1848/49 machten schließlich allen Beteiligten klar, dass ein Mann, dessen Krankheit immer schlimmer zu werden drohte, nicht imstande war, das badische Staatsschiff zu lenken.

Nach dem Tod seines Schwiegervaters Leopold wurde Herzog Ernst II. von Sachsen-Coburg und Gotha die undankbare Aufgabe zuteil, seinem Schwager Ludwig klarzumachen, dass er nun zwar Großherzog war – aber nicht regieren würde. Umso überraschter war er, einen höchst einsichtigen Kranken zu treffen: „Er war sich seines höchst unglücklichen Zustandes bewusst, hatte (trotz der wirren Wahnbilder, die ihn verfolgten) ganz klare Vorstellungen über denselben und täuschte sich nicht einen Augenblick darüber, dass er die Regierung nicht werde führen können. Meine Verhandlung mit dem bedauernswerten jungen Fürsten war unter diesen Umständen die denkbar leichteste. Er nahm den Titel des Großherzogs an und bestieg als Ludwig II. den Thron, trat dann aber die Regierung sofort seinem jüngeren Bruder Friedrich in Form einer Regentschaft ab. Er vollzog selbst den Akt der Übertragung der Regierungsrechte." Zu den „wirren Wahnbildern", die Ludwig verfolgt haben, soll auch Kaspar Hauser gehört haben. Jedenfalls behauptete Lady Marie Hamilton, eine der Töchter der Großherzogin Stéphanie, dass Ludwig ihr gegenüber „unter der heftigsten Gemütsregung" geäußert habe, man solle „die Geschichte von Kaspar Hauser ihm aus dem Kopf nehmen, dann würde er gesund". Lady Hamilton, die sich offiziell in Sachen Kaspar Hauser eher bedeckt gab, äußerte im privaten Gespräch mehrfach die Vermutung, dass dieser tatsächlich ihr Bruder gewesen sei. Insofern konnte ihre Aussage über Ludwig auch nur dazu gedient haben, diesem Gerücht neue Nahrung zu geben.

Die freiwillige Übertragung der Macht durch Ludwig war für das Großherzogtum Glück im Unglück. Denn damit blieb Baden der schwierige Akt erspart, einen Herrscher von Ärzten regierungsunfähig erklären zu lassen – mit allen Wirren, die damit hätten verbunden sein können. Man denke nur an das Drama um den Namensvetter des Großherzogs, Ludwig II. von Bayern. Nach der Erbprinzenlegende um Kaspar Hauser und die das Land erschütternden Ereignisse der Revolution hätte ein solches Verfahren das badische Herrscherhaus erneut in die (negativen) Schlagzeilen gebracht und womöglich seinen Ruf weiter beschädigt. So aber kamen die Geschicke Badens in deutlich ruhigeres Fahrwasser.

Eine Tragödie blieb die Krankheit, die sich immer weiter verschlimmerte, natürlich für Ludwig II. selbst. In einem kleinen Palais im Karlsruher Erbprinzengarten (später Nymphengarten/Friedrichsplatz) verbrachte er seine von zunehmender Schwermütigkeit verdüsterten Tage. Am 22. Januar 1858 starb der Großherzog, der nie einer war – und es erlosch, wie sein Bruder Friedrich schrieb, „ein armes Leben voller Unglück und Leiden".

Der ewige Landesvater

Großherzog Friedrich I.

(1826–1907)

Wenn Großherzog Karl Friedrich der Begründer des modernen badischen Staates war, so kann sein Enkel Friedrich als dessen Vollender gelten. In seiner langen Herrschaft wurde Baden zum liberalen Musterland Deutschlands, das aber außenpolitisch zugleich eng mit Preußen verbunden geblieben ist und dessen Landesherr sich mit Vehemenz für die Gründung des deutschen Kaiserreichs eingesetzt hat. Seine Überzeugung, dass der auf einer Verfassung gründende Staat die beste Grundlage für das politische Leben bot, hat er auch durch die Revolution von 1848 nicht verloren: „Deutschland will und kann nichts anderes wollen, als was einstimmig die Organe des Volkes in allen Ständekammern zum leitenden Grundsatz erheben, es will die konstitutionelle Monarchie, die Staatsform, welche unstreitig unter allen Staatsformen die beste, die glücklichste ist." Es ist bezeichnend, dass eine der ersten Amtshandlungen seiner Regierungszeit die Aufhebung des seit 1849 geltenden Kriegsrechts war.

Zwar musste sich Friedrich keiner Revolution erwehren, doch hat die innenpolitische Auseinandersetzung der liberalen Regierung mit den Protagonisten der katholischen Kirche in Baden eine außergewöhnliche Schärfe erreicht, die nicht zuletzt so gefährlich war, weil zwei Drittel der Einwohner Badens mittlerweile Katholiken waren. Für die Liberalen waren die romtreuen Katholiken Ewiggestrige, die ihre Befehle von jenseits der Berge erhielten – weshalb sie als „Ultramontane" beschimpft wurden. Inmitten dieser unvereinbaren Positionen musste sich Friedrich als Landesherr aller Badener bewähren.

Erziehung zur Selbstständigkeit

Friedrich wurde am 9. September 1826 in Karlsruhe geboren. Damals regierte noch Großherzog Ludwig; erst 1830 folgte ihm sein Halbbruder, Friedrichs Vater Leopold, auf dem großherzoglichen Thron. Friedrich wuchs zusammen mit seinem älteren Bruder Ludwig auf, zuerst im Markgräflichen Palais am Rondellplatz, nach dem Regierungsantritt seines Vaters im Karlsruher Schloss – und den anderen Residenzen im Land, die der Großherzog von Zeit zu Zeit aufsuchte, allen voran dem Neuen Schloss in Baden(-Baden), dem Schloss Favorite bei Rastatt oder Schloss Eberstein über dem Tal der Murg. Als Erzieher wählte Friedrichs Mutter Sophie „den Lehrer ihrer eigenen Jugend“: den Theologen Karl Friedrich Rinck. Bis zur Konfirmation Friedrichs 1841 war er für dessen Erziehung verantwortlich. Er hat deren Grundzüge in zwei bemerkenswerten Denkschriften beschrieben. Manches gehörte zum üblichen Fürstenkanon, anderes war außergewöhnlich und schlug sich später im Charakter seines Schützlings markant nieder: So war die Erziehung zur Selbstständigkeit eines der Hauptziele Rincks; Friedrich sollte selbst „zu denken lernen, anstatt sich vordenken zu lassen“. Und aus gutem Grund lehrte er Friedrich, „zudringliche Kriecherei und schamlose Unterwürfigkeit“ zu verachten. Dass bei den Fremdsprachen auf Französisch Wert gelegt wurde, war auch nach den Befreiungskriegen gegen Napoleon nichts Besonderes, zumal für einen badischen Prinzen. Doch gleich danach kam Englisch an die Reihe. Natürlich sollte Friedrich ein gepflegtes Deutsch sprechen, aber zugleich wollte Rinck die „alemannische Mundart“ besonders berücksichtigt wissen. Schriftliche Übungen in Latein oder Griechisch fand Friedrichs Erzieher unwichtig; ganz anders Mathematik und Naturkunde – moderne Fächer, die nutzbringend angewandt werden konnten.

Der Tagesablauf war streng geregelt, das Pensum enorm: „Im Sommer begann unsere Arbeit nach einem kurzen Spaziergang um sieben Uhr, im Winter um acht Uhr morgens. Um ein Uhr vereinigten wir uns mit Erzieher und Erzieherin zum Essen. Nachmittags von zwei bis vier Uhr konnten wir uns im Freien bewegen. Hierauf wurde der Unterricht bis um sieben Uhr, an einigen Tagen bis acht Uhr abends fortgesetzt, worauf wiederum gemeinsam zu Nacht gegessen wurde. Um neun Uhr mussten wir dann regelmäßig zu Bett, einige warme Sommerabende ausgenommen, an denen noch ein Abendspaziergang eingeschaltet wurde.“ Mit seinen Eltern verband Friedrich ein herzliches Verhältnis.

Vor allem in den ersten vier Jahren, in denen der Vater noch keine Regierungsverantwortung trug, entspann sich im Markgräflichen Palais ein ungezwungenes Familienleben.

Nach Leopolds Regierungsantritt begleiteten Ludwig und Friedrich ihren Vater bei seinen offiziellen Reisen durch ganz Baden – von Mannheim bis an den Hochrhein. Gerade weil es keine gewachsene Einheit war, waren diese Besuche wichtig. Friedrich gewann daraus bereits früh eine gute Kenntnis der geografischen und wirtschaftlichen Situation des Landes. Aufregender aber war es für den jungen Badener, als er zusammen mit seinem Bruder Ludwig, den Vater im Jahr 1839 auf seiner Reise nach Oberitalien begleiten durfte.

Einen längeren Aufenthalt legte die Reisegesellschaft in Innsbruck ein, wo das österreichische Regiment in Garnison lag, dessen nomineller Chef Großherzog Leopold war. Den badischen Prinzen blieb von dem Aufenthalt vor allem die Aufführung eines volkstümlichen Theaters im Gedächtnis: „Einfache Bauern führten ein Ritterstück auf, dessen Inhalt im Grunde recht tragisch war, das aber durch die Spielweise und den Tiroler Dialekt, in dem gesprochen wurde, gerade bei den rührsamsten Stellen so unwiderstehlich komisch wirkte, dass die Zuschauer mit lautem Jubel klatschten. Nach altem Brauch wurde die Verbindung zwischen den einzelnen Akten und Szenen dadurch hergestellt, dass ein geflügelter Engel in rosafarbenem Gewande, einen Palmzweig schwingend, vor dem geschlossenen Vorhang auf- und abging und in den schauderhaftesten Reimen die Fabel des Stückes erzählte … Wir beiden Brüder sahen mit steigendem Interesse das ganze Stück von Anfang an, während mein Vater mit seinen Gästen erst gegen Ende ankam."

Nach der Besichtigung der Innsbrucker Sehenswürdigkeiten ging es über den Brenner weiter nach Brixen und über den Comer See weiter nach Mailand: „Besonders häufig besuchten wir dort den herrlichen Dom und bestiegen ihn auch bis zu seiner höchsten Spitze, obwohl diese damals noch nicht ganz fertig gebaut war. Die Fernsicht war unbeschreiblich schön und großartig, besonders auf die Alpenkette mit dem weit hervorragenden Monte Rosa." Natürlich besuchten die Badener auch eine Aufführung in der berühmten Mailänder Scala. Der weitere Verlauf der Reise führte nach Pavia und Genua, wo die Badener drei Wochen blieben, wegen der großen Sommerhitze aber weniger Besichtigungen unternahmen, stattdessen anderen Vergnügen frönten: „Am Meeresstrand wurden die Seebäder genommen und zwar ohne alle Vorrichtung, sodass bei stärkerem Wellenschlag Stricke mitgenommen und am Ufer befestigt wurden, um sich sicher den Wellen hingeben zu können." Für die Rückreise wurde eine andere Route als bei der Hinreise ausgewählt: über Bellinzona und den Gotthard, Luzern und Zürich. Bei Waldshut betraten der Großherzog und seine Sprösslinge wieder badischen Boden.

Die am 24. April 1841 gefeierte Konfirmation bedeutete einen tiefen Einschnitt im Leben Friedrichs. Anstelle seines bisherigen Lehrers Rinck übernahm nun der Großhofmeister von Berckheim die Leitung der Erziehung. Die Kindheit war für den 15-Jährigen damit zu Ende. Als Leutnant trat er nur zwei Tage nach seiner Konfirmation in die badische Armee ein. Dies war nicht nur ein formaler Akt; Friedrich musste mit exerzieren, die Schlosswache stellen und an Manövern teilnehmen. Wäre alles in normalen Bahnen verlaufen, wäre die militärische Laufbahn wohl ohnehin seine Bestimmung als jüngerer Bruder des Thronfolgers gewesen. Abwechslungen in den Dienstalltag brachte im Sommer eine Reise nach Scheveningen, wo Großherzog Leopold „zum Gebrauche von Seebädern" weilte. Erstaunt darüber, wie sauber es in den holländischen Städten war, notierte Friedrich: „Kommt man am Samstag in einen Ort, so trifft man die gesamte Bevölkerung auf den Beinen und mit der Reinigungsarbeit beschäftigt. So fanden wir in Rotterdam die Straßen derart mit Wasser überschwemmt, dass es uns unmöglich war, trocken nach dem Gasthof zu kommen; fast vor jedem Haus befanden sich Leute, welche die Außenseiten dermaßen mit Handspritzen bespülten, dass man glauben mochte, es regne in Strömen."

Ehe Friedrich und Ludwig an der Universität Heidelberg ihre Studien aufnahmen, sollten sie noch einmal eine Reise unternehmen dürfen, um sich auf dem gesellschaftlichen Parkett noch besser bewegen zu lernen. Über Stuttgart und München, wo natürlich den Königshöfen ein Besuch abgestattet wurde, ging es weiter nach Wien, dem eigentlichen Ziel der Reise. Schon am ersten Tag wurden sie dort „mit althergebrachtem Zeremoniell" von Kaiser Ferdinand empfangen. Gab schon dieser Empfang Grund zum Staunen, umso mehr noch der Neujahrstag, an dem es vor glänzenden Livreen nur so wimmelte: ungarische Magnaten, „wirkliche Heiducken", die kaiserliche Garde mit Hellebarden und Seitengewehr, die Mitglieder der italienischen Nobelgarde mit ihren goldbestickten roten Waffenröcken … Die jungen Badener kamen aus dem Schauen gar nicht mehr heraus.

Doch nur wenige Tage nach diesem Fest „verspürte ich die Anfangssymptome einer Erkrankung" – Friedrich hatte Typhus, und das war im

19. Jahrhundert nichts weniger als lebensbedrohlich. Tatsächlich nahm die Krankheit einen so heftigen Verlauf, dass der Prinz schon aufgegeben wurde. Doch nach drei Wochen machten sich erste Zeichen einer Besserung bemerkbar, und die Ärzte erklärten „die Krisis für überstanden". Und so konnte Friedrich, zusammen mit seinem Bruder Ludwig, wieder eintauchen in das glanzvolle Wiener Hofleben und von einem glanzvollen Empfang zu einem noch glanzvolleren eilen. Ausführlich hat Friedrich auch kirchliche Hochfeste beschrieben, die er in Wien erlebt hat, allerdings ohne einen Kommentar aus der Sicht des Protestanten dazu abzugeben. Kritisch äußert sich Friedrich in seinen Jugenderinnerungen zu der innenpolitischen Lage des Kaiserreichs, wobei fraglich ist, wie viel daran spätere Erkenntnis ist. Anfang Juni 1843 traten die Brüder wieder die Heimreise an. Friedrich zog ein positives Fazit der langen Reise: „Der Umgang mit vielen Persönlichkeiten von verschiedenster Art und zum Teil hervorragender Bedeutung sowie der Einblick in völlig fremde Verhältnisse waren wohl geeignet, unseren Gesichtskreis zu erweitern, unseren Anschauungen des öffentlichen und staatlichen Lebens neue Richtung zu erschließen, uns manche Befangenheit, wie sie gar leicht in kleinen Verhältnissen entsteht, zu benehmen und Anregung für weitere Studien zu gewähren." Und diese weiteren Studien führten Friedrich und Ludwig nun an die Universität nach Heidelberg.

Der Heidelberger Student

Am 12. Juli 1843 begannen die Brüder ihr Studium. Natürlich kamen Friedrich und Ludwig nicht allein nach Heidelberg, sondern wurden von einem ganzen Mitarbeiterstab begleitet. Wie bei Fürstensöhnen üblich, stand nicht ein Fach im Mittelpunkt, sondern es wurde ein möglichst breites Wissen angestrebt. Dabei gab es für die Prinzen zum Teil privaten Unterricht, zum Teil hörten sie aber auch öffentliche Vorlesungen: Zivil- und Strafrecht, Nationalökonomie, Finanzwissenschaft, Geschichte (wobei die Französische Revolution einen Schwerpunkt bildete!), Literatur, Physik, Mathematik, Statik, Geometrie. Trotz dieses immensen Programms, manchmal „bis tief in die Nacht", hatten Friedrich und Ludwig wenigstens ab und an „die Möglichkeit, die schöne Umgebung von Heidelberg zu Pferd und zu Wagen zu durchstreifen, eine willkommene Bewegung bei der sonst ziemlich angestrengten sitzenden Lebensweise." Gerne machten die Brüder Ausflüge ins nahe Mannheim, wo sie die verwitwete Großherzogin Stéphanie besuchten, von der sie stets freundlich empfangen wurden; die Witwe des Großherzogs Karl hatte ganz offensichtlich keinerlei Ressentiments gegenüber diesen jungen Sprösslingen aus der Hochberger Linie. Da sie sich selbst sehr für Geschichte interessierte, veranstaltete Stéphanie mit ihren Besuchern „liebenswürdige Examen" und fragte sie nach den gerade studierten geschichtlichen Ereignissen.

Zu den Vorlesungen kamen in Heidelberg noch gesellschaftliche Verpflichtungen, welche die Brüder schlecht ausschlagen konnten, ohne als unhöflich zu gelten; allerdings „hatten wir manchmal Mühe, das Studium mit den vielen Einladungen aller Art zu vereinigen". Doch manchmal konnten sie auch das Nützliche mit dem Angenehmen verbinden. Besonders engen Kontakt unterhielt Friedrich zu dem Historiker Friedrich Christoph Schlosser: „Dieser pflegte in freundlicher Weise die Geselligkeit, indem er über irgendeinen bedeutsamen Abschnitt der Geschichte aus dem Schatz seines Wissens in Gesprächsform erzählte."

Wichtig für die Ausbildung von Friedrichs politischen Überzeugungen wurde der Historiker Ludwig Häusser, der den Prinzen mit der Gedankenwelt des Aufklärers Immanuel Kant vertraut machte und von den Vorteilen einer konstitutionellen, also auf einer Verfassung basierenden, Monarchie überzeugte. Häusser war kein Gelehrter im Elfenbeinturm, sondern leitete die Redaktion der liberalen „Deutschen Zeitung" und wurde im Krisenjahr 1848 in die Zweite Kammer des badischen Landtags gewählt. Den Revolutionären schloss er sich allerdings nicht an, da er Gewalt zur Durchsetzung politischer Ziele strikt ablehnte. Veränderungen sollten auf dem Boden der Verfassung vonstatten gehen; eine Ansicht, die er seinem fürstlichen Schützling gleichfalls einimpfte. Und wenn Friedrich die deutsche Einheit (in ihrer kleindeutschen Variante) mehr als alle anderen deutschen Fürsten tatsächlich gewünscht und angestrebt hat, dann hatte Häusser auch zu dieser Überzeugung einen Gutteil beigetragen.

Knapp zwei Jahre lang blieben Friedrich und Ludwig in Heidelberg; am 27. März 1845 „trennten wir uns mit wahrem Schmerz von dieser uns lieb gewordenen Stätte und den vielen dort gewonnenen Freunden". Friedrich blieb den beiden Universitäten seines Landes auch später als Großherzog eng verbunden. Nach Abschluss seiner Heidelberger Studien setzte Friedrich seine militärische Ausbildung in Karlsruhe fort. Trotz seiner Erkrankung war Ludwig nach wie vor Erbgroßherzog, und Friedrich sollte sich daher auf eine militärische Laufbahn vorbereiten. Immerhin durfte er im Sommer 1845 seinen Vater zu einem Besuch bei dem preußischen König Friedrich Wilhelm IV. begleiten – allerdings nicht nach Berlin, sondern nach Schloss Stolzenfels am Rhein, wo der „Romantiker auf dem Königsthron" seinen Traum vom Mittelalter verwirklicht hatte. Auf dem Rückweg besuchten sie den österreichischen Staatskanzler von Metternich auf dessen Schloss Johannisberg im Rheingau. Sowohl mit dem preußischen König als auch mit Metternich sprach Großherzog Leopold über „politische Tagesfragen". Dabei war Friedrich ein aufmerksamer Zuhörer: „Bemerkenswert für die Auffassungen, welchen mein Vater sowohl auf Stolzenfels wie auf Johannisberg begegnete, war, dass man an beiden Orten als bestes Mittel zur Bekämpfung der politischen Bewegung der 40er Jahre Repressivmaßregeln in Aussicht nahm. Insbesondere Fürst Metternich wollte von Reformen nichts wissen ..."

Auf dem gesellschaftlichen Parkett durfte sich Friedrich noch einmal bei einem Besuch in Coburg im August 1845 üben. Herzog Ernst II. von Sachsen-Coburg und Gotha war verheiratet mit Friedrichs Schwester Alexandrine. Ernsts Bruder Albert wiederum war der Gemahl der englischen Königin Victoria, die damals zu einem Besuch in Coburg weilte. Natürlich wollte sich die nähere und weitere Verwandtschaft diese Chance nicht entgehen lassen und eilte – wie Friedrich mit seinem Vater – in die fränkische Residenz, um der Monarchin die Ehre zu erweisen und ein wenig von ihrem Glanz abzubekommen. Im Gefolge der Königin war auch „ein Prinz von der Insel Java, ein ausgezeichneter Maler, mit welchem ich noch lange Jahre nachher in Verbindung blieb".

Noch einmal wollte Friedrich an einer Universität studieren, dieses Mal ohne große Begleitung und sich öfter unter die anderen Studenten mischend, „um etwas mehr wahre Menschenkenntnis zu erlangen". Seine Wahl fiel auf Bonn, wo er im Winter 1847 sein Studium aufnahm. Wieder hörte er rechts- und geschichtswissenschaftliche Vorlesungen. Doch lange sollte er nicht in Bonn bleiben können; der Ausbruch der Revolution führte ihn zurück nach Baden und in den Militärdienst. Immerhin genügte die Zeit, um in näheren Kontakt mit dem Staatsrechtler Friedrich Christoph Dahlmann zu treten – ein Dozent mehr, der Friedrich auf betont liberalen Kurs brachte. Dahlmann war ursprünglich Professor in Göttingen gewesen, dort aber des Landes verwiesen worden, nachdem er vehement gegen die Aufhebung der Verfassung im Königreich Hannover protestiert hatte. 1848 gehörte er zu den Autoren der sogenannten Paulskirchen-Verfassung.

Persönlich enttäuscht war Friedrich darüber, dass auch die Karlsruher Garnison 1849 zu den Revolutionären übergelaufen ist. Ihm selbst gelang es, am 13. Mai 1849 durch eine beherzte Flucht in letzter Minute aus Baden zu fliehen. In Frankfurt beschwor der österreichische Bevollmächtigte Graf Rechberg den Prinzen, „seinen Vater von dem preußischen Bündnisse abzubringen, welches seinem Hause unfehlbar den Untergang bereite. Österreich bürge für Badens Zukunft". Doch Friedrich ließ sich nicht gegen seinen Vater ausspielen. „Rot vor Wut" wurde er gar, als Rechberg ihn dazu aufforderte, Großherzog Leopold zur Abdankung zu bewegen. Österreich werde dann ihn, den Prinzen Friedrich, als Regenten anerkennen.

Friedrich war klar, dass der Weg zurück aus eigener Kraft nicht zu schaffen war. Nachdem sein Vater sich entschieden hatte, seinen Thron hauptsächlich mit preußischer Truppenhilfe gegen die Revolution zurückerobern, hielt er loyal zu ihm. Dennoch war Friedrich insgeheim sogar ein bisschen stolz darauf, dass die Soldaten der badischen Republik sich teuer verkauften: „Bei all der Schande und Pein, welche ich durch die rebellischen Soldaten in letzter Zeit erleben musste, muss ich doch gestehen, dass ich nun sehr froh bin zu hören, dass sich diese Leute wenigstens teilweise tüchtig schlagen und mit einer gewissen Konsequenz ihre verräterische Rolle zu Ende spielen."

Regent für den erkrankten Bruder

Die immer weiter fortschreitende Erkrankung seines Bruders machte immer offensichtlicher, dass Friedrich seinem Vater folgen würde. Als dieser im Februar 1852 schwer erkrankte, wurde denn auch ihm – und nicht Ludwig – die Stellvertretung übertragen. Dies war gewissermaßen das Vorspiel für den Ernstfall, der am 24. April 1852 eintrat: Mit dem Tod Leopolds übernahm Friedrich die Regentschaft, auch wenn sein älterer Bruder nominell Großherzog war und zumindest de jure nicht ausgeschlossen wurde, dass er eines Tages die Regierung übernehmen könnte. Darauf wies Friedrich selbst in seiner ersten Proklamation nach dem Tod des Vaters hin: „Wir haben ..., durch unser Recht und unsere Pflicht dazu berufen, die Regierung des Großherzogtums Baden mit allen der Souveränität innewohnenden Rechten und Befugnissen bereits angetreten und werden sie an der Stelle unseres innigst geliebten Herrn Bruders führen, bis es der Gnade des Allmächtigen gefällt, ihn von seinen schweren Leiden wieder zu befreien." Zwar übernahm Friedrich die konservative Regierung seines Vorgängers, doch setzte er mit der Aufhebung des Kriegszustandes noch 1852 ein erstes, versöhnliches Zeichen.

Überall im Land fanden nach dem Tod Großherzog Leopolds, wie von der Regierung angeordnet, Trauergottesdienste statt – doch nur in den evangelischen Gotteshäusern. Der Freiburger Erzbischof Hermann von Vicari untersagte den Priestern seiner Erzdiözese, Seelenämter, sprich Heilige Messen, für den Verstorbenen zu feiern; einzig Trauerpredigten mit einigen Gebeten waren gestattet. Nicht weil er Leopold nicht geschätzt hätte; ganz im Gegenteil. Doch der Großherzog blieb auch nach seinem Tod ein Protestant, der außerhalb der allein selig machenden Römischen Kirche stand. Vicari handelte gemäß einer päpstlichen Anweisung, konnte also gar nicht anders, selbst wenn dies in der Praxis zuvor anders geübt worden sein mag. Der Streit darüber war ein Vorgeschmack auf kommende Auseinandersetzungen zwischen Staat und katholischer Kirche in Baden. Denn dass eine Institution die Anordnungen einer anderen Stelle – des Papstes in Rom – höher einstufte, als die des Landesherrn, war ein nach wie vor ungelöstes, grundsätzliches Problem. Die Stellung der katholischen Kirche im Land bedurfte dringend einer Klärung.

Die Katholiken begehren auf

Staatsminister Friedrich Adolf Klüber forderte zwar wie seine liberalen Vorgänger die Unterordnung der katholischen Kirche unter den Staat, sah in ihr aber auch eine Stütze gegen Revolution und Umsturz. Vor diesem Hintergrund hatte es Klüber nicht nur hingenommen, dass für den verstorbenen Großherzog Leopold keine Seelenämter gelesen wurden, sondern auch, dass jene Geistlichen, die sich der bischöflichen Anordnung widersetzt hatten, zu Strafexerzitien im Priesterseminar von St. Peter im Schwarzwald verdonnert worden waren. Die katholische Kirche hatte nach dem Schlag der Säkularisation wieder an Selbstvertrauen gewonnen und war durch innere Reformen gefestigt. Der Freiburger Erzbischof Hermann von Vicari war zwar schon fast 80 Jahre alt und galt allgemein als gutmütig, doch war er ein standhafter Vertreter kirchlicher Interessen. Sein Ziel war die Unabhängigkeit der Kirche von allen staatlichen Eingriffen. Doch das war in Baden besonders schwer, denn kaum ein anderer Gliedstaat des Deutschen Bundes hatte eine so rigide staatliche Kirchenaufsicht wie das Großherzogtum.

Ein steter Dorn im Auge des Freiburger Erzbischofs war der Katholische Oberkirchenrat, eine staatliche Behörde, der „die Oberaufsicht über die Amtsführung der katholischen Geistlichen in allen den Staat berührenden katholischen kirchlichen Sachen, die Wahrung der landesherrlichen Rechte in katholischen Kirchensachen gegen Eingriffe fremder geistlicher Gewalten, die Erhaltung der katholischen Geistlichkeit in den derselben vom Staat angewiesenen Schranken" oblag. Zudem sollte der Oberkirchenrat darauf achten, „dass durch katholische Einrichtungen nichts geschehe, was den Grundsätzen des Staates und einer wahren, religiösen Aufklärung hinderlich ist". Um diese Aufgaben leisten zu können, wurden alle kirchlichen Besitzstände unter staatliche Oberaufsicht gestellt.

Seit 1850 hatten Kirchenvertreter mehrfach vergeblich versucht, Änderungen zu erwirken. Auf diesen aufgestauten Frust machte einer der profiliertesten und schärfsten Vertreter eines ultramontanen, konservativen Katholizismus, Heinrich Bernhard von Andlaw, den Regenten bei einem Besuch am 2. Dezember 1852 aufmerksam: Als Friedrich ihm vorhielt, dass die Kirche einfach nehme und nicht auf das Geben warten wolle, antwortete Andlaw, der Mitglied der Ersten Kammer des badischen Landtags war, dass man seit langem umsonst um das gebeten habe, was der Kirche von Rechts wegen gebühre. Doch nach welchem Recht, mochte Friedrich darauf fragen.

Vielleicht ermutigt von der zögerlichen Haltung der Regierung in der Frage der Trauerfeiern für den verstorbenen Großherzog Leopold, ignorierte der Freiburger Erzbischof die Kompetenzen des Oberkirchenrats in der Folge schlicht, ja verbot den Pfarrern seiner Diözese den Kontakt mit dessen Mitgliedern, und zog sich damit den Unmut des Regenten zu. Um sich einen größeren Rückhalt zu sichern, traf sich der Freiburger Metropolitan mit den anderen Bischöfen der Oberrheinischen Kirchenprovinz. Dabei setzte sich vor allem der Mainzer Oberhirte von Ketteler für eine kämpferische Haltung ein, um die „schutzlose Kirche gegen den ungläubigen, unchristlichen Bürokratismus" zu verteidigen.

Der Streit eskalierte, als die Regierung am 7. November 1853 einen Regierungsspezialkommissar einsetzte (den Freiburger Stadtdirektor Burger), ohne dessen Zustimmung keine bischöfliche Verordnung mehr umgesetzt werden durfte. Damit wurde der Erzbischof quasi unter Vormundschaft gestellt. Doch Vicari schlug nur eine Woche später zurück und exkommunizierte sowohl den Staatskommissar als auch sämtliche Mitglieder des Oberkirchenrats. Die Pfarrer hatten nun die Qual der Wahl: Verlasen sie den Hirtenbrief Vicaris, mussten sie mit staatlicher Repression rechnen, verlasen sie ihn nicht, traf sie die Ungnade ihres Bischofs. Heinrich Bernhard von Andlaw nahm in einem offenen Brief an den Regenten, der von zahlreichen Repräsentanten des katholischen Lebens unterzeichnet war, kein Blatt vor den Mund: „Wir vernehmen, dass überall im Land fromme Geistliche in Gefangenschaft gehalten und zur Strafe verurteilt werden, nicht eines Vergehens wegen, sondern weil sie ihren von Gott eingesetzten Oberen Eid und Treue halten. Wir vernehmen, dass unser hochwürdigster Herr Erzbischof ... der Gegenstand heftigster Angriffe ist, ja, dass man ihn als einen Aufwiegler darzustellen versucht." Fast schon süffisant erinnerte Andlaw den Regenten daran, dass Vicari „in den Stürmen von 1848 und 1849 bei seiner Herde mit Gefahr seines eigenen Lebens" ausgeharrt habe, „um mit dem Hirtenstab sie gegen einbrechende Wölfe soviel als möglich ... zu schirmen." Eindringlich beschwor er Friedrich, „gegen gewissenhafte Eidestreue und Pflichterfüllung nicht die Strafe des Verbrechens zu verhängen".

In dieser verfahrenen Lage verwies Vicari auf den Papst als höchste kirchliche Instanz. Friedrich und seine Regierung gingen auf diesen Hinweis ein und strebten nun eine Übereinkunft mit dem Heiligen Stuhl an, in der alle strittigen Fragen geklärt, die Rechte von Staat und Kirche in Baden gegeneinander abgegrenzt werden sollten. Für die heikle Mission wählte der Regent einen engen persönlichen Vertrauten aus, den Grafen Carl Theodor von Leiningen-Billigheim.

Derweil schaukelten sich die Wogen im heimischen Baden immer weiter hoch. Da entschloss sich die Regierung zu einem spektakulären Schritt: Sie ließ gegen den Erzbischof von Freiburg ein Verfahren wegen „Störung und Gefährdung der öffentlichen Ruhe und Ordnung" einleiten und ihn am 22. Mai 1854 in seinem eigenen Palais festsetzen, wo er von Gendarmen bewacht wurde. Daraufhin brach die Kurie alle Verhandlungen ab, und in den streng katholischen Gebieten des Großherzogtums kam es zu tumultuarischen Szenen; in einigen Gemeinden des Odenwalds und im Taubertal konnte die Lage nur durch das Eingreifen des Militärs wieder unter Kontrolle gebracht werden. Nach den schwierigen Jahren der Revolution und Nachrevolutionszeit und seiner eigenen, nicht dauerhaft geklärten Position als Regent musste Friedrich, der mit einem solchen Erdbeben wohl nicht gerechnet hatte, an einer Deeskalation gelegen sein. Der Hausarrest Vicaris wurde aufgehoben, der Staatskommissar zurückgezogen, die Verhandlungen in Rom wurden wieder aufgenommen. In einer Art Burgfrieden warteten beide Seiten deren Ausgang ab.

Der gescheiterte Ausgleich

Die Verhandlungen erwiesen sich als schwierig und zogen sich über Jahre hin. In diesen Jahren fanden in Baden jedoch ganz entscheidende politische Weichenstellungen statt. Zunächst nahm Friedrich am 5. September 1856 den Titel des Großherzogs an. Zu diesem Schritt verleitete ihn wohl nicht allein die Erkenntnis, dass sein Bruder niemals regierungsfähig werden würde, sondern vor allem der Wille, die eigene Macht auf eine unangreifbare Basis zu stellen. Vor allem aber sah Baden die Rückkehr der Liberalen zur Vormacht in der Zweiten Kammer des Landtags. Da die Liberalen stets entschiedene Verfechter des Staatskirchensystems gewesen waren, konnte ihr Widerstand gegen die Verhandlungen mit Rom eigentlich nicht überraschen. Doch noch amtierte in Karlsruhe eine konservative Regierung, die davon ausging, dass für den Abschluss einer solchen Konvention mit dem Heiligen Stuhl die Zustimmung der Ständevertretung nur für jene Detailvereinbarungen erforderlich sei, die bestehenden Gesetzen widersprachen. Keinesfalls aber sollte sich der Landtag grundsätzlich mit der Materie befassen.

Und so erfuhr die Öffentlichkeit am 16. Dezember 1859 durch eine entsprechende Veröffentlichung im Großherzoglich Badischen Regierungsblatt vom Abschluss der Verhandlungen: „Wir haben uns bewogen gefunden, zur Regelung der Angewohnheiten der katholischen Kirche in unserem Großherzogtum mit dem päpstlichen Stuhle Verhandlungen pflegen zu lassen, und es ist unter dem 28. Juni des Jahres eine Vereinbarung zustande gekommen, welcher wir in Anbetracht, dass die durch die der katholischen Kirche eingeräumte größere Selbstständigkeit in der Leitung ihrer Angelegenheiten unser unveräußerliches Schutz- und Aufsichtsrecht nicht beeinträchtigt (wird), unsere höchste Genehmigung erteilt haben."

Doch was beinhaltete diese Konvention? Sie brachte zwar nicht die Aufhebung des Staatskirchensystems, doch erweiterten die Vereinbarungen den Spielraum der katholischen Kirche beträchtlich, sei es bei der Besetzung von Pfarrerstellen, dem Recht, im Einvernehmen mit der Regierung religiöse Orden ins Land zu holen, der Disziplinargewalt über die Geistlichen, der Aufsicht über den Religionsunterricht in den Schulen und der theologischen Fakultät der Universität Freiburg sowie bei der Verwaltung des Kirchenvermögens. Nur wenn die Kirche Besitz verkaufen wollte, sollte sie fortan noch die staatliche Erlaubnis dafür einholen müssen. In Freiburg war der greise Erzbischof selig darüber, dass er diesen Tag noch erleben durfte und pries den Landesherrn in einem Hirtenbrief.

Doch wenn Friedrich gehofft hatte, dass die Angelegenheit damit erledigt wäre, dann hatte er sich getäuscht – wie seine ganze Regierung. In Durlach beklagten sich alsbald Protestanten bei einer Zusammenkunft über die vermeintliche Bevorzugung der Katholiken, und im Landtag läuteten die Wortführer der Liberalen Sturm, für die der Staat das Maß aller Dinge war, der keine Institution neben sich dulden durfte. Zu diesen gehörte auch Friedrichs alter Dozent Ludwig Häusser, der sogar eine Denkschrift gegen die Konvention verfasste; ein Umstand, der den Großherzog besonders beeindruckt haben mag. Ebenso, dass auch liberale Katholiken wie der frühere badische Gesandte in Berlin, Freiherr Franz von Roggenbach, die Konvention ablehnten. Eindringlich machte Roggenbach, der wie Friedrich in Heidelberg studiert hatte, in einem Brief an diesen klar: „Diese Konvention ist unmöglich ... Dieselbe kann nicht ausgeführt werden. Wenn Eure Königliche Hoheit dieselbe rechtskräftig werden lassen, so brechen Sie mit einem Akt alle Möglichkeit hinter sich ab, jemals wieder eine gesetzliche Regierung in diesem Land führen zu können. Sie betreten einen Boden rechtsverletzender Tatsachen, die sich endlos fortspinnen müssen, bis in ihnen alle Rechtsordnung in wechselseitigem Parteikampf untergegangen sein wird."

Schließlich beschloss die Zweite Kammer des Landtags, „das ohne Vorbehalt der ständischen abgeschlossene Vertragswerk für die Regierung und für das Land nicht als rechtsverbindlich abgeschlossen zu erkennen und ... an den Großherzog die Bitte zu richten, die Verordnung ..., welche die päpstliche Bulle und die in diese aufgenommene Vereinbarung mit dem heiligen Stuhle vom 28. Juni 1859 enthält, mit letzterer außer Wirksamkeit zu setzen, bzw. nicht in Wirksamkeit treten zu lassen." 45 Abgeordnete stimmten diesem Antrag zu, nur 15 dagegen.

Die Regierung versuchte nun, die Konvention gegen alle Widerstände durchzusetzen und die Bitte des Landtags zu ignorieren. Doch das war mit Friedrich nicht zu machen; ein solches eigenmächtiges Vorgehen hätte seiner Vorstellung von konstitutioneller Herrschaft widersprochen. Nicht zuletzt unter dem Einfluss Roggenbachs setzte der Großherzog, nachdem er noch juristischen Rat eingeholt hatte, die Konvention nicht in Kraft – und noch mehr: Er entschied sich, Nägel mit Köpfen zu machen und enthob den leitenden Minister Franz von Stengel und den Außenminister Wilhelm Rivalier von Meysenbug am

2. April 1860 ihrer Ämter. An ihre Stelle traten der bisherige Oberhofrichter Anton von Stabel und August Lamey. Stabel war Mitglied der Ersten Kammer des Landtags und stand dort an der Spitze der liberalen Fraktion, Lamey war 1859 in die Zweite Kammer gewählt worden; während des Streits um die Konvention hatte er sich sehr deutlich gegen größere Zugeständnisse an die Kirche gewandt. Vor allem die Oberaufsicht über die theologische Fakultät der Universität ging ihm gegen den Strich: „Kaum der Vormundschaft entlassen, will die Kirche schon die Wissenschaft bevormunden". Mit dieser Regierungsumbildung war die Zeit der Restauration in Baden zu Ende. Und noch ein bisschen mehr: Dass die liberale Parlamentsmehrheit nun auch in einer entsprechenden Regierung ihren Ausdruck fand, wurde oft als erster Schritt auf dem Weg hin zu einer parlamentarischen Demokratie bezeichnet. Allerdings ist dies in der Forschung nicht unwidersprochen geblieben. So wurde etwa die Regierung nach wie vor vom Großherzog bestimmt und nicht vom Landtag gewählt. Auch wurde darauf hingewiesen, dass der später so einflussreiche Roggenbach sich etwa in seiner nationalen Politik weniger auf den Landtag als auf sein Vertrauensverhältnis zum Großherzog gestützt habe.

Friedrich war sich der Brisanz der Lage bewusst: Auf der einen Seite die enttäuschten romtreuen Katholiken, auf der anderen die triumphierenden Liberalen. Der Großherzog musste einen Weg finden, die aufgerissenen Gräben wieder zuzuschütten, ohne von seinen Grundsätzen abzuweichen. Friedrich gelang dieses Kunststück in seiner berühmt gewordenen Oster-Proklamation vom 7. April 1860. Darin stellte er zunächst fest, dass er die Konvention nicht in Kraft gesetzt habe, weil dies „einen verhängnisvollen Verfassungsstreit zwischen meinen Ständen und meiner Regierung" hätte befürchten lassen. Es liege auch im Interesse der katholischen Kirche, dass ein solcher Streit vermieden worden sei. Nach wie vor sei es auch sein „entschiedener Wille, dass der Grundsatz der Selbstständigkeit der katholischen Kirche in Ordnung ihrer Angelegenheiten zur vollen Geltung gebracht werde". Friedrich strebte nun allerdings an, die künftige Stellung der Kirche nicht mehr durch einen Vertrag mit dem Heiligen Stuhl zu klären: „Ein Gesetz unter dem Schutz der Verfassung stehend, wird der Rechtsstellung der Kirche eine sichere Grundlage verbürgen. In diesem Gesetz und den darauf zu bauenden weiteren Anordnungen wird der Inhalt der Übereinkunft seinen berechtigten Ausdruck finden. So wird meine Regierung begründeten Forderungen der katholischen Kirche auf verfassungsmäßigem Weg gerecht werden." Am Ende rief Friedrich die

Badener dazu auf, „alle Trennung zu vergessen, damit unter den verschiedenen Konfessionen und ihren Angehörigen Eintracht und Duldung herrsche, wie sie die christliche Liebe uns alle lehrt."

In Freiburg und Rom stieß die Proklamation des Großherzogs erwartungsgemäß nicht auf Zustimmung. Der Erzbischof und der Beauftragte der Kurie, Kardinalstaatssekretär Antonelli, vertraten die Auffassung, dass die Konvention abgeschlossen und damit rechtskräftig sei, der Beschluss des Landtags ohne Belang. Der Kardinal lehnte gar eine staatliche Einmischung in kirchliche Angelegenheiten grundsätzlich ab. Friedrich reagierte mit einem in Ton und Inhalt harschen Brief an Vicari: „Wer sich über das Gesetz erhebt und das Oberhaupt des Staates nicht mehr als alleinigen Ausfluss der Souveränität anerkennt, der entzieht sich freiwillig des wohltätigen Schutzes der Staatsverfassung und kann nicht beanspruchen, dass ihm eine Mitwirkung bei der Regelung irgendwelcher Fragen eingeräumt werde."

Die neue Regierung ließ sich von dem kirchlichen Protest nicht beirren; in bemerkenswerter Geschwindigkeit arbeitete sie an einem Gesetzentwurf; schon am 22. Mai 1860 legten sie ihn der Zweiten Kammer des Landtags vor, die dem Werk mit großer Mehrheit ihre Zustimmung gab. Dieses Gesetz sah vor, dass die Kirche ihre inneren Angelegenheiten weitgehend selbst regeln durfte, allerdings unter der Oberaufsicht des Staates. Dies betraf auch die Besetzung kirchlicher Ämter. Der bisher – rein staatliche Oberkirchenrat – wurde durch den katholischen Oberstiftungsrat ersetzt, dem staatliche *und* kirchliche Vertreter angehörten. Dieser war künftig für die Verwaltung des kirchlichen Vermögens zuständig. Unter dem Strich war dieses Ergebnis für die katholische Kirche nicht einmal schlecht; zumindest war es eine Verbesserung ihrer bisherigen Stellung im Staat. An dieser Einsicht kam letztlich auch Erzbischof Vicari nicht vorbei; im November 1861 anerkannte er das Gesetz unter Vorbehalt. Schwer aufgestoßen dürfte dem Erzbischof allerdings sein, dass gemischt-religiöse Ehen künftig von jedem Bürgermeister vollzogen werden durften und in der Frage der Schulaufsicht eindeutig festgestellt wurde: „Das öffentliche Unterrichtswesen wird vom Staat geleitet; andere Unterrichts- und Erziehungsanstalten stehen unter der Aufsicht der Staatsregierung." Der Großherzog und seine neue liberale Regierung hatten sich durchgesetzt. Doch der liberale Umbau des Staates war noch lange nicht abgeschlossen. Und dass Friedrich auf diesem Weg weiter gehen wollte, stand außer Frage.

Schulterschluss mit Preußen

Eine Weichenstellung von zukunftsweisender Bedeutung war auch die Ernennung Franz von Roggenbachs zum Außenminister im Jahr 1861. Roggenbach stand für eine Politik der konsequenten Anlehnung an Preußen und damit einer kleindeutschen Lösung der nationalen Frage unter Ausschluss Österreichs. Wie weit Roggenbach dabei gehen wollte, zeigt ein Brief, den der Politiker bereits 1849 geschrieben hatte, der aber nach wie vor Gültigkeit besaß: Für den Fall, dass Preußen „früher oder später bereit sein sollte, die Leitung der deutschen Angelegenheiten in die Hand zu nehmen", müsse der Großherzog eine „rückhaltlose Erklärung" abgeben, in der er Verzicht leiste auf alle – im Falle des Falles noch näher zu spezifizierenden – Regierungsgeschäfte.

Der Schulterschluss mit Preußen fand schließlich auch im Privatleben des Großherzogs seinen Ausdruck: Am 20. September 1856 hatte er in Berlin die Prinzessin Luise von Preußen geheiratet, die einzige Tochter des späteren Königs Wilhelm I., der in Baden einst als „Kar-

Die Verbindung zwischen Großherzog Friedrich I. und der preußischen Prinzessin Luise war zwar eine Liebesheirat, doch entsprach sie zugleich den politischen Neigungen Friedrichs. Die Fotografie zeigt Luise als Großherzogin mit ihrem ältesten Sohn, dem späteren Großherzog Friedrich II. – Foto: Kühn und Bauer, um 1865.

tätschenprinz" geschmäht worden war. Doch entsprach diese eheliche Verbindung nicht nur politischem Kalkül, sondern auch persönlicher Neigung. „Gefunkt" hatte es zwischen den beiden offensichtlich im Herbst 1855. Voller Freude schrieb Luises Vater am 9. November an seinen Schwiegersohn in spe: „Von meiner Tochter habe ich Nachrichten, die zu meiner großen Freude beweisen, dass bei Deinem letzten Besuch in Koblenz, ein intimeres Beisammensein stattgefunden hat, was sie sehr glücklich macht ..." So wurde die Verbindung denn auch eine zeitlebens glückliche – und Luise zur beliebten Landesmutter, die sich besonders um die Mädchenerziehung und die Krankenpflege verdient gemacht hat. Luises Mutter Augusta war eine geborene Prinzessin von Sachsen-Weimar-Eisenach, die mit ihren liberalen Ansichten in Berlin zwar häufig aneckte, sie aber ihrer Tochter mit Erfolg vermittelte, sodass Friedrich und Luise auch die gleichen politischen und kulturellen Grundüberzeugungen teilten. Insofern sollte Friedrich durchaus recht bekommen, wenn er sich bei den Abgeordneten der Zweiten Kammer des Landtags für deren Glückwünsche zu seiner Verlobung mit Luise so bedankte: „Diese Verbindung, die mir persönlich so viel Glück verheißt, wird auch, das bin ich überzeugt, meinem Volke zum Segen gereichen."

Dem großherzoglichen Paar wurden drei Kinder geboren, für die damalige Zeit vergleichsweise wenig. Schon das erste Kind war der ersehnte Thronfolger: Am 9. Juli 1857 kam Erbgroßherzog Friedrich zur Welt, 1862 Prinzessin Viktoria und 1865 Prinz Ludwig Wilhelm. Friedrich sollte seinem Vater tatsächlich 1907 auf dem Thron folgen, Victoria heiratete den schwedischen Thronfolger und späteren König Gustav V., Ludwig Wilhelm starb unverheiratet im Alter von erst 23 Jahren.

Näher kennen gelernt hatten sich Friedrich und Luise bei den regelmäßigen Besuchen der Eltern Luises auf dem Neuen Schloss in Baden(-Baden), wohin Friedrich sich gerne zurückzog. Der Großherzog schätzte seinen Schwiegervater außerordentlich; seinem Schwager Herzog Ernst II. von Sachsen-Coburg und Gotha schrieb er schon 1854: „In ihm allein liegt die Möglichkeit einer Rettung vor dem Untergang Deutschlands." Es war dies durchaus bereits der Keim des Wunsches einer Einigung Deutschlands unter Preußens Führung, wie er später Wirklichkeit werden sollte – allerdings nicht in der Art und Weise, wie Friedrich sich dies erhofft hatte.

Innovationsschub auf allen Feldern

Der Fokus auf die nationale Politik Friedrichs und den Kulturkampf sollte nicht den Blick darauf verstellen, dass in der langen Regierungszeit des Großherzogs eine Menge an strukturellen Reformen umgesetzt wurde, die Baden zu einem der modernsten Staaten des Deutschen Bundes und später des Deutschen Reichs machten. Dazu gehörte etwa die Trennung der Justiz von der Verwaltung durch die Einführung selbstständiger Amtsgerichte 1856. Eisenbahn und Wasserstraßen wurden weiter ausgebaut; dabei wurde Mannheim immer mehr zum industriellen Zentrum des Landes. Auch die beiden Hochschulen des Landes, denen Friedrich zumindest formal als Rektor vorstand, fanden in ihm einen steten Förderer. Bei „seiner" Heidelberger Hochschule verstand sich das fast von selbst, doch auch der Freiburger Universität fühlte er sich verbunden. „Bewegten Herzens" legte Friedrich dort 1906 den Grundstein zum Bau des neuen Universitätsgebäudes. Das Polytechnikum in Karlsruhe wurde durch ihn zur Technischen Hochschule erhoben. Die enge Verbindung gerade zu dieser Schule zeigt sich

Das Kurhaus in Baden-Baden wurde zwischen 1821 und 1823 von Friedrich Weinbrenner erbaut. Typisch für Weinbrenner sind die korinthischen Säulen der Vorhalle.

auch darin, dass er ihr den Beinamen „Fridericiana" verlieh, den die Universität Karlsruhe bis heute führt. Dabei war es vor allem die praktische Ausrichtung dieser Hochschule, die dem Großherzog am Herzen lag: Das Polytechnikum bildete die Ingenieure aus, die das Land weiter voranbringen sollten. Oder um es in Friedrichs eigenen Worten auszudrücken: „Aus der Hochschule sind die trefflichsten Kräfte für das Vaterland hervorgegangen. Das soll der Ruhm sein, der Ihnen allen hoch steht."

Die Gründung der Landwirtschaftlichen Zentralstelle sollte für Innovationen sorgen, denn auf diesem Gebiet gab es noch gewaltigen Nachholbedarf. Dazu kamen Versuchs- und Lehrgüter, auf denen junge Landwirte neue Anbaumethoden kennenlernen konnten. Immerhin lebte rund die Hälfte der Badener in der Mitte des 19. Jahrhunderts noch von der Landwirtschaft, und für Friedrich blieb die Landwirtschaft „das Rückgrat unseres Staates" (auch wenn der Anteil der in der Landwirtschaft tätigen Bevölkerung stetig sank, bis 1907 auf rund 32 Prozent). So wurde beispielsweise der Anbau von Tabak gefördert, um den Bauern eine neue, damals noch vielversprechende Erwerbsmöglichkeit zu verschaffen. Über 40 Prozent der gesamten Tabakproduktion in Deutschland kamen Ende des 19. Jahrhunderts aus Baden! Landwirtschaftliche und gewerbliche Ausstellungen sollten die Innovationskraft des Landes zeigen.

Eine Reise nach England im Sommer 1856 nutzte Friedrich nicht nur dazu, die großen Sehenswürdigkeiten von London, Cambridge oder Windsor zu besichtigen. England war damals die „Werkstatt der Welt", die führende Industrienation. Daher galt den „gewerblichen Leistungen gleichmäßig seine Aufmerksamkeit". Auf der Rückreise von England besuchte Friedrich noch den französischen Kaiser Napoleon III. und besichtigte, nun wieder ganz der Kunst huldigend, den Louvre und die Sainte-Chapelle, einen der bedeutendsten Bauten der gotischen Kunst. Immer wieder verband Friedrich bei seinen zahlreichen Auslandsaufenthalten das Angenehme mit dem Nützlichen: So besuchte er bei einer neuerlichen Englandreise 1862 natürlich die Weltausstellung, und in Italien fand der Großherzog 1877 nicht nur Zeit für politische Gespräche mit König Viktor Emanuel und einen Besuch im italienischen Parlament, sondern schaute auch bei den Werkstätten der zahlreichen deutschen Künstler vorbei, die in der Ewigen Stadt wirkten.

Doch zeugt dies nur davon, dass sich der Fortschritt eines Landes für den Großherzog auch in dem Stellenwert widerspiegelte, den die

Kunst in einem Land besaß. Kunst war für Friedrich nicht Selbstzweck, sondern sollte der „Volksbildung und Sittenveredlung" dienen und „dienend mitarbeiten am Wohle der Menschheit". Bereits 1854 gründete Friedrich eine „Kunstschule für die Ausbildung von Malern", aus der 1892 die Akademie der bildenden Künste hervorging. Das Geld für den Bau des Schulgebäudes steuerte Friedrich aus seinem privaten Etat bei. Als Gründungsdirektor für diese Einrichtung konnte er den bekannten Düsseldorfer Landschaftsmaler Johann Wilhelm Schirmer gewinnen. Einer der begabtesten Schüler Schirmers war der Schwarzwälder Hans Thoma, der später selbst als Professor an der Akademie lehrte und 1899 Direktor der Karlsruher Kunsthalle wurde. Von ihm stammt auch ein schönes Zitat über das Verhältnis von Großherzog Friedrich zur Kunst: „Er liebte die Kunst, aber gerade deshalb war er besorgt bei manchen Erscheinungen, die allzu üppig ins Kraut zu schießen drohten ..." Und mit dem gleichen Ernst und der gleichen Sachlichkeit, mit der er Politik machte, urteilte der Großherzog auch über künstlerische Fragen: „Seine Kunstliebe trat in dem Pflichtgefühl, das ihn überall begleitete, gar sichtbar zum Ausdruck ... Wenn die Ausstellung noch so groß war und ich ihm als Führer so gern die Ermüdung erspart hätte,

Blick auf das heutige Museum für Naturkunde in Karlsruhe. Ursprünglich wurde der imposante Bau zwischen 1866 und 1872 zur Aufnahme der Hofbibliothek und des Naturalienkabinetts errichtet.

die mit solcher Besichtigung verbunden ist, indem ich über manches nicht viel Bedeutende hinwegführen wollte, welcher er ja auch ganz als solches erkannte, der Großherzog war unverdrossen, unermüdlich, gründlich sah er jedes Bild an – er schenkte seine Aufmerksamkeit auch dem geringsten Werk. Sein Pflichtgefühl verband sich hier mit seiner großen Gütigkeit; er wollte nichts übersehen und hielt alles Geschehene in der Kunst, wie es auf einer Ausstellung sich zeigt, seiner Beachtung wert."

Dass für Friedrich nicht nur die hohe Kunst wichtig war, zeigte sich 1878 bei der Gründung der Kunstgewerbeschule, bei der – im Gegensatz zu der an der Kunstschule gelehrten akademischen Malerei – die handwerkliche Ausbildung im Mittelpunkt stand. Diese sollte die Absolventen dazu befähigen, „Stücke angewandter Kunst" herzustellen: Möbel, Schmuck, Keramik, Webarbeiten, Stickereien. Auch in Pforzheim wurden eine Kunstgewerbeschule und eine Goldschmiedeschule gegründet, in Furtwangen eine Uhrmacher- und Schnitzerschule.

Fertiggestellt wurde unter Friedrich 1852 auch der Wiederaufbau des abgebrannten Karlsruher Hoftheaters. Zum ersten Direktor des wiedereröffneten Theaters ernannte der Großherzog den Dresdner Eduard Devrient, der versuchte, den bis dahin eher provinziellen Zuschnitt durch moderne Inszenierungen abzustreifen. Bei den Opernaufführungen dominierten unter Devrient und seinem Nachfolger Hermann Levi die Werke Richard Wagners. Gleichwohl blieb das von bürgerschaftlichem Engagement getragene Mannheimer Nationaltheater stets bedeutender als das Karlsruher Hoftheater.

Bei allem Fortschritt war Baden in der Mitte des 19. Jahrhunderts nach wie vor ein armes Land, und die Zahl der Menschen, die ihr Glück im fernen Amerika sahen, wuchs von Jahr zu Jahr. Zu den Zielen der liberalen Regierungspolitik gehörte daher der Abbau der Handels- und Gewerbehemmnisse. Ein Meilenstein auf diesem Weg waren die am 15. Oktober 1862 erlassenen Gesetze über die Gewerbefreiheit und die Freizügigkeit. Es mag heute selbstverständlich sein, dass sich ein Deutscher an jedem Ort in Deutschland niederlassen und dort ein Gewerbe betreiben kann. Das war im 19. Jahrhundert noch längst nicht der Fall. In Baden aber wurde ebendies 1862 Wirklichkeit, die Überreste mittelalterlicher Zunftzwänge wurden beseitigt. Mit diesem Gesetz, schwärmte Großherzog Friedrich, würden „die Schranken beseitigt, welche der ungehemmten Entfaltung des individuellen Fleißes" noch entgegenstünden. Es werde „einen belebenden Einfluss auf Gewerbefleiß und Wohlstand des Landes zeigen". Höchst modern mutet es dabei an, dass die Gewerbefreiheit die Unternehmer nicht aus jeder Pflicht entließ. Die Arbeitgeber mussten für sichere Arbeitsplätze sorgen, die nicht die Gesundheit der Beschäftigten beeinträchtigten; Arbeitszeit und Entlohnung mussten geregelt sein, Kündigungsfristen eingehalten werden.

Gefahr drohte von außen: Verschnupft über Eigenmächtigkeiten Preußens machten sich einige süddeutsche Mitgliedsstaaten für einen mitteleuropäischen Zollverein mit Österreich stark. Der Deutsche Zollverein drohte, auseinanderzubrechen. Doch konnte diese Krise abgewendet werden: Es wurde nicht nur der Zollverein erneuert, sondern zudem beschlossen, ein „Zollparlament" einzurichten, in dem Abgeordnete aus allen Ländern des Zollvereins vertreten sein sollten. Zufrieden konnte Friedrich am Ende der Landtagsberatungen am 17. Mai 1865 in seinem Schlusswort feststellen: „Durch die Erneuerung des Zollvereins ist die Gefahr glücklich beseitigt, welche dieser wichtigsten nationalen Schöpfung drohte, und die Handelsverträge, denen Sie Ihre Zustimmung erteilten, lassen für Handel und Industrie bei gesteigerter Tätigkeit eine ausgedehnte Entfaltung erwarten." Für Handel und Industrie erwartete Friedrich durch die Erneuerung des Zollvereins, „bei gesteigerter Tätigkeit eine ausgedehnte Entfaltung". Misst man diese an der Entwicklung der Beschäftigtenzahl in Industrie und Gewerbe, so behielt Friedrich langfristig recht: Gab es in diesem Bereich 1882 erst knapp 250 000 Beschäftigte, so waren es 1907 schon über eine halbe Million. Auch die geplante Schaffung eines Zollparlaments begrüßte er „freudig" als „reguläre Vertretung des gesamten deutschen Volkes". Tatsächlich wurde dieses Gremium erst Jahre später und unter gänzlichen anderen Voraussetzungen gebildet. Und die Hoffnungen, die Friedrich damit verband, erfüllten sich nicht.

Im Kampf um die Schulaufsicht

Während die liberale Handels- und Gewerbepolitik innenpolitisch auf breite Unterstützung stieß, war ein anderes Feld wieder dazu angetan, den alten Konflikt mit der katholischen Kirche wieder aufzubrechen: der am 6. Juni 1864 im Landtag beratene Entwurf zu einem Schulaufsichtsgesetz. Dahinter verbarg sich die Abschaffung der bisherigen geistlichen Ortsschulinspektion durch zum Teil gewählte, zum Teil kraft Amtes bestimmt Ortsschulräte – die geistliche Schulaufsicht sollte durch eine staatliche ersetzt werden, der aber auch der örtliche

Pfarrer angehören sollte. Mancher Liberale wäre gerne noch weiter gegangen und hätte die nach Konfessionen getrennten Schulen am liebsten ganz abgeschafft, doch so weit wollte sich die Regierung nicht aus dem Fenster lehnen. Es erhob sich auch so schon ein Sturm der Entrüstung auf katholischer Seite, während die Liberalen froh darüber waren, dass es mit dem „vergiftenden Einfluss" der Kirche nun bald vorüber sei. Mit 53 gegen zwei Stimmen wurde das Gesetz nahezu einstimmig angenommen. Der mittlerweile 92-jährige Freiburger Erzbischof von Vicari ging gleichwohl wieder auf Konfrontationskurs, denn für ihn war das Schulaufsichtsgesetz nur der erste Schritt auf dem Weg zur vollständigen Trennung der Schule von der Kirche.

Nur mit großer Mühe gelang es in manchen katholischen Gebieten des Großherzogtums, die Wahlen zu den Ortsschulräten ordnungsgemäß durchzuführen, in fast hundert Gemeinden wählte überhaupt niemand. Dies hatte zwar auch mit der mangelnden Erfahrung der Landbevölkerung mit diesem neuartigen Instrument der Mitbestimmung zu tun, doch legte es sich die Kirche natürlich als Erfolg aus. Der Freiburger Erzbischof hatte den Priestern seiner Diözese untersagt, in den Ortsschulräten mitzuwirken und die Gläubigen dazu aufgefordert, nicht zur Wahl zu gehen. Die daraufhin gegen die Wahlboykotteure ausgesprochenen Strafen ließen Kirche und Bevölkerung in den ländlichen katholischen Gebieten nur noch enger zusammenrücken. Der Versuch der Liberalen, einen Keil zwischen Amtskirche und Gläubige zu treiben, wurde von Erzbischof Vicari scharf zurückgewiesen: „Die katholische Kirchenbehörde ist keine Partei, sie ist nach ihrem Lehrbegriff nicht die Mandatarin ihrer Angehörigen, sie ist deren Haupt, die von Gott gesetzte Autorität in Sachen des Glaubens, der Sakramente, der christlichen Sitte und Ordnung. Wohl haben die Glieder dieses Organismus die kirchenverfassungsmäßigen Rechte und Pflichten. Es kann aber niemand ein Katholik sein, der sich von seiner Kirche trennt."

Auf zahlreichen Versammlungen, sogenannten Kasinos, wurde den romtreuen Katholiken der liberale Teufel an die Wand gemalt, es drohe die „Herrschaft des Unglaubens und der Gewalt". Die Regierung versuchte, neuerliche Tumulte zu verhindern, indem sie den Katholiken keine Versammlungsräume zur Verfügung stellte. Doch als in Mannheim die Versammlung in einer Kirche stattfinden sollte, kam es zu gewalttätigen Auseinandersetzungen zwischen Katholiken und Liberalen, es flogen sogar Pflastersteine; die Zeitungen schrieben über die „Schlacht von Mannheim". In katholischen Kreisen hoffte man auf ein Eingreifen des Großherzogs und überschüttete ihn mit Bittbriefen.

Doch Friedrich zeigte einmal mehr, dass er sich als konstitutioneller Monarch niemals über die Verfassung hinwegsetzen würde: Er werde „jetzt und künftig in die Regierung nur eingreifen, um die verfassungsmäßige Tätigkeit der gesetzgebenden Gewalten aufrechtzuerhalten und zu regeln", niemals aber, „wie in völliger Verkennung der hohen Aufgabe der Krone begehrt" werde, „zur Umgehung des berechtigten Einflusses der Körperschaften, welchen die Leitung des Staatslebens zustehe". Die Befolgung der Gesetze könne nicht dem Gewissen des Einzelnen anheimgegeben werden. Zugleich ließ der Großherzog gegenüber Vicari aber auch versöhnliche Töne anklingen und versicherte ihm, dass seine Regierung „keine der katholischen Kirche feindliche Richtung verfolge". Doch die Positionen der Kontrahenten blieben unvereinbar, da beide Seiten auf ihr Monopol nicht verzichten zu können glaubten.

Herrscher über den Konfessionen

Friedrich war der festen Überzeugung, dass keine Konfession und kein Glaube dem anderen im Staat vorgezogen werden durfte. Insofern war die Emanzipation der Juden in Baden nur folgerichtig. Dies geschah im Juli 1863. Dass es gleichwohl ein entscheidender Schritt war, zeigt Friedrichs eigene Einschätzung: „Die bürgerliche Gleichstellung der Israeliten entfernt die letzte Ausnahme, welche der vollen Durchführung des Grundsatzes der Gewissensfreiheit entgegenstand." Zwar erfolgte dieser Akt in Baden vergleichsweise spät im Vergleich mit anderen Staaten des Deutschen Bundes, aber er wurde so konsequent umgesetzt, dass 1868 bereits der erste jüdische Minister sein Amt antreten konnte. In diesem Jahr ernannte der Großherzog nämlich Moritz Ellstätter zum Finanzminister; er sollte dieses Amt 25 Jahre lang innehaben. Dabei gab es gegen die vollständige Emanzipation der Juden im Großherzogtum, in dem sie nicht einmal zwei Prozent der Bevölkerung stellten, durchaus noch erhebliche Vorbehalte bis weit in das liberale Lager hinein. Friedrich selbst hatte keine Vorurteile gegen Juden und pflegte beispielsweise mit Berthold Auerbach, dem Autor der damals weit verbreiteten „Schwarzwälder Dorfgeschichten", einen regen Briefwechsel.

Mehrfach traf sich Friedrich mit Theodor Herzl, dem Begründer der zionistischen Bewegung, der eine Heimstatt für die Juden in Palästina schaffen wollte. Die erste Kontaktaufnahme erfolgte 1896, zwei Jahre

Die Insel Mainau war ursprünglich im Besitz des Deutschen Ordens. Durch die Säkularisation kamen Insel und Schloss 1806 an das Haus Baden. – Zeichnung von E. Labhart, 1837.

später, im März 1898, besuchte Herzl den Großherzog auf der Insel Mainau. Von ihm erhoffte er sich die Funktion eines Türöffners bei Kaiser Wilhelm II. – und von diesem natürlich die Unterstützung seines Vorhabens. Die Skepsis Friedrichs, der argwöhnte, dass ein solches Bestreben gerade unter den assimilierten Juden im Großherzogtum und in ganz Deutschland Verwirrung hervorrufen, ja manche darin „gar etwas Antisemitisches" erblicken würden, konterte Herzl mit dem Hinweis, dass nicht alle Juden seinem Ruf folgen würden und es selbstverständlich in Deutschland weiterhin jüdisches Leben geben werde. Deren geringere Zahl würde im Gegenteil helfen, den Antisemitismus zu bekämpfen. Die nach Palästina auswandernden Juden würden darüber hinaus dafür sorgen, dass „ein deutsches Kulturelement in den Orient käme". Herzls Bemühungen, einen eigenen jüdischen Staat zu gründen, wurden von Friedrich als „einzig richtige" Möglichkeit der Ansiedlung in Palästina betrachtet, allerdings eher als Endziel denn als Sofortlösung: „Man könnte eine Art finden, wie Sie die Oberhoheit des Sultans beibehalten ... Was dann später daraus würde", so der Großherzog „mit einem Lächeln", „etwa in einem Menschenalter, das können wir ja jetzt noch nicht wissen".

Tatsächlich hat Friedrich bei Wilhelm II. um Unterstützung für Herzls Pläne geworben, und dieser entwickelte durchaus Sympathien für den Plan. Für den Kaiser, der von antisemitischen Gefühlen nicht frei war, spielte dabei die – aus heutiger Sicht höchst bizarre – innenpolitische Hoffnung eine Rolle, dass jene Juden auswandern würden, die die Parteien des Umsturzes unterstützten. Und deren Unterstützer konnten nach Wilhelms Meinung gar nicht weit genug weggehen. Dazu kam das außenpolitische Motiv des verstärkten deutschen Engagements im Orient. Auf Vermittlung des Großherzogs erhielt Herzl am 18. Oktober 1898 in Konstantinopel eine Audienz bei Wilhelm II., der dort Station machte auf seinem Weg nach Palästina. Der Kaiser versuchte im Anschluss, den türkischen Sultan Abdul Hamid für Herzls Pläne zu gewinnen, doch schlug dieser Versuch vollständig fehl, und Wilhelm verlor in der Folge bald wieder sein Interesse an diesem Thema. Dagegen unterstützte Großherzog Friedrich Herzl auch weiterhin im Rahmen seiner außenpolitisch allerdings sehr beschränkten Möglichkeiten.

Die „Vereinigten Staaten von Deutschland"

Die nationale Einigung Deutschlands war Friedrich zeitlebens ein Herzensanliegen. Dabei war seine Bindung an Preußen ebenfalls eine Konstante, auch wenn er darüber manchmal verzweifelte, etwa während des Krimkriegs von 1854 bis 1856, als Preußen an der Seite des reaktionären Russland gegen Österreich stand, oder 1859, als Preußen nicht einsehen wollte, warum es Aufgabe des Deutschen Bundes sein sollte, Österreich in Norditalien zu unterstützen. Für Friedrich war dies jedoch nur ein Zeichen mehr dafür, dass dieser Bund dringend reformiert werden musste – und trotz der Erfahrungen der vergangenen Jahre setzte er dabei auf Preußen, vor allem auf seinen Schwager, den Prinzregenten Wilhelm, der für seinen kranken Bruder, König Friedrich Wilhelm IV., die Regierungsgeschäfte übernommen hatte. So stellte er 1860 vor dem Landtag fest: „Die Interessen meines Landes als Teil eines großen Ganzen glaube ich besser nicht vertreten zu können, als durch Verfolgung aller Wege, welche Deutschlands Kraft und Einigung befördern und die Rechte der Nation mit den Rechten der einzelnen Stämme zur Geltung zu bringen." Es war also ein föderal organisiertes

Deutschland, das der badische Großherzog anstrebte, und im Verbund mit seinem Außenminister von Roggenbach verstand er darunter die kleindeutsche Variante unter Ausschluss Österreichs.

Wie dies geschehen könnte, haben Friedrich und sein Außenminister Roggenbach im Sommer 1859 bei einem intensiven Gedankenaustausch auf der Insel Mainau im Bodensee, „der reizendsten Insel der ganzen deutschen Erde", diskutiert. Das Ergebnis war ein umfangreicher, detailliert ausgearbeiteter Reformplan. So sollten die Klein- und Mittelmächte einen Vertrag mit Preußen schließen und die „Vereinigten Staaten von Deutschland" gründen. Die einzelnen Staaten sollten ihre Souveränität im Prinzip behalten, Teile davon aber zugunsten des neuen Bundes abtreten, an dessen Spitze der König von Preußen als „Haupt der Exekutive" stehen sollte. Alle Bundesgesetze sollten denen der Einzelstaaten übergeordnet sein. Und all dies sollte auf völlig freiwilliger Basis geschehen und niemand zum Beitritt gezwungen werden. Als „Vertretung der Bevölkerungen aller vereinigten Staaten" sollte ein Nationalrat gewählt werden. Österreich sollte mit einer Garantie für seinen gesamten Territorialbesitz und einer „Zusicherung der Unterstützung der militärischen und politischen Kräfte Deutschlands" getröstet werden, „so oft die künstliche Monarchie durch eine der immer wiederkehrenden Krisen bedroht ist, welche die Zusammensetzung aus ebenso vielen Nationalitäten mit sich bringt".

In Berlin wurden diese Pläne zunächst mit einer gewissen Zurückhaltung aufgenommen, doch sah man in Baden bald einen möglichen verlängerten Arm Preußens in Süddeutschland. So schrieb der preußische Ministerpräsident Fürst Karl Anton von Hohenzollern-Sigmaringen, der mit einer Tochter des verstorbenen Großherzogs Karl verheiratet war, am 19. April 1861 an Friedrich: „Es bleibt uns nichts übrig, als diejenigen Staaten Deutschlands an uns zu fesseln, die in der Macht und Größe Preußens auch Deutschlands Macht und Größe erblicken." Das deutete allerdings schon auf eine andere deutsche Einigung hin, wie sie der badische Großherzog durch eine Reform des Deutschen Bundes erstrebte. Umso deutlicher wurde dies Friedrich, nachdem König Wilhelm I. den konservativen Junker Otto von Bismarck zum Ministerpräsidenten ernannte und mit diesem gegen den Landtag die Heeresreform durchpeitschte; ein Vorgehen, dem Friedrich niemals zugestimmt hätte. Preußen, so meinte der Großherzog damals, müsse klarstellen, dass seine deutsche Politik auf einer konstitutionellen Grundlage beruhe. In einem Brief an Wilhelm I. sang der badische Großherzog gar ein Loblied des Parlamentarismus (wie er ihn verstand):

„Das parlamentarische Wesen ist ja nur ein Abbild des menschlichen Lebens überhaupt, wo die vielfältigen Ansichten sich kreuzen und jede ihre Berechtigung hat, insofern sie auf guter Überzeugung beruht. Die Parlamente sind nun der berechtigte Ausdruck dieser Überzeugung – ein Kampfplatz, wo Sieg und Niederlage möglich sind, über dem aber die Krone als unparteiischer Richter steht …"

Nur unter der Führung eines liberalen Preußen konnte sich Friedrich ein engeres Zusammengehen der deutschen Bundesstaaten vorstellen; Preußen müsse als „Vorkämpfer des Liberalismus" auftreten und „die Schlange der Reaktion aufs Haupt" schlagen, „sodass sie es nicht wieder erhebt". Doch davon war man in Berlin weiter entfernt denn je, und Wilhelm I. war auch nicht geneigt, sich in dieser Frage von seinem Schwiegersohn beeinflussen zu lassen. Vielmehr von Bismarck, der schon 1862 polterte: „Nicht auf Preußens Liberalismus sieht Deutschland, sondern auf seine Macht …, nicht durch Reden und Majoritätsbeschlüsse werden die großen Fragen der Zeit entschieden – das ist der große Fehler von 1848 und 1849 gewesen –, sondern durch Blut und Eisen". Und Wilhelm selbst ließ den Großherzog wissen, dass er sich niemals zum „Sklaven des Parlaments" machen lassen werde. Der badische Außenminister Roggenbach sah sich vor diesem Hintergrund veranlasst klarzustellen, dass auch er nicht von einer uneingeschränkten parlamentarischen Bindung einer künftigen Zentralregierung ausgehe, „sondern nur in der Weise, wie die richtige Kenntnis und Auffassung der konstitutionellen Mechanik es zulässt, das heißt indirekt und durch das Recht, Mittel und Wege zu bewilligen". Gleichwohl musste der Großherzog zur Kenntnis nehmen, dass die liberalen Hoffnungen, die er mit dem Regierungsantritt Wilhelms I. verbunden hatte, sich in keinster Weise erfüllten. Friedrich baute daher auf den gleichnamigen preußischen Kronprinzen, der Bismarck nicht mochte und dessen liberale Ansichten sich mit denen seines badischen Schwagers deckten.

Die Einladung des österreichischen Kaisers Franz-Joseph I. zu einem Fürstentag nach Frankfurt 1863 sah man in Baden mit gemischten Gefühlen, vor allem nachdem der preußische König seine Teilnahme abgesagt hatte. Zwar reiste Großherzog Friedrich nach Frankfurt, aber er machte dort aus seiner Meinung keinen Hehl. Trotz aller Irritationen über den preußischen Kurs verweigerte sich Friedrich allen habsburgischen Avancen. Ohne Preußen konnte der Deutsche Bund nicht reformiert werden. Ohne dessen Unterstützung werde, so Friedrich in seiner Schlusserklärung auf dem Fürstenkongress, „das begonnene

Werk der Einigung nur in einer neuen Schwächung des deutschen Bundes und in einer weiteren Lösung der Zusammengehörigkeit der wichtigsten Bestandteile des gemeinsamen Vaterlandes endigen". Doch es war nicht nur das Fehlen Preußens: Die von Österreich vorgeschlagene, alle drei Jahre einzuberufende Delegiertenversammlung konnte nach Einschätzung des Großherzogs nicht die parlamentarische Basis eines erneuerten Bundes sein. Zwar stand Friedrich mit seiner propreußischen Haltung in Süddeutschland allein auf weiter Flur, doch mehr als ein propagandistischer Erfolg kam für Österreich in Frankfurt trotz allem nicht heraus.

Hinter Friedrichs Einsatz für eine nationale Einigung standen nicht nur politische, sondern – sogar vordergründig – ideelle Motive. Ganz in diesem Sinne rief der Großherzog nach dem Vorbild des „Instituts für den Allgemeingeist Deutschlands", das sein Großvater Karl Friedrich gegründet hatte, eine Stiftung ins Leben, die nach dem preußischen Staatsmann und Reformer Heinrich Friedrich Karl Reichsfreiherr vom Stein (1757–1831) benannt wurde. Diese Stein-Stiftung, deren Leitung er seinem Vertrauten Johann Heinrich Gelzer übertrug, sollte für die „innere Einigung der Nation arbeiten durch die reinen Waffen des Geistes und der sittlichen Überzeugung, durch Einwirkung auf die öffentliche Meinung und vor allem auf die Erziehung". Als „eigentliches Endziel" wurde die Gründung einer „Bildungsanstalt angestrebt", in der künftige Beamte und Fachgelehrte „durch eine gründliche historisch-politische und religiös-sittliche Vorbildung für eine selbstständige Tätigkeit im öffentlichen Leben ausgerüstet werden sollten". Doch die Zeichen der Zeit standen auf Sturm, und so blieben die Aktivitäten der Stiftung, ähnlich wie jene des „Instituts für den Allgemeingeist" unter Karl Friedrich, eher bescheiden.

Schleswig-Holstein meerumschlungen

Die Herzogtümer Schleswig und Holstein wurden vom dänischen König in Personalunion regiert, gehörten aber de jure zum Deutschen Bund und nicht zum Königreich Dänemark. Am 15. November 1863 war nun König Friedrich VII. von Dänemark aus der Oldenburger Linie des schleswig-holsteinischen Herzogshauses gestorben. Der kinderlose Monarch hatte schon zu Lebzeiten einen angeheirateten Neffen aus der Linie Schleswig-Holstein-Sonderburg-Glücksburg zu seinem Nachfolger ernannt; dieser bestieg nun als Christian IX. den Thron.

Die von ihm unmittelbar nach seinem Regierungsantritt erlassene neue dänische Verfassung sollte auch für Schleswig gelten. Das Bestreben des jungen Königs nach einem einheitlich organisierten und verfassten Staatswesen unter Einschluss Schleswigs war verständlich und zeitgemäß; zudem schien es dem Monarchen die einzige Möglichkeit, Erbansprüche des Herzogs Friedrich von Schleswig-Holstein-Sonderburg-Augustenburg auf Schleswig und Holstein abzuwehren, doch widersprach sein Vorgehen einem 1851 abgeschlossenen Friedensabkommen zwischen dem Deutschen Bund und Dänemark. Dazu kam, dass das nicht in die Gesamtstaatsverfassung einbezogene Holstein de facto über keine landständische Vertretung mehr verfügte, wie dies auf dem Wiener Kongress für die Mitgliedsstaaten des Deutschen Bundes vorgesehen war.

Der Streit um Schleswig und Holstein war aber nicht nur die Folge einer vertraglichen Spitzfindigkeit, sondern trug vor allem nationale Züge; der Süden Schleswigs und Holstein waren überwiegend deutschsprachig, der Norden Schleswigs fühlte sich mehrheitlich Dänemark zugehörig. Auf beiden Seiten gingen die Emotionen auch in der Bevölkerung hoch, schon 1848 war es zu gewaltsamen Auseinandersetzungen gekommen – Emotionen, von denen Bismarck seine Politik niemals diktieren lassen wollte.

Großherzog Friedrich lehnte sich in dieser Frage einmal mehr weit hinaus und unterstützte vehement die Erbansprüche des Augustenburger Herzogs, obwohl dessen Vater einst darauf verzichtet hatte. Damit wären Schleswig und Holstein auch personell von Dänemark getrennt worden, wo die Thronfolge Christians IX. unbestritten war. Von dieser Trennung erhoffte sich Friedrich frischen Schwung für die Reform des Deutschen Bundes und sie entsprach seiner Begeisterung für die nationale Sache. Doch Preußen hatte nicht vor, sich für die Erbansprüche des Augustenburgers einzusetzen, sondern beantragte die Bundesexekution gegen Christian IX. von Dänemark – sprich die Durchsetzung des Bundesrechts mit militärischer Gewalt. Da die Bundesexekution aber nur gegen einen Bundesfürsten möglich war, schien Preußen damit zugleich die Erbfolge Christians in Schleswig und Holstein anzuerkennen und damit wenigstens vordergründig der nationalen Sache in den Rücken zu fallen.

Die österreichische Regierung, die einen Alleingang Preußens fürchtete, trug Bismarcks Politik mit, oder zumindest das, was man in Wien dafür hielt. Denn der preußische Ministerpräsident trieb sein eigenes Spiel, in dem für keinen der beiden Herzogsanwärter in Schleswig und Holstein eine Rolle vorgesehen war. Nachdem Christian ein Ultimatum unbeantwortet gelassen hatte, ließen Preußen und Österreich ihre Truppen aufmarschieren; die Differenzen der beiden Großmächte rückten noch einmal für kurze Zeit in den Hintergrund.

In Karlsruhe verstand Großherzog Friedrich die Welt nicht mehr: Für ihn schien es, als habe sich Preußen vor den österreichischen Karren spannen lassen, statt sich an die Spitze der nationalen Bewegung zu stellen. In einem Brief an seinen Schwiegervater schrieb er am 5. Dezember 1863: „Ich stehe nicht an, Dir zu sagen, dass mit diesem unheilvollen Schritt Deutschlands letzte Hoffnung auf Preußen vernichtet ist und nun alle Augen sich Österreich, ja Bayern zuwenden. Die Freunde Preußens aber trauern über die Demütigung, welche ihm durch diese Niederlage zugefügt ward, und sinnen vergebens auf Mittel zur Hilfe aus so trostloser Lage." König Wilhelm konnte seinerseits nicht verstehen, dass Friedrich die nationale Bewegung in Schleswig und Holstein so sehr unterstützte. „Ihr glaubt durch Gehenlassen, Unterstützen, Schmeicheln dieser Bewegung, ihr das Gefährliche nehmen zu können. Ist denn dies aber nicht derselbe Weg, den Ihr 1848/49 ginget und der Euch zuletzt über den Kopf wuchs und Ihr das Land verlassen musstet?"

Die militärischen Ereignisse schufen schneller als erwartet politische Fakten: Am 1. Februar 1864 marschierten preußische und österreichische Truppen in Schleswig ein; am 18. April kam es bei Düppel zur vorentscheidenden Schlacht. Zwar flammte der dänische Widerstand noch einmal auf, doch die Bundestruppen drangen immer weiter nach Norden vor, auch über die Grenzen Schleswigs hinaus. König Christian IX. hatte hoch gepokert – und verlor nun alles. Er musste in einem demütigenden Waffenstillstand die Verwaltung von Schleswig und Holstein an die siegreichen Preußen und Österreicher abtreten. Die zwei Länder wurden von den beiden Siegermächten zunächst gemeinsam übernommen; im August 1865 einigten sich die Großmächte auf eine Teilung der Zuständigkeit: Preußen übernahm Schleswig und Lauenburg, Österreich Holstein. Dass Österreich und Preußen über diese territoriale Frage eigenmächtig und ohne Absprache mit den Mittelmächten im Deutschen Bund entschieden, brachte Friedrich in Rage: „Lieber keinen Bund als einen solchen, in dem man gewärtigen muss zu erfahren, dass, was alle Welt für Recht hält, von den mächtigsten Bundesgliedern mit Füßen getreten wird, weil Macht vor Recht geht." In einem Brief an Roggenbach wurde der Großherzog noch deutlicher: „Ich kann keinen Ausdruck finden, um meine Indignation über dieses Abkommen auszusprechen. In welch frevelhaften Händen ruhen die Geschicke Deutschlands."

In Wien hatte man allerdings kein Interesse daran, sich dauerhaft im Norden zu binden, sondern stimmte sich in der Verwaltung Holsteins in der Folge eng mit Herzog Friedrich von Augustenburg ab. Das war nun wiederum ganz im Sinne Friedrichs von Baden – aber keinesfalls in jenem Bismarcks, der den Augustenburger nicht einmal als Kandidaten für eine Erbfolge in Betracht ziehen wollte, allenfalls wenn dieser sich dazu verstehen sollte, sich in ein komplettes Abhängigkeitsverhältnis zu Preußen zu begeben. Der dadurch drohende Krieg zwischen den beiden Vormächten des Deutschen Bundes führte in Baden zu einem politischen Erdbeben – und einem abrupten Kurswechsel: Zwar hielt auch der Freiherr von Roggenbach das preußische Vorgehen für fragwürdig, doch hätte es eine Abkehr von seiner ganzen bisher verfolgten Linie bedeutet, Baden an der Seite Österreichs in einen Krieg gegen Preußen zu führen. Zudem hielt er Österreich – zu Recht, wie sich zeigen sollte – für keinesfalls in der Lage, Preußen militärisch Paroli bieten zu können. Da er eigenen Vermittlungsbemühungen nur wenig Aussicht auf Erfolg beimaß und die Kritik an seiner bedingungslos preußenfreundlichen Politik immer lauter wurde, trat er im Oktober 1865 von seinem Amt als badischer Außenminister zurück. Roggenbachs Nachfolger wurde der Freiherr Ludwig von Edelsheim, der bis dahin badischer Gesandter in Wien gewesen war und die badische Außenpolitik fortan auf österreichischen Kurs brachte.

Großherzog Friedrich war durch die Entwicklung in Schleswig-Holstein in eine emotionale Zwickmühle geraten. Dies teilte er seinem Schwiegervater in einem Brief offen mit, in dem er – richtig vorausschauend – auch die Möglichkeit erwähnte, dass Baden gegen seine persönliche Überzeugung, aber genötigt durch die äußeren Zwänge, in einer drohenden Auseinandersetzung im Lager der Gegner Preußens stehen werde. Diese Vorstellung setzte dem Großherzog physisch und psychisch so sehr zu, dass er sich von November 1865 bis März 1866 zur Kur nach Vevey am Genfer See zurückzog. Doch auch dort zermarterte er sich nur weiter den Kopf: Wie konnte Preußen nur an seine eigene Machterweiterung denken „ohne Rücksicht auf nationale Interessen"? Unbegreiflich war es Friedrich, „wie der König von Preußen ein seinen innersten Empfindungen so widerstrebendes Unternehmen zu wagen ..." Und er schloss: „Es ist traurig zu sehen, welch ungehemmten Einfluss Graf Bismarck auf den König übt." So könne man nur handeln, wenn der Satz „Nach uns die Sintflut" zum „verhängnisvollen Wahlspruch geworden ist".

Derweil spitzten sich die Dinge immer mehr zu: Am 1. Juni 1866 legte Österreich die Entscheidung über die Zukunft Holsteins in die Hände des Bundestags, doch mit der Einberufung der holsteinischen Ständeversammlung stand eigentlich schon fest, wohin der Weg führen sollte: zur Thronfolge des Augustenburgers.

In Baden war die große Mehrheit der Liberalen inzwischen auf Distanz zu Preußen gegangen, doch schien ihnen ein möglicher Waffengang an der Seite des erzkatholischen Österreich gleichfalls unpopulär. Die Stimmung im Land wandte sich aber, nicht zuletzt in unguter Erinnerung an die Besatzungszeit nach der Revolution, zunehmend gegen das reaktionäre Preußen Bismarcks. Und die katholischen Kreise hatten aus ihrer pro-österreichischen Haltung ohnehin nie einen Hehl gemacht. Ende Mai gab der Landtag der Regierung weitgehend freie Hand in dem drohenden Konflikt.

Derweil versuchte Großherzog Friedrich, diesen noch mit allen Mitteln zu verhindern und eilte Anfang Juni persönlich nach Pillnitz, um König Johann von Sachsen für eine gemeinsame Aktion der Mittelmächte zu gewinnen. Doch der Sachse war der Überzeugung, dass Preußen im Bund nicht mehr Rechte beanspruchen dürfe wie die Mittelstaaten, und wenn man dies in Berlin nicht akzeptiere, dann müsse man es „an seine Pflichten erinnern; es wird schon nachgeben, wenn wir alle fest zusammenhalten und das Bundesrecht zu verteidigen bereit sind." Für Vermittlungsbemühungen war es ohnehin zu spät; Bismarck hatte an einem Ausgleich überhaupt kein Interesse. Preußen setzte nun ganz auf die Kraft seiner Soldaten. Am 8. Juni 1866 marschierten preußische Truppen in Holstein ein. Österreich rief daraufhin den Deutschen Bund um Unterstützung an mit dem – zutreffenden – Argument, dass das eigenmächtige militärische Vorgehen Preußens einen Verstoß gegen das Bundesrecht darstelle.

Zwar hatte Großherzog Friedrich durchgesetzt, dass sich der badische Gesandte bei der daraufhin angesetzten Abstimmung im Bundestag der Stimme enthielt, doch gab es kaum eine andere Wahl, als den dort gefassten Mehrheitsbeschluss zu akzeptieren, nachdem Preußen den Deutschen Bund noch am gleichen Tag aufgrund dieser Entscheidung eigenmächtig für aufgelöst erklärte: Baden trug die Bundesexekution gegen Preußen mit – zur Verzweiflung des zurückgetretenen Außenministers Roggenbach, der Bismarck in einem Brief darauf hinwies, dass „ein ungerechtfertigter Druck durch Badens Nachbarstaaten es dem patriotischen Fürsten dieses meines Heimatlandes unmöglich gemacht hat, sich dieser schändlichen Verbindung aller selbstsüchtigen und vaterlandsverräterischen Leidenschaften zu entziehen". Intern allerdings äußerte Roggenbach auch harte Kritik an Friedrich, dem er vorwarf, sich nicht konsequent genug, zumindest für eine „bewaffnete Neutralität" der süddeutschen Staaten eingesetzt zu haben. Dazu aber hätte der Großherzog die Regierung Edelsheim entlassen, gegen die Mehrheit im Landtag und die Stimmung in seinem Volk handeln müssen. Und das war einmal mehr mit ihm nicht zu machen. Immerhin sandte Friedrich noch Mitte Juni seinen „Vertrauensrat", den Schweizer Historiker Johann Heinrich Gelzer (1813–1889), nach Berlin, um einen letzten Vermittlungsversuch zu wagen – mehr konnte der Großherzog nicht tun, so schwer es ihm fiel. Als Handelsminister Karl Mathy, einer der wenigen Liberalen, die unbeirrt zu Preußen hielten, ebenfalls zurücktrat, entgegnete ihm Friedrich: „Sie haben es gut. Sie können gehen; ich muss bleiben."

Ein Großherzog in der Zwickmühle

Zwar standen im Deutsch-Deutschen Krieg von 1866 nur einige kleinere norddeutsche Staaten auf Seiten Preußens, doch in der Entscheidungsschlacht von Königgrätz in Böhmen erlitten die österreichischen Truppen am 3. Juli eine verheerende Niederlage. Damit war nicht nur die Frage der Vorherrschaft in Deutschland entschieden – Österreich musste seine gesamte deutsche Politik zu Grabe tragen und sich von allen großdeutschen Ideen verabschieden. Der Deutsche Bund wurde nun auch de jure aufgelöst; an seine Stelle trat nördlich des Mains der Norddeutsche Bund. Preußen radierte unter anderem das Königreich Hannover von der Landkarte und gewann in Norddeutschland einen alles beherrschenden Einfluss.

Baden saß in dieser Auseinandersetzung zwischen allen Stühlen. Zwar waren auch Truppen des Großherzogtums unter dem Befehl von Friedrichs jüngerem Bruder Wilhelm (1829–1897) gegen Preußen in Marsch gesetzt worden, doch beeilten sie sich nicht gerade, in die Kämpfe einzugreifen. Das verwundert nicht unbedingt, denn Wilhelm war selbst preußischer Offizier gewesen und lehnte den Krieg – wie sein Bruder – innerlich nach wie vor ab. Das brachte dem Großherzog und seinem Bruder zwar heftige Kritik ein, doch hätten die Badener selbst durch ein beherzteres Vorgehen den Lauf der Dinge nicht aufgehalten. Immerhin kam es sogar zu einem Zusammenstoß zwischen badischen und preußischen Truppen, kurioserweise noch nach dem preußisch-österreichischen Waffenstillstand. Friedrich war darüber sehr erbost und forderte den bayerischen Prinzen Karl, den Oberbefehlshaber der süddeutschen Bundestruppen, dazu auf, „diesem nutzlosen und frevelhaften Blutvergießen ... ein Ende zu bereiten".

Die Regierung Edelsheim war nach dem preußischen Sieg nicht mehr zu halten und trat am 23. Juli 1866 geschlossen zurück. Nur eine Woche später kehrte Baden dem ohnehin nicht mehr lebensfähigen Deutschen Bund den Rücken, am 17. August wurde der Friedensvertrag mit Preußen unterzeichnet. Wie die Nachbarstaaten Württemberg und Bayern wurden Baden keine Gebietsabtretungen auferlegt, aber die verwandtschaftlichen Bande brachten keinen Vorteil bei der Erstattung der Kriegskosten, die Preußen seinen Gegnern in voller Höhe aufbürdete: Sechs Millionen Gulden musste das Großherzogtum an Reparationszahlungen leisten; ohne Kredite war diese gewaltige Summe nicht zu stemmen. Gleichwohl war die Stimmung im Land längst wieder gekippt, der Anschluss an Österreich wurde als fatale Fehlentscheidung betrachtet. Am 8. Oktober 1866 forderte der Landtag die neue großherzogliche Regierung unter dem zurückgekehrten Karl Mathy sogar dazu auf, mit Preußen über den Eintritt Badens in den Norddeutschen Bund zu verhandeln. Dafür war Mathy der richtige Mann, denn er gehörte zu den Liberalen, deren pro-preußische Haltung niemals ins Wanken geraten war.

Die Bestrebungen, im Gegenzug einen süddeutschen Bund zu gründen, wie er etwa von Bayern angestrebt wurde, fanden in Baden keinen Anklang. Für sich allein sei ein solcher Bund überhaupt nicht lebensfähig, fand Friedrich, und wenn er denn überhaupt gegründet werden sollte, dann nur, um sogleich mit dem Norddeutschen Bund vereinigt zu werden. Schon am 24. Juli 1866 hatte der Großherzog den preußischen König darum gebeten, „uns Süddeutsche nicht zu trennen von der Gemeinschaft des ohne Österreich neu zu bildenden Bundes unter Preußens Führung". Allen „separatistischen" Bestrebungen erteilte Friedrich eine klare Absage: „Das ganze Deutschland soll es sein." Das schien Bismarck zu diesem Zeitpunkt verfrüht (weil Frankreich dies nicht widerstandslos hingenommen hätte), doch dass Preußen dieses Ziel mittelfristig verfolgte, daran bestand kein Zweifel. In seiner Antwort auf Friedrichs Bitte formulierte König Wilhelm dies so: „Diese Manifestation des Südens nach dem Norden muss von Euch encouragiert werden, damit man auch jenseits des Rheins einsieht, dass ein

Nationalwille vorhanden ist, dem der Norden sich nicht widersetzen dürfe auf die Dauer." Und Bismarck ließ die badische Regierung wissen, dass er von ihr erwarte, „ihren Einfluss auf die süddeutschen Höfe geltend zu machen, damit diese ihren Anschluss an Preußen beschleunigten". Allerdings sollte dies mehr im Stillen als in der Form großer Manifestationen erfolgen.

Friedrich selbst erklärte vor dem Landtag im September 1867 jedoch ganz offen: „Mein Entschluss steht fest, der nationalen Einigung unausgesetzt nachzustreben, und gerne werde ich und wird mit mir mein getreues Volk die Opfer bringen, die mit dem Eintritt in dieselbe unzertrennlich verbunden sind. Sie werden reichlich aufgewogen durch die volle Teilnahme an dem nationalen Leben und die erhöhte Sicherheit für die freudig fortschreitende innere Staatsverwaltung." Der Großherzog erhoffte sich von der nationalen Einigung also nicht nur den Schutz vor äußeren Gefahren, sondern auch eine Absicherung der konstitutionellen badischen Monarchie nach innen.

Die Verwirklichung der kleindeutschen Lösung unter Ausschluss Österreichs war nur noch eine Frage der Zeit und der günstigen Gelegenheit, auch wenn Friedrich zwischenzeitlich bemängelte, dass Preußen zwar herrschen, aber nicht die Arbeit leisten wolle, „welche zur wohlwollenden Führung einer Nation erforderlich ist". Doch das hing damit zusammen, dass Bismarck weiterhin Rücksicht auf Frankreich und die anderen süddeutschen Staaten nehmen musste. Das Drängen des Großherzogs passte ihm vor diesem Hintergrund nicht immer in den Kram. Die liberale Mehrheit in der Zweiten Kammer des Landtags trug die kleindeutsche Politik grundsätzlich mit, doch gab es etwa in der Frage einer Heeresreform nach preußischem Vorbild auch deutliche Meinungsverschiedenheiten. Dagegen sahen sich die Katholiken nach der zwischenzeitlichen Annäherung an Österreich wieder außen vor. Von einem preußisch und damit protestantisch dominierten Bund glaubten sie, nicht viel erwarten zu können.

Neuer Streit mit der katholischen Kirche

Aber nicht nur die nationale Großwetterlage, sondern auch einige innenpolitische Entscheidungen behagten insbesondere den konservativen Katholiken nicht: etwa die vom Staat zunehmend geförderte Einrichtung überkonfessioneller Schulen oder die Verpflichtung zur zivilen Eheschließung vor dem kirchlichen Bund. Kirchliche Stiftungen sollten fortan allein vom Staat verwaltet werden. Für Zündstoff sorgte auch der Erlass, Theologiestudenten zu einer allgemeinen wissenschaftlichen Ausbildung zu verpflichten. Die jungen Männer sollten auf diese Weise mit humanistischem Bildungsgut vertraut gemacht werden, um den Glauben fortan in aufgeklärter Weise verkünden zu können – ob sie selbst, Freiburg und Rom das nun wollten oder nicht. Vicari verbot den Studenten, die obligatorische Prüfung abzulegen und forderte damit seinerseits den Staat heraus. Und der reagierte hart: Wer das Examen nicht ablegte, konnte keine Pfarrstelle einnehmen, und wer dennoch eine Messe las, musste mit Verhaftung rechnen. Dass diese maßlose Strafaktion die romtreuen Katholiken nur noch enger zusammenschweißte, störte die Liberalen nicht – und die Regierung nahm es in Kauf.

Diese neuerliche Zuspitzung führte schließlich 1869 zur Gründung der Katholischen Volkspartei, die sich im Inneren gegen den Liberalismus und im Äußeren gegen ein preußisch dominiertes Deutschland wandte, das in den Augen des katholischen Abgeordneten Baumstark nur ein „Macht- und Kasernenstaat" sein konnte. In einer der Versammlungen, die nach der Gründung der Partei überall im Land stattfanden, brachte der gewöhnlich eher moderate und auf Ausgleich mit dem Staat bedachte Pfarrer und Heimatdichter Heinrich Hansjakob (1837–1916) diese Haltung in einer pointierten Stellungnahme zum Ausdruck: „Unsere Gegner sagen, wir wollten die Freiheit vernichten. Und warum? Weil wir die Freiheit nicht wollen, mit der die ... sogenannten Liberalen uns beglücken wollen ... Wir wollen kein liberales Freimaurerregiment, wir wollen keine Bismarckerei voll Blut und Steuern, wir wollen keine absolute Fürstengewalt, wir wollen aber auch, womit die Liberalen dem Volke so gerne drohen, keine Priesterherrschaft, keine Herrschaft irgendeines Standes oder einer Kaste, sondern wir wollen Freiheit für alle ..." Bisher jedoch sei dieser katholische Schrei nach Freiheit „wirkungslos verhallt in der Residenz am Landgraben", doch das sollte sich nun ändern. Die Forderung der Katholischen Volkspartei hatte es in sich und war geeignet, Badens politische Landschaft umzupflügen: „Wir streben nach einer ehrlichen und wahren Volksvertretung, fort mit einer Volksvertretung, die nichts anderes war als ein Regierungskollegium, das Organ einer herrschenden Partei – und darum direkte Wahlen, und dann wird das Volk die Schlachten schlagen, und das Volk wird siegen."

Die Katholische Volkspartei legte mit dieser Forderung den Finger in eine offene Wunde, denn tatsächlich begünstigten das herrschende indirekte Wahlrecht über Wahlmänner, die nicht repräsentative Einteilung der Wahlkreise und die Kopplung des Wahlrechts an das Bürgerrecht die herrschenden Liberalen. Wie sollten der Großherzog und seine Regierung auf diese Forderung reagieren? Vorerst musste sich die katholische Opposition mit vier von 63 Sitzen im Landtag begnügen, doch wie viele würden es nach einer Wahlrechtsänderung sein?

Vor dem Landtag verteidigte Großherzog Friedrich die Entscheidungen: Der Grundsatz der Selbstständigkeit der Kirchen im Staat erfordere geradezu eine „Abgrenzung der beiderseitigen Gebiete". Aus diesem Grund sei das Gesetz über die obligatorische Zivilehe und die „bürgerliche Standesbeamtung" eingebracht worden. Die „religiöse Weihe und die moralische Würde der Ehe" würde durch die gesetzliche Regelung staatlicher Verhältnisse „nimmermehr beeinträchtigt". Und auch die Befürchtungen, dass die neuen Simultanschulen die religiöse Erziehung gefährden könnten, wollte der Großherzog nicht gelten lassen: „Die vorgeschlagenen Gesetzesänderungen werden in einer Weise durchgeführt werden können, welche die Erteilung des konfessionellen Religionsunterrichts vollkommen sicherstellt."

Dass die Chemie zwischen Kirche und Regierung einmal mehr nicht stimmte, zeigte sich auch, nachdem Erzbischof Hermann von Vicari am 14. April 1868 im Alter von 95 Jahren verstorben war: Die Leitung der Geschäfte übernahm daraufhin Weihbischof Lothar Kübel, doch die Regierung, ohne deren Zustimmung ein neuer Erzbischof nicht eingesetzt werden konnte, machte früh klar, dass sie nicht daran dachte, Kübel, den das Domkapitel zum Erzbistumsverweser gewählt hatte, tatsächlich als Erzbischof anzuerkennen. Dabei stand die Regierung unter erheblichem Druck der liberalen Landtagsmehrheit, die noch schärfere Maßnahmen gegen die „Kirchengewalt" forderte, doch Großherzog Friedrich stärkte seinem Staatsminister Julius Jolly den Rücken. Kübel anzuerkennen – so weit wollte die Regierung aber gleichfalls nicht gehen, und so blieb die Erzdiözese Freiburg in den folgenden Jahren de jure ohne Oberhirten, selbst wenn der Weihbischof die Funktion eines solchen ausübte.

Für zusätzlichen Zündstoff sorgte die Verkündigung des päpstlichen Unfehlbarkeitsdogmas am 18. Juli 1870 durch das Erste Vatikanische Konzil. Dies galt zwar „nur" für die Fälle, in denen der Papst in Ausübung seiner „höchsten Lehrgewalt" sprach und in Angelegenheiten von „Glauben und Sitte", doch genügte dies nicht nur vielen Liberalen, um Zeter und Mordio zu rufen. Auch viele moderate Katholiken wandten sich gegen die Lehre von der Unfehlbarkeit des Papstes in diesen

Fragen. Eine Folge war die Gründung der sogenannten Altkatholischen Kirche, deren Mitgliederzahl zwar stets klein geblieben ist, die aber gerade in Baden durchaus Anhänger fand und von der liberalen Regierung gerne gegen die Ansprüche der römischen Kirche und ihres Freiburger Stellvertreters ins Feld geführt wurde.

Während die romtreuen Katholiken Österreich nachtrauerten, band Preußen die süddeutschen Staaten schrittweise an sich. Dies begann mit „Schutz- und Trutzbündnissen", die aber nur für den Fall eines feindlichen Angriffs gelten sollten; es folgte ein Zollvereinsvertrag zwischen dem Norddeutschen Bund und den süddeutschen Mittelstaaten; schließlich wurde neuerlich die Schaffung eines gemeinsamen Zollparlaments beschlossen, das aus den Abgeordneten des Norddeutschen Bundes und 85 süddeutschen Abgeordneten gebildet werden sollte. Letztere wurden 1868 erstmals nach allgemeinem und direktem Wahlrecht gewählt. In Baden konnte dies als Testlauf gelten, wie der eigene Landtag im Falle einer Wahlrechtsänderung aussehen könnte. Dem Großherzog und seiner Regierung konnte das Ergebnis daher keineswegs gefallen, denn die Katholische Volkspartei errang auf Anhieb sechs von 14 Mandaten. Verglichen mit der Mandatsverteilung im Landtag, war dies ein Erdrutsch.

Die Liberalen machten das aus ihrer Sicht zu lasche Vorgehen der Regierung gegen die „Wühlarbeit der Pfaffen" für ihr schlechtes Wahlergebnis verantwortlich. Diese hätten im Vorfeld der Wahl ihre „ganze Scharlatanerie in Bewegung gesetzt und zu Mitteln gegriffen, deren sich ein nur halbwegs anständiger Mensch schämt". Und so diente das schlechte Wahlergebnis den Liberalen als Argument, direkte Wahlen – wie für das Zollparlament – in Baden weiterhin abzulehnen. Diese seien nichts anderes als eine „Spekulation auf die Dummheit des Volkes". Stattdessen sollten weiterhin ausgesuchte Wahlmänner die Abgeordneten bestimmen.

Trotz seiner offenkundig liberalen Vorlieben gab sich Friedrich große Mühe, sich als Großherzog aller Badener zu präsentieren. Zu diesem Zweck machte er sich im Sommer 1870 zusammen mit seiner Gemahlin zu einer „Tour de Ländle" auf, wobei er vor allem die katholischen Regionen mit einem Besuch beehrte. In Mannheim nahm er am Rheinischen Musikfest teil und in Freiburg ließ er sich gar von dem Erzbistumsverweser Kübel durch das Münster führen. Von Stockach fuhr Friedrich mit der Bahn in das ehemals fürstenbergische Messkirch.

Auf dem Weg ins Deutsche Reich

Während Friedrich sich in der Rolle des beliebten Landesvaters bewährte, zogen am außenpolitischen Himmel schon wieder Gewitterwolken auf – und der französische Kaiser Napoleon III. tappte bereitwillig in die von Bismarck aufgestellte Falle. Otto von Bismarck sah 1870 die Gelegenheit gekommen, die deutsche Frage im preußischen Sinne zu lösen. Natürlich wusste der Ministerpräsident, dass die Stimmung in Süddeutschland außerhalb Badens dafür nach wie vor eher reserviert war. Also durfte auf Preußen keinesfalls der Makel eines Aggressors fallen; gleichzeitig war von einem starken Frankreich weiterhin nicht zu erwarten, dass es eine wie auch immer geartete Einigung Deutschlands unter Preußens Führung widerstandslos hinnehmen würde. Baden, und hier insbesondere der Großherzog als treibende Kraft, sollten sich mit ihren Anschlusswünschen noch ein wenig gedulden.

Den äußeren Anstoß für die Entwicklung gab die Kandidatur des Prinzen Leopold von Hohenzollern (aus der schwäbisch-katholischen Linie des Hauses) für den spanischen Thron. Diese Kandidatur weckte in Frankreich alte Ängste vor einer Einkreisung: Waren es einst die Habsburger gewesen, die im Heiligen Römisch Reich und in Spanien regierten, so würde diese Rolle nun den Hohenzollern zufallen. Zwar zog Leopold seine Kandidatur zurück, doch der französische Gesandte Benedetti forderte von dem in Bad Ems zur Kur weilenden preußischen König die Zusicherung, dass niemals ein hohenzollerischer Prätendent sich um die spanische Krone bemühen würde. Diese Zusicherung konnte Wilhelm nicht geben. In einem Bericht an Bismarck schilderte ein Beamter den Hergang dieser Ereignisse. Der preußische Ministerpräsident ließ diesen Bericht in verkürzter Form veröffentlichen und erweckte dadurch den Eindruck, dass Wilhelm den französischen Gesandten empört und in undiplomatischer Offenheit zurückgewiesen habe. Die französische Regierung betrachtete dies als Affront und reagierte, wie Bismarck gehofft hatte, am 19. Juli 1870 mit der Kriegserklärung an Preußen. Damit traten nun die Schutz- und Trutzbündnisse mit den süddeutschen Mittelstaaten in Kraft, und das zuvor so geschmähte Preußen wurde zum heldenhaften Verteidiger deutscher Interessen gegen Frankreich.

Von dieser nationalen Begeisterung ließ sich Friedrich sofort anstecken. Auf die Ankündigung seines Schwiegervaters, dass er nach Baden kommen werde, um von dort aus zusammen mit seinen Generälen die Operationen zu leiten, telegrafierte der Großherzog zurück:

„Möge es uns gelingen, unter dem Befehl Eurer Hoheit höchst Ihr Vertrauen durch Treue und Tapferkeit zu verdienen! Jubelnd sehen wir der Ankunft Eurer Königlichen Hoheit entgegen. Es lebe der König und das Vaterland!" Dieses „Vaterland" war für Friedrich Deutschland – und der König dieses Vaterlands war für den badischen Großherzog schon jetzt Wilhelm I. Auch in München und Stuttgart war es plötzlich keine Frage mehr, Preußen zu unterstützen.

In Frankreich hatte man die Lage komplett falsch eingeschätzt und erwartet, dass die süddeutschen Staaten keine gemeinsame Sache mit Preußen machen würden. So aber sah sich das Zweite Kaiserreich einem militärischen Koloss unter der einheitlichen Führung Preußens gegenüber. Bei Wörth im Unterelsass kam es am 6. August 1870 bereits zu einer vorentscheidenden Schlacht. Zwar erlitten die Preußen hohe Verluste, doch am Ende mussten sich die französischen Truppen in völliger Auflösung zurückziehen. Die Nachricht vom Sieg bei Wörth ließ, auch wenn daran keine badischen Soldaten beteiligt gewesen waren, in Karlsruhe alle Dämme brechen; Tausende kamen zum Schloss, um zu feiern und den Großherzog hochleben zu lassen. Hatte er nicht immer auf Preußen gesetzt? Friedrich ließ die versammelte Menge den Choral „Nun danket alle Gott" anstimmen – und zog sich wieder zurück; immerhin war der Krieg ja noch nicht vorüber. Mitte August begab sich der Großherzog dann selbst zu seinen Truppen. Doch schon mit der Schlacht von Sedan am 1. September 1870, bei der Kaiser Napoleon III. in preußische Gefangenschaft geriet, waren die Weichen gestellt. Daran änderten die noch folgenden Gefechte und auch der hinhaltende und erbitterte Widerstand der Pariser Kommune, der sich bis Ende Januar 1871 hinzog, letztlich nichts. Friedrich war trotz seines Generalsranges kein Militär und so griff er auch nicht wirklich in die militärischen Planungen oder Aktionen ein. Im Gegensatz zu seinem jüngeren Bruder Wilhelm, der in der Schlacht von Nuits-Saint-Georges am 18. Dezember 1870 schwer verwundet wurde.

Ein interessantes Dokument ist ein Brief, den der Großherzog am 23. September 1870 an den Kommandanten der von preußischen Truppen belagerten Stadt Straßburg, General Uhrich, schrieb, in dem er diesen dazu aufforderte, die Konsequenzen aus der politischen bzw. militärischen Lage zu ziehen und zu kapitulieren: „Als guter Nachbar des Elsass und besonders der Stadt Straßburg, dessen Leiden mir viel Schmerz verursachen, will ich an Sie das Wort richten, und ich bitte, diesen Schritt der Notwendigkeit zuzuschreiben, die ich empfinde, um so viel als möglich zu einem raschen Ende der Leiden einer unglücklichen Bevölkerung beizutragen, welche den Gesetzen des Krieges unterworfen ist … Sie wissen, mein Herr, dass die äußere Lage Ihnen nichts von der Regierung, welcher Sie verantwortlich waren, noch von dem Heere, dem Sie angehören, zu erwarten ist … Mein General, mögen Sie die Stimme eines deutschen Fürsten hören, welcher für den Ruhm seines Vaterlandes kämpft; welcher aber nichtsdestoweniger seine Pflicht gegen Gott kennt, vor welchem es nur einen wahren Ruhm gibt, den der Bruderliebe. Ich bitte Sie also, mit diesem schrecklichen Drama ein Ende zu machen …" Tatsächlich kapitulierte die Stadt wenige Tage später – ob Friedrichs Schreiben zu der Entscheidungsfindung beigetragen hat oder nicht, mag dahingestellt bleiben.

Während um Paris noch gekämpft wurde, versammelten sich die deutschen Fürsten und Befehlshaber im Großen Hauptquartier, das im Schloss von Versailles eingerichtet worden war. Dort ging es schon nicht mehr nur um den Krieg gegen Frankreich, sondern um die zukünftige Gestaltung Deutschlands; von dem geschlagenen Frankreich waren dagegen keine Widerstände mehr zu erwarten. Großherzog Friedrich war bereits am 3. November 1870 in der einstigen Residenz des „Sonnenkönigs" eingetroffen. Dem badischen Drängen um Aufnahme in den Norddeutschen Bund gab Bismarck am 15. November nach; wenige Tage später wurde auch eine umfassende Militärkonvention abgeschlossen, mit der Baden seine Streitkräfte unmittelbar der Kommandogewalt Preußens unterstellte. Einmal mehr untermauerte der badische Großherzog damit, dass er für sein Ideal der deutschen Einigung zu der Aufgabe von Souveränität bereit war. Damit taten sich die meisten anderen Herrscher der deutschen Mittelstaaten sehr viel schwerer: Ihnen hielt Friedrich entgegen: „Die Souveränitätsrechte betrachte ich nicht als Privateigentum des Fürsten, sondern als den Pflichtenkreis, der im Interesse und im Verein mit dem Staatsganzen geübt wird und daher nicht einseitig aus Neigung, Abneigung oder Vorteil geändert, erweitert oder vermindert werden kann." Überhaupt, fand Friedrich, sei die Souveränität beispielsweise auf militärischem Gebiet auch bisher nur eine sehr eingeschränkte gewesen. Denn ohne die Unterstützung einer größeren Macht konnte keiner der Mittelstaaten auch nur irgendetwas ausrichten.

Am zurückhaltendsten zeigte sich die größte Mittelmacht: Bayern. Ludwig II. hielt nicht viel von einer Kaiserwürde für die Hohenzollern, und doch (oder gerade deshalb) war seine Unterstützung hierfür besonders wichtig. In die Bemühungen, den störrischen Wittelsbacher dafür zu gewinnen, schaltete sich auch der badische Großherzog ein. In einem

Brief an Ludwig schwärmte Friedrich im Oktober 1870. „Ein unvergänglicher Ruhm würde sich an den Namen König Ludwigs II. knüpfen, wenn der große Wendepunkt, an dem die Geschichte Deutschlands gegenwärtig sich befindet, durch seine kühne Initiative" zur „Anerbietung der Kaiserwürde an den greisen Heldenkönig von Preußen" führen würde. „Das gesamte deutsche Volk würde Ihnen dankbar zujubeln. Eure Majestät selbst aber würden als der stärkste und mächtigste bayerische König die Geschichte zieren, da Sie Ihrem Lande den ersten Anteil an der Größe des gesamten Reichs erkämpft hatten."

Es folgten noch weitere Schreiben des Großherzogs in ähnlich schmeichelndem Ton. Doch wenn sich Ludwig II. am 30. November 1870 tatsächlich bereitfand, einen von Bismarck verfassten Brief zu unterzeichnen, in dem er Wilhelm I. darum bat, „die Ausübung der Bundespräsidialrechte mit der Führung des Titels eines deutschen Kaisers verbinden zu wollen", dann war dies kein Erfolg des badischen Großherzogs. Erst die Zusicherung von Sonderrechten für Bayern und Geld für seine Schlossbauten ließen den Wittelsbacher seine Einstellung ändern. Zur Kaiserproklamation nach Versailles fuhr er dennoch nicht.

Die ehrliche Freude des badischen Großherzogs über die Entwicklung wird auch in seiner an König Wilhelm I. gerichteten Tischrede am 1. Januar 1871 in Versailles deutlich. An diesem Tag trat die Verfassung in Kraft, mit der der Norddeutsche Bund mit den süddeutschen Mittelstaaten zum Deutschen Reich vereint wurde. Doch Wilhelm I. war noch nicht in Feierlaune, auch wenn ihm sein Schwiegersohn zurief: „Der heutige Tag war dazu bestimmt, das ehrwürdige deutsche Reich in verjüngter Kraft erstehen zu sehen". Friedrich sah in dem preußische König schon vor seiner offiziellen Proklamation „das Oberhaupt des deutschen Kaiserreichs und in dessen Krone die Bürgschaft der unwiderruflichen Einheit".

Die Formel, mit der der preußische König zum einigenden Monarchen wurde, ohne die Souveränität seiner Kollegen zu sehr zu beeinträchtigen, hatte Bismarck bereits Ludwig II. in die Feder diktiert: „Kaiser von Deutschland", das wusste der erfahrene Politiker, war nicht durchsetzbar, also einigte man sich nach endlosen Diskussionen auf „Deutscher Kaiser". Das aber fand Wilhelm I. nicht angemessen und sträubte sich. Der Ministerpräsident musste alle seine Überredungskünste aufwenden, um den alten Herrn davon zu überzeugen, die neue Würde anzunehmen. Wie stets, wenn er es mit Bismarck zu tun hatte, gab Wilhelm letztlich nach und ergab sich in das Unvermeidliche.

Doch bekannte er noch am Vorabend seiner Proklamation zum Kaiser in Versailles: „Morgen ist der traurigste Tag meines Lebens. Morgen tragen wir das preußische Königtum zu Grabe." Womit er die Folgen dieses Aktes sehr viel klarer vor Augen hatte, als die meisten der anwesenden Fürsten.

Großer Auftritt in Versailles

Dem badischen Großherzog kam bei der Proklamation des preußischen Königs zum Deutschen Kaiser am 18. Januar 1871 im Spiegelsaal des Schlosses von Versailles eine ganz besondere Rolle zu. Er sollte seinem Schwiegervater die erste Huldigung darbringen. Dies war der Dank dafür, dass er „das Beste für die Einigung getan" hatte, wie Wilhelm I. sich ausgedrückt hat. Der greise König hatte den Großherzog, in einem Akt letzten Aufbäumens gegen Bismarck, noch darum gebeten, ihn entgegen der offiziellen Titulatur als „Kaiser von Deutschland" hochleben zu lassen. Damit geriet Friedrich in eine verzwickte Lage: Er konnte nun wählen, ob er es sich mit seinem Schwiegervater oder mit Bismarck verderben wollte. Schließlich kam er auf eine wahrhaft salomonische Lösung: Er machte dem preußischen Kronprinzen den Vorschlag, nur „Kaiser Wilhelm" zu sagen, „womit dieser einverstanden war". Tatsächlich sagte der Großherzog in dem historischen Augenblick dann: „Seine Kaiserliche und Königliche Majestät, Kaiser Wilhelm, lebe hoch, hoch, hoch."

Der Berliner Historienmaler Anton von Werner hat die Szene in seinem berühmten Gemälde festgehalten. Friedrich steht rechts neben seinem Schwiegervater, den er mit erhobener Hand hochleben lässt. Er trägt die preußische Uniform und die Schärpe des Schwarzen Adlerordens, die höchste Auszeichnung, die das Haus Hohenzollern zu vergeben hatte. Diese Geste war der preußische Dank für den Badener, und Friedrich nahm diese Rolle sehr gern an. Unten im Saal stehen Fürsten und Generäle, die dem Kaiser ihrerseits mit gezogenem Säbel huldigen. Den preußischen Ministerpräsidenten lässt von Werner in einer prächtigen weißen Uniform herausstechen. Eine solche hat Bismarck in Versailles zwar gar nicht getragen, doch entsprach diese Darstellung seiner entscheidenden Rolle bei der Gründung des Deutschen Kaiserreichs.

Die nationale Einigung war für Friedrich zwar die Erfüllung seiner Wünsche, doch mit nationalistischer Übersteigerung hatte der Großherzog nichts im Sinn. So gehörte er auch zu den wenigen, die „den

Gedanken, die süddeutschen Staaten durch Gebietserweiterung für ihre Teilnahme am Krieg zu entschädigen", für einen „großen Fehler und daher für ein Unglück im Interesse einer besseren Gestaltung Deutschlands" erachteten. Keinesfalls wollte er sich auf einen Ländertausch mit Bayern einlassen: die Königskrone und das Elsass für Baden, wenn das Großherzogtum seinerseits auf einst pfälzische Gebiete zugunsten der Wittelsbacher verzichtete. „Die Zeit, in welcher man Land und Leute verschenkte, liegt weit hinter uns und daher wollen wir sie ... zur Ehre der deutschen Nation nicht wieder zurückrufen ..." Ja, Friedrich empfand das bayerische Ansinnen gar als „persönliche Beleidigung".

Dies bedeutete allerdings nicht zwangläufig den Verzicht auf eine Annexion insgesamt. So brachte Friedrich selbst den Gedanken einer preußischen Oberherrschaft oder der Einsetzung eines Reichsstatthalters im Elsass als Möglichkeit ins Spiel. Den Gedanken einer „Garantie durch Preußen" enthielt auch ein Memorandum, das der badische Staatsminister Julius Jolly an Bismarck übersandte. Darin forderte er für die badische Regierung, die „stete Bedrohung durch Frankreich", die seit Jahrhunderten auf den süddeutschen Ländern laste, durch die Annexion des Elsass und Lothringens zu beseitigen.

Der Großherzog rückte im Verlauf des Krieges aber auch von dieser Idee immer mehr ab. Er konnte sich das Elsass und Lothringen nun sogar als „neuen, neutralen Staat ... zwischen Deutschland und Frankreich" vorstellen, ein Gedanke, der im Memorandum Jollys explizit abgelehnt worden war. Als die Friedensverhandlungen Ende Februar 1871 tatsächlich begannen, hatte bei Friedrich endgültig die grundsätzliche Skepsis die Oberhand gewonnen: „Heute wie seit Beginn des Krieges bin ich gegen den Erwerb französischen Gebietes, gleichwohl ob dasselbe früher deutsch war oder nicht". Mit Blick auf das Elsass und Lothringen fuhr er fort: „Diese alten deutschen Länder sind ganz französisch geworden, sie wollen nicht deutsch werden. Ihre Erwerbung war deutscherseits früher nicht beabsichtigt, und noch beim Ausbruch des Krieges war nicht die Rede davon." Man hätte Deutschland mehr Fürsten mit einem solchen klaren Blick gewünscht ... Doch nach dem triumphalen Sieg, das wusste auch der Großherzog, hatte „die Frage der Gebietsabtretung in Deutschland den Charakter einer nationalen Forderung angenommen" – und das galt umso mehr für das Großherzogtum Baden mit seiner langen Grenze zum Elsass. So beschränkte sich Friedrich auf die Forderung, wenigstens das überwiegend französischsprachige Metz nicht zu annektieren, doch beharrten darauf die preußischen Militärs. Und das Ziel der Einheit Deutschlands war für Friedrich wichtiger, als wegen der Annexion des Elsass und Lothringens einen Streit vom Zaun zu brechen.

Dass es letztlich doch ein anderes Deutschland war, als jenes, das Friedrich angestrebt hatte, zeigte sich auch in einer Detailfrage, die gleichwohl bemerkenswert ist: Der Norddeutsche Bund führte seit 1867 die Farben Schwarz-Weiß-Rot; diese Kombination wurde auch von dem neu gegründeten Deutschen Reich übernommen (wenn auch de jure erst 1892). Schwarz-Weiß, das waren die Farben der Hohenzollern, dazu kam das Rot-Weiß der Hansestädte. Der badische Großherzog hätte gern eine andere Farbkombination gesehen: das Schwarz-Rot-Gold der liberalen und demokratischen Nationalbewegung, die damit an Farbkombinationen aus der Zeit des Heiligen Römischen Reichs Deutscher Nation anknüpfen wollte und die zumindest zeitweise auch über den Einrichtungen des Deutschen Bundes geweht hatte. Friedrich stand zu diesen Farben, obwohl sie auch untrennbar mit der Revolution von 1848/49 verbunden waren, die seine Familie kurzzeitig vom Thron gestoßen hatte. Anders Bismarck, der dem Großherzog entgegnete, dass man den preußischen Soldaten nicht zumuten könne, unter jenen Farben zu dienen, die sie bei der Revolution auf den Barrikaden bekämpft hätten; Wilhelm I. würde dies niemals zulassen. Allerdings zeigte sich auch an diesem Beispiel, dass Friedrich, endlich am Ziel seiner Wünsche, keinen Streit über solche Fragen vom Zaun brechen wollte: „Wenn nur ein gemeinsames Zeichen für die deutsche Armee vereinbart werde, das sei mir die Hauptsache".

Bei seiner Wiederkehr nach Karlsruhe wurde der Großherzog von der Bevölkerung am 8. März „mit unverdientem Jubel" empfangen. Sein „Versailler Tagebuch" schloss er an ebendiesem Tag mit den Worten: „Die Wiedervereinigung mit den Meinigen war ein Dank gegen Gott, der uns diese Gnade zuteil werden ließ. Ihm sei Ehre und Preis dafür, immerdar!" Grund zum Danken hatte Friedrich auch noch aus einem anderen Grund: Der badische Landtag hatte sich ohne Gegenstimme für die Einigungsverträge ausgesprochen. Alle Bedenken und Ängste, die es auch auf liberaler Seite aufgrund der reaktionären Politik Bismarcks einmal gegeben hatte, waren durch den militärischen Triumph beiseite gewischt worden.

Diskussion um das Wahlrecht

Für die Außenpolitik war nun das neu gegründete deutsche Kaiserreich verantwortlich – und damit Otto von Bismarck, der – natürlich – die Position des ersten Reichskanzlers übernahm. Damit waren der Großherzog und seine Regierung weitgehend auf die Verantwortung für die Innenpolitik beschränkt. Eine der großen Fragen auf diesem Gebiet war die von der Katholischen Volkspartei mit Macht angestrebte und von der großen Mehrheit der Liberalen nach wie vor entschieden abgelehnte direkte und gleiche Wahl der Zweiten Kammer des Landtags. Die Liberalen wollten weiterhin am System der Wahlmänner festhalten, die allein den nötigen Verstand hätten, die „richtigen" Abgeordneten zu bestimmen, und auch nicht darauf verzichten, das Wahlrecht an das Bürgerrecht zu knüpfen. Damit hielt man nämlich all jene Besitzlosen von den Urnen fern, die von der Armenfürsorge lebten – und nicht in dessen Genuss kamen. Würde man der unwissenden Masse das Instrument des direkten Wahlrechts an die Hand geben, würde dies nur der Tyrannei Tür und Tor öffnen – sei dies in der Form katholischer „Pfaffenherrschaft" oder des radikalen Umsturzes von links.

Als Probelauf für diese Frage konnten die ersten Wahlen zum Reichstag 1871 gelten, denn hier galt das allgemeine, gleiche, geheime und direkte Wahlrecht aller Männer (Frauen blieben ausgeschlossen) über 25 Jahre. Die nun sogenannten Nationalliberalen errangen dabei 57 Prozent der Stimmen, verfügten also trotz des anderen Wahlrechts über eine satte Mehrheit; diese dürfte nicht zuletzt auf die Nachwirkungen der Reichseinigung zurückzuführen sein. Aber immerhin: Die Katholische Volkspartei gewann 23,2 Prozent. Bei den Wahlen von 1874 fielen dann die Nationalliberalen auf 51,3 Prozent, während die Katholische Volkspartei ihren Stimmenanteil fast verdoppelte und jetzt auf 41,5 Prozent kam. Das war zwar ein großer Erfolg, doch zeigte er, dass nicht alle badischen Katholiken ihr Kreuz automatisch bei „ihrer" Volkspartei machten, sondern es auch liberale Katholiken gab. Bei den nach wie vor indirekten Wahlen zur Zweiten Kammer des badischen Landtags steigerte die Katholische Volkspartei die Zahl ihrer Mandate 1871 von vier auf neun, blieb also deutlich hinter den Liberalen zurück. Sieht man von einer kurzen „Delle" zu Beginn der 1880er-Jahre ab, als sie nur noch knapp die Hälfte der Mandate im Landtag innehatten (und die Katholische Volkspartei es sogar auf 23 Abgeordnete brachte), blieben die Nationalliberalen im Karlsruher Ständehaus die stärkste Kraft. Allerdings verloren sie 1893 die absolute Mehrheit – und gewannen sie auch nicht wieder. Konservative und Linksliberale (Demokraten) kamen über wenige Abgeordnete im Landtag nicht hinaus; das galt zunächst ebenso für die 1891 erstmals mit zwei Abgeordneten vertretenen Sozialdemokraten. Diese waren durch das herrschende Wahlrecht ebenso benachteiligt wie die Katholiken, sodass sich die Interessen der beiden Parteien in dieser Frage trafen.

Doch es war nicht der Streit um das Wahlrecht, den die Katholische Volkspartei mit der Regierung ausfocht. Zu einer veritablen Regierungskrise kam es 1876, als der Landtag dem Gesetzentwurf für die Einführung der obligatorischen Simultanschule zustimmte, da „die Verschiedenheit des Bekenntnisses eine Trennung der Kinder bezüglich des in der Volksschule zu empfangenden Unterrichts – vom Religionsunterricht abgesehen – nicht bedinge". Natürlich führte dies zu einem Aufschrei in kirchentreuen Kreisen. Friedrich machte seinen Staatsminister Jolly für die Krise verantwortlich und entließ ihn. Seine Stelle nahm Handelsminister Ludwig Turban ein. In der Folge entspannte sich das Verhältnis zwischen Staat und Kirche, was nicht zuletzt an Zugeständnissen der Regierung lag: So wurde die Kulturprüfung für angehende Theologen 1880 abgeschafft und zwei Jahre später die Wahl von Johann Baptist Orbin zum neuen Erzbischof von Freiburg auch staatlicherseits anerkannt.

Friedrich, der aufgrund einer schweren Typhus-Erkrankung die Regierungsgeschäfte 1881/82 vorübergehend an seinen gleichnamigen Sohn übergeben musste, war sehr daran gelegen, dass es bei diesem zumindest etwas entspannteren Verhältnis blieb. Bei seiner Eröffnung des Landtags 1883 brachte er denn auch klar zum Ausdruck, dass er keine neuen Attacken vonseiten der Nationalliberalen wünschte: „Das freundliche Verhältnis zu dem katholischen Kirchenregiment hat sich bei der Erledigung aller Angelegenheiten, die ein Einvernehmen mit der obersten Kirchenbehörde erforderten, bewährt. Meine Regierung wird ernstlich bestrebt sein, dieses für eine friedliche Entwicklung der inneren Zustände des Landes wichtige und erfreuliche Verhältnis aufrecht zu erhalten." Der „Aufklärerradikalismus" mancher Nationalliberaler ging dem Großherzog entschieden zu weit. Die Hoffnung von einigen Politikern der Katholischen Volkspartei, dass der Großherzog sich gänzlich neu orientieren wollte, war jedoch verfehlt: Er werde an seinem „liberalen Regierungssystem" selbstverständlich festhalten. Allerdings wurde das Band zwischen der Regierung und den Nationalliberalen im Landtag lockerer.

Die folgenden Jahre waren bestimmt von den Diskussionen um das Wahlrecht für den Landtag. Der Großherzog hielt an dem bisherigen Verfahren fest, fürchtete er doch ansonsten einen politischen Erdrutsch. Die Schärfe, mit der Wahlkämpfe inzwischen ausgefochten wurden, gefiel Friedrich gar nicht. Er erwartete von den Parteien eine sachliche Auseinandersetzung, nicht Streit um des Streites willen. Besonders empörend fand er die Einflussnahme katholischer Geistlicher zugunsten der Katholischen Volkspartei: Jene, die doch berufen seien, Liebe und Versöhnung zu verbreiten, betrieben stattdessen „Verhetzung und Aufwiegelung des Volkes".

Die Schar derer, die das direkte Wahlrecht nach wie vor ablehnte, wurde in den 1890er-Jahren immer kleiner. Auch die Nationalliberalen gaben ihren Widerstand allmählich auf. Mehrfach sprach sich die Zweite Kammer für die Einführung des direkten Wahlrechts aus, doch die Regierung folgte diesen Beschlüssen nicht. Katholische Volkspartei, Sozialdemokraten und kleinere Parteien versuchten es 1898 mit der Brechstange und stellten im Landtag nicht nur neuerlich den Antrag, dass dem „Verlangen des Volkes nach Einführung des direkten Wahlrechts" endlich entgegengekommen werden sollte, sondern bekundeten gegenüber der Regierung ganz allgemein ihr Misstrauen. In einer parlamentarischen Demokratie hätte ein solches Misstrauensvotum den Sturz der Regierung bedeutet – doch das Großherzogtum Baden war eine konstitutionelle Monarchie und die Regierung nicht abhängig vom Landtag, sondern vom Vertrauen des Großherzogs. Und Friedrich, der kurzzeitig sogar an eine Auflösung des Landtags dachte, reagierte prompt: „Seine Königliche Hoheit hat dem Staatsministerium auf Vorlage der Kammerbeschlüsse ... seine allerhöchste Willensmeinung dahin kund gegeben, es solle die Gesamtregierung, die sich im Vollbesitze des landesherrlichen Vertrauens befinde, die Staatsgeschäfte weiterführen, da irgend ein Anlass zu einer Änderung in der Zusammensetzung der obersten Staatsbehörde nicht gegeben sei". Zufrieden konnte der Großherzog vorübergehend wieder mit den Nationalliberalen sein. Auch wenn sie sich in der Wahlrechtsfrage den anderen Parteien angenähert hatten, war ein Sturz der Regierung mit ihnen nicht zu machen, und so hatten sie gegen die Vorlage im Landtag gestimmt.

Die Einführung des direkten Wahlrechts ließ sich jedoch nicht mehr aufhalten, nachdem die Zweite Kammer mittlerweile nahezu einhellig hinter dieser Forderung stand. Dass die Entscheidung trotzdem auf sich warten ließ, lag vor allem an Friedrich. Noch im November 1900 warnte er vor den Folgen eines „unbegrenzten Massenwahlverfahrens". Drei Jahre später gab er nach und brachte einen Gesetzentwurf in den Landtag ein, der die Einführung des gleichen und direkten Wahlrechts vorsah. Im Sommer 1904 wurden die Entwürfe zur Änderung der Verfassung vom Landtag angenommen und als Gesetz erlassen. Ein Jahr später fanden die Wahlen zum Landtag erstmals nach dem allgemeinen, gleichen und direkten Wahlrecht statt (während in Preußen noch immer das Drei-Klassen-Wahlrecht galt).

Die Wahlen erbrachten das von den einen erhoffte und von den anderen befürchtete Ergebnis: Die Katholische Volkspartei, die sich inzwischen dem reichsweit agierenden Zentrum angeschlossen hatte und unter diesem Namen antrat, erreichte im ersten Wahlgang 42,4 Prozent der Stimmen, die Nationalliberalen erhielten 30,2 Prozent und die Sozialdemokraten 17 Prozent. Doch gewählt waren in diesem Wahlgang nur jene Abgeordneten, die in ihrem Wahlkreis die absolute Mehrheit erreicht hatten. Im zweiten Wahlgang reichte dann die einfache Mehrheit. Es war demnach ein simples Rechenexempel, dass die Zentrumskandidaten in den noch offenen Entscheidungen ihren Siegeszug fortsetzen würden. Doch dann geschah das Undenkbare: Nationalliberale und Sozialdemokraten rauften sich zusammen und trafen Wahlabsprachen, nach denen in bestimmten Wahlkreisen nur noch ein Sozialdemokrat oder nur noch ein Nationalliberaler gegen den Zentrumskandidaten antrat. So gelang es den beiden Parteien, die Mehrheit des Zentrums im Landtag zu verhindern.

Großherzog Friedrich war von dieser „Großblockpolitik" keineswegs angetan und setzte die Regierung unter dem neuen Staatsminister Alexander von Dusch unter Druck, eine entsprechende Erklärung zu veröffentlichen. Dies geschah dann tatsächlich in der Karlsruher Zeitung vom 3. November 1905, in der das Bündnis zwischen den Nationalliberalen und den Sozialdemokraten, die an ihren „auf den Umsturz der jetzigen Staats- und Gesellschaftsordnung gerichteten Endbestrebungen" festhielten, kritisiert wurde. Für Friedrich selbst waren dies, wie er bereits in einer Ansprache einige Jahre zuvor geurteilt hatte, „vaterlandslose Gesinnungen und utopische Träumereien, die unter dem Scheine der Freiheit die Knechtschaft der Willkür und Selbstsucht herbeiführen". Hier klang doch deutlich die Erinnerung an die Revolution von 1848/49 durch, die für den Großherzog das Schreckgespenst schlechthin blieb. Doch ob es Friedrich nun gefiel oder nicht: Letztlich garantierte die ungewöhnliche Wahlabsprache, die Nationalliberale und Sozialdemokraten bis in den Ersten Weltkrieg hinein fortsetzten, dass der liberale Kurs beibehalten werden konnte. Eine ungewöhnliche Zusammenarbeit, die aber nicht nur von Friedrich, sondern auch von den Parteivorständen der Nationalliberalen und der Sozialdemokraten in Berlin heftig kritisiert wurde. In Baden tickten die Uhren eben ein wenig anders als in der fernen Hauptstadt …

Todesfälle und ein Gespenst aus vergangenen Zeiten

Zu den politischen Schwierigkeiten kamen für Friedrich private Schicksalsschläge, die ihren Höhepunkt im Jahr 1888 erreichten: Zuerst starb am 23. Februar sein erst 23 Jahre alter, zweitgeborener Sohn Ludwig Wilhelm an einer Lungenentzündung. Die Eltern hatten den Winter in Südfrankreich verbringen wollen. Als sie von der schweren Erkrankung ihres Sohnes erfuhren, machten sie sofort auf den Heimweg, doch aufgrund einer Lawine mussten sie in Luzern einen Tag pausieren. In Freiburg erfuhren sie vom Tod Ludwig Wilhelms.

Und nur zwei Wochen später verschied in Berlin Kaiser Wilhelm I., allerdings im Alter von fast 91 Jahren. Friedrich und seine Gemahlin Luise waren eigens an das Sterbebett Wilhelms geeilt, um sich von dem greisen Monarchen zu verabschieden. Auch wenn Großherzog und Kaiser nicht immer einer Meinung gewesen waren, so hatte die beiden, die das Wohl ihres Landes obenan stellten, doch ein ungewöhnliches Vertrauensverhältnis verbunden. Nicht minder eng war das des badischen Großherzogs zu dem neuen Kaiser Friedrich III. Von ihm hatte er den liberalen Umbau Preußens und damit des Reichs erhofft. Doch bei seinem Regierungsantritt war der Kaiser bereits todkrank, am 15. Juni 1888 ist er nach nur 99-tägiger Herrschaft an Kehlkopfkrebs gestorben. Ihm folgte sein 28-jähriger Sohn Wilhelm auf dem Thron, mit dem der zurückhaltende Badener nichts anfangen konnte. Größere Kontraste im Auftreten als zwischen den beiden hätte man sich kaum vorstellen können. Dennoch blieb Friedrich auch dem jungen Kaiser Wilhelm II. loyal verbunden.

Wie ein Gespenst aus vergangenen Zeiten bereitete Kaspar Hauser auch Großherzog Friedrich Kopfzerbrechen. Zwar war er zutiefst davon überzeugt, dass die Erbprinzenlegende bar jeder Realität war, doch in der Öffentlichkeit wurde nach wie vor munter darüber spekuliert. Es erschienen Bücher und Zeitungsartikel, die dem Ansehen des großherzoglichen Hauses schadeten. Selbst in den europäischen Herrscherhäusern fanden sich Anhänger der Theorie, dass Kaspar Hauser der Sohn des Großherzogs Karl und der Großherzogin Stéphanie gewesen sei. Dazu gehörte etwa der bayerische König Ludwig I., aber auch Königin Victoria von England, die Wilhelm I. davor gewarnt haben soll, seine Tochter Luise mit einem Mann zu verheiraten, dessen Familie „allgemein eines Mordes bezichtigt" werde. (Allerdings steht diese Haltung in ziemlichem Widerspruch dazu, dass Victoria später eine ihrer Enkelinnen mit dem ältesten Sohn Friedrichs verkuppeln wollte.)

Friedrich hatte von all diesen Verdächtigungen schließlich die Nase voll: Die „verleumderischen Stimmen" sollten endlich zum Schweigen gebracht werden. So rief er 1883 eine Kommission ins Leben, die sich auf wissenschaftlicher Basis um eine Aufklärung der Geschichte bemühen und einen Bericht darüber erstellen sollte. Tatsächlich sichtete der Archivar Dr. Ludwig Dietz in der Folge die einschlägigen Unterlagen an mehreren Höfen, doch verliefen die Recherchen letztlich im Sande; jedenfalls wurden die Ergebnisse von Dietz' Untersuchungen niemals veröffentlicht. Großherzogin Luise stellte derweil eigene Nachforschungen an, um den Ruf ihres geliebten Mannes von jedem Makel reinzuwaschen, doch auch davon drang nichts nach außen. Offiziell äußerte sich die großherzogliche Familie nach wie vor nicht zu dem Thema.

Der Beliebtheit des Großherzogs und seiner Frau konnten die Gerüchte um Kaspar Hausers vermeintliche Identität kaum etwas anhaben. Die stete Präsenz des großherzoglichen Paares landauf landab bei allen nur denkbaren Anlässen machte aus dem fernen Herrscher einen Landesvater zum Anfassen. Oft wurde Friedrich geraten, doch etwas kürzer zu treten. Darauf pflegte er zu antworten: „Ich muss gehen, ich habe es ja versprochen." Das hatte mitunter kuriose Folgen: Als Friedrich am 9. September 1906 in Badenweiler seinen 80. Geburtstag feierte, wollte der Fackelzug ihm zu Ehren am Abend kein Ende nehmen. Der Großherzog schlummerte schließlich im Stehen ein – und seine Frau Luise musste ihn bei der Hand nehmen und ihm zuflüstern: „Komm, Fritz, es ist vorbei."

Selbst in katholischen und linken Kreisen anerkannte man ihn als Garanten der Stabilität des Landes. So war denn auch das 50-jährige Regierungsjubiläum des Großherzogs 1902 ein Fest, an dem weite Teile der Bevölkerung Anteil nahmen. Der Großherzog zeigte sich bewegt: „Im Aufblick zu Gottes Gnade war es mein Wunsch, die Feier im Rückblick auf eine reich gesegnete Zeit pflichttreuer Tätigkeit mit meinem teuren badischen Volke zu begehen. Es kamen mir aber die schönsten und erfreulichsten Kundgebungen von Liebe und Treue in so

Der Badische Kunstverein wurde 1818 gegründet. Bis heute nutzt er das von Großherzog Friedrich I. im Jahr 1900 errichtete Gebäude in der Karlsruher Waldstraße für Ausstellungen. Blick auf ein Detail der reich verzierten Fassade mit einer Erinnerung an die Protektion durch den Großherzog.

reicher Fülle entgegen, dass ich die aus allen Kreisen der Bevölkerung mir gewidmeten Beweise des Vertrauens mit den erhebendsten Gefühlen innigster Dankbarkeit erwidern musste. Die gewünschte Stille verwandelt sich in Festfreude und Jubel, dem ich mich nicht entziehen konnte." Fünf Jahre später, am 28. September 1907, starb Großherzog Friedrich von Baden im Alter von 81 Jahren auf der Insel Mainau. Beigesetzt wurde er in der 1896 fertiggestellten großherzoglichen Grabkapelle im Karlsruher Fasanengarten. Großherzogin Luise überlebte ihren Mann um 16 Jahre; sie starb 1923 und wurde an seiner Seite beigesetzt.

Herrscher ohne Chance

Großherzog Friedrich II.

(1857–1928)

Der letzte Großherzog von Baden setzte die liberale Politik seines Vaters fort, doch besaß er nicht dessen Ausstrahlung und – natürlich – auch nicht die „Alterswürde", die Friedrich in den letzten zwei, drei Jahrzehnten seiner Herrschaft über die Parteien gestellt hatte. Dazu kam eine Schüchternheit und Zurückhaltung, die selbst Menschen, die ihn lange kannten, vor ein Rätsel stellten. So schrieb die Hofdame von Friedrichs Frau lange nach dessen Tod: „Von den Gedanken unseres letzten Großherzogs weiß ich wenig. Er war immer natürlich; war aber bei aller Höflichkeit, die ihm zweite Natur war, von übergroßer Zurückhaltung ... Die Pflicht nahm er sehr ernst." Doch selbst wenn Friedrich II. noch so charismatisch gewesen wäre: Der Untergang des deutschen Kaiserreichs im Ersten Weltkrieg hätte das Großherzogtum so oder so mitgerissen.

Geboren wurde der spätere Großherzog am 9. Juli 1857. Die Freude der Eltern über den Erben war naturgemäß groß. Zu einem „weisen und gerechten Fürsten" wollte der Vater ihn erziehen, und dementsprechend ehrgeizig war das Erziehungsprogramm. Friedrich wurde zunächst von einem Privatlehrer im Lesen, Schreiben und Rechnen unterrichtet. Doch verstärkte dieser Einzelunterricht nur die Abgehobenheit des jungen Prinzen von der Lebenswirklichkeit. Kontakt mit Gleichaltrigen gab es in dieser Welt nicht, und wenn, dann waren es die Kinder von Untergebenen, die dem Thronfolger sich nicht anders als unterwürfig zu nähern trauten. Es war wohl nur normal, dass ein solches Kind zu Eigensinn neigte und das Verlierenkönnen nicht gerade zu seinen hervorstechenden Charaktermerkmalen gehörte. Als Friedrich einmal den Gruß eines Wachtpostens vor dem Karlsruher Schloss unerwidert ließ, sorgte sein Lehrer dafür, dass er noch einmal an dem Mann vorbeiging – und dieses Mal „das Versäumte wieder gut machte".

Das Fazit von Friedrichs Lehrer Dr. Ernst Wagner: „Der Prinz muss vom Hof weg und muss unter Kameraden".

Das war zwar durchaus vorgesehen gewesen, doch die besorgten Eltern trennten sich nur ungern von ihrem Sprössling. Ihn auf eine öffentliche Schule zu schicken, wagten sie nicht. Doch fand man einen Kompromiss: Friedrich sollte mit zunächst elf ausgewählten Schülern des Karlsruher Gymnasiums in der 1867 gegründeten Großherzoglichen Friedrichs-Schule unterrichtet werden. Friedrichs Mitschüler stammten aus der gebildeten Bürgerschicht, unter ihnen waren Protestanten wie Katholiken. Sonderrechte sollte der Thronfolger keine haben – diese Lektion hatten die Eltern gelernt. Der Großherzog war von dieser Lösung äußerst angetan: Die kleine Klasse und ausgewählte Lehrkräfte sollten für eine Erziehung „aus einem Guss" sorgen. Das Ergebnis entsprach jedoch nicht ganz den hochgestellten Erwartungen. Friedrich lernte schwer, war äußerst entscheidungsschwach, kontaktarm und wenig interessiert. Düstere Erinnerungen an die Zeit des unseligen Großherzogs Karl kamen auf. Nachdem zwischenzeitlich sogar Friedrichs Versetzung gefährdet erschien, schaffte er 1875 dann doch im ersten Anlauf das Abitur. Nur wenig später trat der 18-Jährige als Leutnant in das I. badische Leib-Grenadier-Regiment Nr. 109 ein. Dieses Regiment war Teil der preußischen Armee, und so war es auch nur folgerichtig, dass der Großvater des jungen Prinzen, Kaiser Wilhelm I., persönlich nach Karlsruhe kam, um den Enkel in seine Armee aufzunehmen.

In den folgenden Jahren trat Friedrich in die Fußstapfen seines Vaters: 1875 reiste er nach Italien, besuchte Rom und Sizilien. Doch zog es ihn bald wieder zurück über die Alpen. Es folgte das Studium an der Universität Heidelberg, wo er staats-, rechts- und geschichtswissenschaftliche Vorlesungen hörte. Wie sein Vater setzte er sein Studium in Bonn fort, zusammen mit seinem zwei Jahre jüngeren Vetter, dem späteren Kaiser Wilhelm II. Doch vertrugen sich die beiden so verschiedenen Charaktere von Anfang an nicht. Daraufhin ging Friedrich eigene Wege: 1878 wechselte er an die Universität von Freiburg im Breisgau. Das war zwar ein schönes Zeichen der Einheit zwischen der Dynastie und ihren katholischen Untertanen, doch interessierte ihn das Studium dort so wenig wie in Heidelberg und Bonn.

Karriere im Kasernenhof

Friedrich war froh, als er 1879 das Kapitel „Universität" schließen konnte. Es lag nahe, dem formalen Eintritt in die preußische Armee 1875 nun den tatsächlichen Dienst folgen zu lassen. Diesen nahm er am 18. Oktober 1880 beim I. Garde-Regiment zu Fuß in Potsdam auf, dem exklusivsten aller exklusiven preußischen Regimenter. Beim Militär gefiel es Friedrich gut, besser als an der Universität. Und es machte ihm auch nichts aus, bei strömendem Regen mit seiner Kompanie im Biwak zu sitzen – ohne schützendes Zelt wohlgemerkt. Unterbrochen wurde seine Dienstzeit durch eine schwere Typhus-Erkrankung des Vaters vom November 1881 bis Oktober 1882. In dieser Zeit übernahm Friedrich offiziell die Regentschaft für den Großherzog, doch dürfte sein tatsächlicher Einfluss auf die Politik gering gewesen sein. Immerhin war der Vater angetan von dem Bemühen des Sohnes, dem er nach seiner Genesung dankte: „Mit aufrichtiger Befriedigung war ich Zeuge Deines Bestrebens, Deine Aufgabe der Stellvertretung mit gewissenhafter Sorgfalt zu lösen. Freudig durfte ich wahrnehmen, welche Früchte Deine fleißigen Studien auf Schule und Universität und in der praktischen Anwendung getragen haben." Das war zwar etwas dick aufgetragen, doch verband der über die Entwicklung seines Sohnes besorgte Vater mit der Stellvertretung wohl auch eine Hoffnung: „Die von Dir gesammelten Erfahrungen wirst Du als wichtige Grundlage für Deine fernere Entwicklung und Tätigkeit ansehen; und insofern ist die uns auferlegte Prüfung segensvoll für Dich geworden." Nachdem der Vater wieder die Regierung übernommen hatte, kehrte Friedrich nach Berlin zurück, wo er – inzwischen zum Hauptmann befördert – weiter seinen Militärdienst leistete.

Mittlerweile wurde natürlich auch die Frage einer Verheiratung Friedrichs aktuell. Nachdem die zunächst angestrebte Verbindung mit einer Prinzessin aus dem Hause Hessen-Darmstadt am Widerstand der Auserwählten gescheitert war, fiel das Auge der Karlsruher Brautschauer auf die 1864 geborene Prinzessin Hilda von Nassau. Diese Verbindung war politisch durchaus pikant, gehörte das Herzogtum doch zu jenen Gebieten, die Preußen nach seinem Sieg im deutschen Bruderkrieg 1866 geschluckt hatte. Herzog Adolf, Hildas Vater, hatte dadurch seinen Thron verloren. Dementsprechend schlecht war man im Haus Nassau auf Preußen zu sprechen – und nicht viel besser auf Baden, das zum treuesten Anhänger Preußens geworden war. Doch hatte man sich auch in das Unvermeidliche gefügt und wusste Gefühle und Politik zu

Großherzog Friedrich II. mit Großherzogin Hilda, einer geborenen Prinzessin von Nassau. Das Paar heiratete 1885. Die Ehe blieb kinderlos.

trennen. Hildas Eltern bestanden allerdings darauf, dass die Tochter aus freien Stücken entscheiden können sollte, ob sie den Badener heiraten wollte oder nicht. Tatsächlich waren sich die beiden von Anfang an sympathisch, und Hilda sah keinen Grund, die Avancen des Badeners abzulehnen. Insofern war es nicht ganz verkehrt, wenn Großherzog Friedrich Staatsminister Turban in einem Schreiben mitteilte, dass diese Verbindung „aus reinster Neigung entstanden" sei.

Die Hochzeitsfeier fand am 20. September 1885 auf Schloss Hohenburg bei Lenggries in Bayern statt, einem nassauischen Familienbesitz. Knapp eine Woche später hielt das frisch vermählte Paar seinen Einzug in Karlsruhe. Natürlich waren die Straßen der Residenzstadt geschmückt, und es herrschte Volksfeststimmung. Abordnungen aus dem ganzen Land brachten in ihren jeweiligen Trachten dem zukünftigen Großherzogspaar Glückwünsche dar. Die Verbindung zahlte sich übrigens auch für das Haus Nassau aus: 1890 wurde Hildas Vater Großherzog von Luxemburg, ohne dass es dagegen Einwände aus Berlin gab.

Es wurde eine glückliche Ehe, wohl auch deshalb, weil Hilda ebenso zurückhaltend und scheu war wie ihr Mann. Die kraftvolle Persönlichkeit ihrer Schwiegermutter Luise fehlte der Nassauerin, sodass sie auch nach der Thronbesteigung ihres Mannes vielfach noch im Schatten der Preußin stand, die in der Bevölkerung respektvoll und vertraulich zugleich „d'alt Luis" genannt wurde.

Zwar blieb Friedrich nach seiner Eheschließung in der Armee, doch konnte er zusammen mit seiner Frau ins heimische Baden zurückkehren. Als Oberst diente er im V. Badischen Infanterieregiment in Freiburg. Für die Stadt im Breisgau entwickelte der Erbgroßherzog eine immer größere Vorliebe. Das junge Paar residierte dort im Sickingen-Palais, einem klassizistischen Prachtbau, den die Reichsfreiherrn von Sickingen 1769 als Stadtpalais hatten errichten lassen. So entfaltete sich in Freiburg, wenigstens im kleineren Umfang, ein eigenes Hofleben, sehr zur Freude der Freiburger, die alle Register zogen, um dem jungen Paar bei seinem Einzug einen großartigen Empfang zu bereiten. Und damit auch die Bürger etwas davon hatten, floss aus einem Brunnen über mehrere Tage hinweg Wein statt Wasser … Am Abend wurden die öffentlichen Gebäude beleuchtet; „auch Privathäuser hatten vielfach mit Gas illuminiert, zum Teil in der reichsten Weise …" Gesangsvereine und Musikkapellen brachten Friedrich und Hilda nicht enden wollende Ständchen dar.

Friedrich blieb Freiburg auch in den Folgejahren treu, unterbrochen nur von einer zweijährigen Dienstzeit in Berlin zwischen 1891 und 1893. Erst 1897 musste er sich von der Stadt trennen, als ihn Wilhelm II. zum Kommandeur des VIII. Armeekorps in Koblenz ernannte. Friedrichs Generalstabschef in Koblenz war der spätere Feldmarschall und Reichspräsident Paul von Hindenburg, der von seinem Vorgesetzten sehr angetan war: „Diesem hohen Herrn durfte ich dreieinhalb Jahre zur Seite stehen. Ich zähle diese Jahre mit zu den schönsten meines Lebens. Sein edler Sinn, in dem sich Hoheit mit gewinnender Herzlichkeit vereinte, seine vorbildliche, unermüdliche Pflichttreue, verbunden mit soldatischer Art und Begabung erwarben ihm rasch die Liebe und das Vertrauen nicht nur seiner Untergebenen, sondern auch der rheinischen Bevölkerung." Der scheue Erbgroßherzog hatte sich ganz offensichtlich freigeschwommen von dem elterlichen Erwartungsdruck, an Sicherheit und Statur gewonnen, selbst wenn man bei Hindenburg konventionelle Höflichkeit abziehen mag. Und im Soldatenberuf hatte er seine Berufung gefunden. Die klaren militärischen Strukturen gaben dem unsicheren und entscheidungsschwachen Erbgroßherzog Halt.

Doch eine weitere Karriere in der preußischen Armee blieb ihm versagt: Friedrichs Vater hätte es gern gesehen, dass sein Sohn kommandierender General des in Baden stationierten 14. preußischen Armeekorps geworden wäre. Er wollte ihn gerne in seiner Nähe haben, und auch politisch schien die lange Abwesenheit des Thronfolgers von der Heimat nicht opportun zu sein, zumal angesichts des fortgeschrittenen Alters von Großherzog Friedrich. Umso enttäuschter war er, als Wilhelm II. diesen Wunsch 1901 nicht erfüllte. Zwar gefiel es Friedrichs Sohn und dessen Frau in Koblenz ausgesprochen gut, doch die Ablehnung empfand auch dieser als persönlichen Affront, und so blieb ihm nichts anderes übrig, als die Konsequenz daraus zu ziehen und den Kaiser um seine Entlassung aus dem aktiven Dienst zu bitten. Enttäuscht kehrte er nach Karlsruhe zurück. Auch die in schönen Abständen erfolgenden Beförderungen, zum Generaloberst und schließlich sogar zum Generalfeldmarschall konnten diese offene Wunde nicht heilen. Tatsächlich waren es politische Gründe, die Wilhelm dazu veranlasst hatten, die Bitte des Badeners abschlägig zu bescheiden. Denn ein süddeutscher Fürstenspross an der Spitze eines in Süddeutschland stationierten Armeekorps war eben auch ein Politikum, zumal andere Fürstenhäuser bereits Mitglieder in solchen Funktionen hatten bzw. diese gleichfalls begehrten.

Neuer Kapitän, gleicher Kurs

Friedrich war 50 Jahre alt, als er nach dem Tod seines Vaters am 28. September 1907 den großherzoglichen Thron bestieg. Er war damals schon gesundheitlich angeschlagen, hatte Rheuma, und ein Augenleiden, das sich immer weiter verschlimmerte, machte ihm zu schaffen. Ebenfalls bedrückend war es für Friedrich und Hilda, dass ihre Ehe kinderlos blieb. Thronfolger war daher Friedrichs Cousin Max(imilian, 1867–1929), der im November 1918 für einen kurzen, tragischen Augenblick im Zentrum der Aufmerksamkeit stehen sollte. Das neue Großherzogspaar residierte weiterhin in dem Erbgroßherzoglichen Palais, das zwischen 1891 und 1897 für Friedrich und Hilda errichtet worden war (seit 1950 ist der massige, wuchtige Bau Sitz des Bundesgerichtshofs). Das Karlsruher Residenzschloss blieb der Großherzogin-Witwe Luise vorbehalten.

Schon im ersten Erlass nach seinem Regierungsantritt stellte Großherzog Friedrich II. klar, dass zwar ein neuer Kapitän auf der Brücke stand, der Kurs aber der alte blieb: „Kraft der Grundgesetze unseres Hauses und des Landes ist die Regierung auf uns übergegangen. Wir treten sie an in vollem Vertrauen auf die erprobte Treue unseres Volkes und geben die Versicherung, dass wir die Verfassung fest und unverbrüchlich halten und des Landes Wohlfahrt mit allen Kräften fördern werden. Dem hehren Vorbild unseres in Gott ruhenden Vaters folgend, wollen wir die Regierung führen in unwandelbarer Treue zu Kaiser und Reich …" In seiner Antrittsrede vor dem Landtag fand Friedrich ähnliche Worte, präzisierte diese aber wieder ganz im Sinne seines Vaters: „Es wird stets meine Aufgabe sein, in den bewährten Bahnen Maß haltenden Fortschritts die Wohlfahrt des Landes auf allen Gebieten der staatlichen Tätigkeit, des geistigen und wirtschaftlichen Lebens zu fördern." Die Gründung der Handelshochschule in Mannheim 1908, aus der die heutige Universität entstanden ist, entsprach ebenfalls dieser Einstellung, ging aber auf keine Initiative der Regierung oder des großherzoglichen Hauses zurück.

In die Tradition seines Vaters stellte sich Friedrich gleichfalls, was die Förderung der Kunst anbelangt, auch wenn er keine so große Affinität dazu hatte wie dieser. Daran hinderte ihn nicht zuletzt seine schwere Augenerkrankung. Den bereits von seinem Vater geplanten Anbau des sogenannten Galerieflügels an die Kunsthalle in Karlsruhe ließ er gleichwohl verwirklichen; 1909 war die Baumaßnahme abgeschlossen. Ein Teil des Baus war ganz dem Schaffen des langjährigen Kunsthallendirektors Hans Thoma gewidmet. Auf Wunsch der Großherzogin Hilda wurde sogar eine Kapelle eingerichtet, die Thoma künstlerisch ausstattete. Diese Bitte war typisch für das Großherzogspaar, denn beide waren tiefgläubige evangelische Christen: „Kein Sonntag ohne Gottesdienst", war die klare Devise beider.

Innenpolitisch waren die großen Kämpfe weitgehend ausgestanden, die Verhältnisse stabil, sodass Friedrich II. hier kaum Akzente setzen konnte bzw. musste. Bei den Landtagswahlen 1909 verloren die Nationalliberalen allerdings weiter massiv an Stimmen und kamen nur noch auf 24,5 Prozent; die katholische Zentrumspartei schien ihren Zenit gleichfalls überschritten zu haben, sie kam nur noch auf 29,8 Prozent, knapp gefolgt von den Sozialdemokraten mit 28,1 Prozent. Die Nationalliberalen waren in der Stichwahl daher einmal mehr auf die Zusammenarbeit mit den Sozialdemokraten angewiesen. Die gemäßigt liberale Regierung, die eben keine parlamentarische war, konnte weiter „business as usual" machen, zumal die Sozialdemokraten sich nach wie vor vergleichsweise zahm verhielten und sogar den von der Regierung eingebrachten Staatshaushalt billigten – davon konnte man in anderen Ländern des Deutschen Reichs nur träumen. Die wirtschaftliche Entwicklung war positiv und die Lage der Finanzen „leidlich günstig". So blieb es auch ohne Folgen, dass Friedrich von seinem Vater kaum in die Regierungsgeschäfte mit einbezogen worden war, sieht man einmal von der bereits erwähnten Stellvertretung 1881/82 ab. Der letzte badische Großherzog verfügte über große militärische Erfahrung, aber kaum über politische. Doch fügte er sich in das konstitutionelle Schema ebenso, wie es sein Vater getan hatte.

Es bleibt gleichwohl die Frage, wie sich die Dinge weiter entwickelt hätten ohne den Ausbruch des Ersten Weltkriegs. Bei den Wahlen zum Landtag 1913 erholte sich das Zentrum leicht und gewann 5 Prozent hinzu; der Stimmenanteil der Nationalliberalen blieb nahezu konstant bei 24,1 Prozent, die Sozialdemokraten verloren 6 Prozent und landeten bei 22,3 Prozent. Gewinne verbuchten die linksliberale Freisinnige Volkspartei, die auf 9,1 Prozent kam, und die Konservativen, die 9,2 Prozent errangen. Das Parteienspektrum stand damals möglicherweise vor einer größeren Diversifizierung, welche die Arbeit des Landtags langfristig sicherlich erschwert hätte. Ohne Zweifel hätte dies auch Einfluss auf die Regierungsarbeit gehabt. Immerhin kamen Nationalliberale und Sozialdemokraten schon 1913 zusammen nur noch auf 46,4 Prozent und 33 von mittlerweile 73 Sitzen. Differenzen über eine neuerliche Änderung des Wahlrechts trübten die Harmonie der Großblock-Parteien zusätzlich, die vor allem dadurch zusammengehalten wurden, Zentrum und Konservative auf Distanz zu halten.

Zwischen Burgfrieden und Revolution

Der Kriegsausbruch im August 1914 schuf eine völlig neue Lage. Baden war zwar seit der Annexion von Elsass-Lothringen nicht mehr Grenzland zu Frankreich, aber dieser schmale Streifen war nur ein kleiner Puffer. Gleich dahinter, in den Vogesen, wurden einige der blutigsten Schlachten des Krieges geschlagen – den Geschützdonner hörte man bis nach Baden hinein. Eine neuartige Gefährdung der Zivilbevölkerung stellten die ersten Luftangriffe dar. So starben bei einem Angriff auf Karlsruhe am 15. Juni 1915 allein 29 Menschen. Auch Freiburg wurde zum Ziel französischer Luftangriffe.

Seine schwere Augenerkrankung und seine insgesamt schwache Konstitution hinderten Großherzog Friedrich II. daran, in diesem Krieg eine aktive Rolle zu übernehmen, auch wenn er von seiner Ausbildung her dazu sicherlich in der Lage gewesen wäre. So musste er sich auf Truppenbesuche beschränken, die den Soldaten Mut machen und die Verbundenheit ihres Herrschers zeigen sollten. Diese Inspektionsreisen führten Friedrich nicht nur nach Frankreich, sondern bis nach Ostpreußen. Wie auch in anderen Fürstenhäusern üblich, besuchte Großherzogin Hilda vornehmlich verwundete Soldaten in den Lazaretten.

Die Parteikonflikte der Vorkriegszeit traten auch in Baden vor dem Hintergrund des sogenannten Burgfriedens zumindest in den ersten Kriegsjahren in den Hintergrund. So sollten keine Wahlen stattfinden, und in einem eventuellen Todesfall sollte die Partei des Verstorbenen einen Nachrücker benennen können. Zwar war die Kriegsbegeisterung im August 1914 im Deutschen Reich wohl doch nicht so groß gewesen, wie man dies lange Zeit angenommen hat, aber von den Konservativen bis zu den eigentlich pazifistisch geprägten Sozialdemokraten dominierte die Vorstellung, dass alle Kräfte gebündelt werden müssten, um der äußeren Bedrohung geschlossen entgegentreten zu können. Die badischen Sozialdemokraten erklärten gar bei Kriegsbeginn, dass sie dazu bereit seien, „mit dem letzten Blutstropfen für Deutschlands nationale Unabhängigkeit, Ruhm und Größe zu kämpfen".

Dieser Burgfrieden geriet spätestens 1917 ernsthaft in Gefahr. Die von nationalen Kreisen geforderte Politik eines Siegfriedens mit weitreichenden territorialen Zugewinnen war für viele Sozialdemokraten nicht mehr mit der Vorstellung eines Verteidigungskrieges vereinbar. Dies führte 1917 zur Gründung der Unabhängigen Sozialdemokratischen Partei Deutschlands (USPD) in Gotha und damit zur Spaltung der Sozialdemokratie. Auch in Baden schlossen sich einzelne SPD-Politiker der USPD an. Die „Mehrheits-SPD" sah sich vor diesem Hintergrund in Zugzwang und forderte nun umfangreiche Reformen; in Preußen etwa die Abschaffung des dort auf Landesebene nach wie vor geltenden Dreiklassen-Wahlrechts. Doch auch in Baden hielten die Sozialdemokraten nicht mehr still; Reformen sollten nicht mehr auf die Zeit nach dem Krieg verschoben werden. Dazu gehörte etwa die Einführung des Verhältniswahlrechts und – politisch besonders brisant – der Umbau oder sogar die Auflösung der Ersten Kammer des Landtags. Das Zentrum unterstützte die Kriegsanstrengungen zwar nach wie vor, sah aber nun ebenfalls die Zeit gekommen, seinen Lohn für diese Unterstützung einzufordern, etwa in Form der Wiederzulassung von Ordensniederlassungen in Baden.

Die militärische Lage wurde von der Obersten Heeresleitung um

Hindenburg und Ludendorff lange Zeit schöngeredet. Nicht zuletzt deshalb traf der rasche Zusammenbruch im Herbst 1918 viele Menschen wie ein Donnerschlag. Das Haus Baden wurde in die sich überschlagenden Ereignisse unmittelbar verwickelt. Nach dem Rücktritt des Reichskanzlers von Hertling, ernannte Kaiser Wilhelm II. Prinz Max(imilian) von Baden am 3. Oktober zu dessen Nachfolger. Kaum im Amt, wälzte die Oberste Heeresleitung die undankbare Aufgabe, ein Waffenstillstandsgesuch an die Alliierten zu senden, auf den Prinzen ab. Der Cousin des Großherzogs zog aus der katastrophalen militärischen Lage und den bald auf das ganze Reich übergreifenden Unruhen, die in der Meuterei der Hochseeflotte in Kiel ihren Ausgang genommen hatten, den Schluss, dass nicht nur der Krieg verloren, sondern auch Wilhelm II. nicht mehr zu halten war. Er verkündete daher am 9. November 1918 eigenmächtig die Abdankung des Kaisers – in der Hoffnung, auf diese Weise die Monarchie als Staatsform retten zu können. Damit sah er seine Aufgabe als erledigt an – und übergab sein Amt, ohne dass er verfassungsmäßig dazu befugt gewesen wäre, an den SPD-Vorsitzenden Friedrich Ebert, dessen Partei mit 34,8 Prozent der Stimmen die stärkste Kraft im Reichstag war. Auch Ebert dachte zunächst noch daran, die Monarchie als Staatsform zu bewahren, doch wurde er von den Ereignissen überrollt: Noch am selben Tag schuf sein Parteifreund Philipp Scheidemann mit den – von einem Fenster des Reichstags aus verkündeten – Worten „Das Alte und Morsche, die Monarchie ist zusammengebrochen. Es lebe das Neue, es lebe die deutsche Republik!" vollendete Tatsachen.

Doch brachte diese Ausrufung der Republik formal nur das Ende der Monarchie im Reich und nicht in den Einzelstaaten. Es sollte sich aber bald zeigen, dass diese Staatsform auch dort am Ende war. Im Großherzogtum Baden war es bereits 1917 zu ersten Arbeiterstreiks gekommen, am 7. November 1918 begannen die Soldaten zu meutern. Die SPD erhob die Forderung nach der sofortigen Einführung eines parlamentarischen Regierungssystems.

Dem Großherzog war die zunehmend schlechte Stimmung im Land nicht verborgen geblieben. Durch weitestgehende Zugeständnisse versuchte er, die Lage zu entschärfen. Er werde dem Landtag, ließ er am 9. November in der „Karlsruher Zeitung" verbreiten, den „Ausbau der Verwaltung und die Neugestaltung der Regierung" in dem Sinne vorschlagen, „wie er den Wünschen der überwiegenden Mehrheit des badischen Volkes entspricht". Diese Sitzung sollte am 15. November stattfinden. Doch wie im Reich, so überstürzten sich auch in Baden die

Ereignisse: Nach dem Rücktritt von Staatsminister Bodman bildete sich am 10. November eine provisorische Regierung unter der Führung des Sozialdemokraten Anton Geiß, ohne vom Großherzog ernannt worden zu sein, wie dies der Verfassung entsprochen hätte. Dieser Regierung gehörten auch liberale und Zentrumspolitiker an. Friedrich nahm diese Vorgänge „zur Kenntnis" und „gab sich der Hoffnung hin", dass diesc „ihr Ziel, unserer geliebten Heimat Ruhe und Ordnung zu erhalten, erreichen möge". Als es in der folgenden Nacht zu Schießereien vor dem Karlsruher Schloss kam, zog sich Friedrich auf Schloss Zwingenberg am Neckar zurück, wo er der Dinge harrte.

Der provisorischen Regierung war klar, dass eine Beteiligung des Großherzogs an den Amtsgeschäften in der verworrenen Situation nicht möglich war, ohne die Gefahr weiterer Unruhen heraufzubeschwören. Eine Delegation fuhr daher nach Zwingenberg, um Friedrich zu einem freiwilligen Verzicht zu bewegen. Tatsächlich ließ der Großherzog daraufhin am 14. November verkünden: „Ich will kein Hindernis derjenigen Neugestaltung der staatsrechtlichen Verhältnisse des badischen Landes sein, welche die verfassunggebende Versammlung beschließen wird. Bis zu deren Entscheidung verzichte ich auf die Ausübung der Regierungsgewalt. Ich wünsche auch für den Fall, dass die provisorische Regierung es für ein Gebot der Stunde erachten sollte, die republikanische Staatsform schon vor der Entscheidung der verfassunggebenden Versammlung zu beschließen, dass die Beamtenschaft im Interesse der Aufrechterhaltung der Ruhe, Ordnung und Sicherheit ihren Dienst weiterführen und dass niemand sich durch Rücksicht auf meine Person oder die Treue und Anhänglichkeit für mein Haus abhalten lässt, die Anordnungen der neuen Regierung zu befolgen. Gott schütze mein liebes Badnerland."

Friedrich hatte wohl geahnt, was kommen würde, denn tatsächlich erklärte die provisorische Regierung noch am selben Tag Baden zur „freien Volksrepublik". Friedrich zog daraus die Konsequenz und verzichtete am 22. November 1918 endgültig auf die Regierung.

Einsamer Lebensabend

Friedrich und Hilda zogen sich nach dem Thronverzicht zunächst nach Schloss Langenstein in der Nähe des Bodensees zurück, wo sie Gäste des Grafen Douglas waren, dessen Familie in weiblicher Linie auf die illegitime Verbindung des Großherzogs Ludwig mit der Schauspielerin Katharina Werner zurückging. Seinem Vetter, dem Fürsten Wilhelm von Hohenzollern, erklärte Friedrich II. von dort aus seinen Thronverzicht mit dem Wunsch, „Bürgerkrieg und Chaos von Heimat und Vaterland abwenden zu helfen". Verantwortlich für die Entwicklung machte Friedrich die „trostlose Lage" in Berlin: „Von dort kam bei dieser Umwälzung alles Übel für Süddeutschland". Im Herbst 1920 zog das ehemalige Großherzogspaar nach Freiburg – die Stadt hatte es Friedrich wahrlich angetan.

Mit Friedrichs Gesundheit ging es in den Folgejahren rapide bergab. Sein Augenlicht verlor er fast völlig. Sein Kammerdiener erinnerte sich später daran, dass er oft morgens fragte, ob denn draußen die Sonne nicht scheine; „es wäre ja wieder so dunkel im Zimmer". Nur selten noch verließen Friedrich und Hilda ihr Palais in Freiburg; am ehesten reisten sie noch zur Kur nach Badenweiler oder Baden(-Baden). Am 8. August 1928 starb der letzte Großherzog von Baden im Alter von knapp 71 Jahren. Unter großer Anteilnahme der Bevölkerung wurde sein Leichnam nach Karlsruhe gebracht, wo er in der großherzoglichen Grabkapelle im Fasanengarten beigesetzt wurde. Großherzogin Hilda überlebte ihren Mann um viele Jahre. Sie erlebte sogar noch 1944 die Zerstörung ihrer „zweiten Heimatstadt" Freiburg mit. Ihre letzten Lebensjahre verbrachte sie in Badenweiler, gestorben ist sie am 8. Februar 1952.

„Chef" des Hauses Baden wurde nach dem Tod Großherzog Friedrichs II. dessen Cousin Max(imilian), der letzte kaiserliche Reichskanzler. Mit der Gründung der Schule Schloss Salem im Jahr 1920, zusammen mit dem Pädagogen Kurt Hahn, hat er in gewisser Weise die Bildungsarbeit seiner Vorfahren als Privatmann fortgesetzt und dabei eine Institution ins Leben gerufen, die bis heute als eine der besten Privatschulen Europas gilt. Der 1970 geborene Prinz Bernhard von Baden, der seit 1998 die Geschäfte der Familie führt, ist sein Urenkel.

Anhang

Zeittafel

1709–1738	Markgraf Karl III. Wilhelm von Baden-Durlach.
1715	Gründung der Stadt Karlsruhe.
1738–1811	Markgraf Karl Friedrich von Baden-Durlach (1803–1806 Kurfürst, ab 1806 Großherzog).
1751	Heirat Karl Friedrichs mit Karoline Luise von Hessen-Darmstadt (1723–1783).
1767	Abschaffung der Folter in der Markgrafschaft Baden-Durlach.
1771	Aussterben der katholischen Linie Baden-Baden und Übernahme der Herrschaft durch Baden-Durlach.
1783	Aufhebung der Leibeigenschaft in der Markgrafschaft Baden.
1787	Markgraf Karl Friedrich heiratet in zweiter, nicht standesgemäßer, Ehe Karoline Luise Freifrau (später Gräfin) von Hochberg.
1792–1797	Erster Koalitionskrieg gegen das revolutionäre Frankreich. Baden schließt sich trotz Bedenken der Koalition an.
1797–1799	Kongress in Rastatt zur Umsetzung der Friedensbedingungen zwischen der Koalition und Frankreich.
1799–1802	Zweiter Koalitionskrieg. Baden bleibt neutral.
1801	Der älteste Sohn des Markgrafen, Karl Ludwig, stirbt bei einem Verkehrsunfall mit seiner Reisekutsche.
1803	Reichsdeputationshauptschluss. Für ihre verloren gegangenen linksrheinischen Gebiete werden die deutschen Fürsten mit geistlichen und reichsstädtischen Territorien entschädigt. Baden erhält zudem die rechtsrheinische Kurpfalz mit den Städten Heidelberg und Mannheim. Baden wird Kurfürstentum.
1804	Napoleon Bonaparte krönt sich zum Kaiser der Franzosen.
1805	Dritter Koalitionskrieg. Baden steht an der Seite Frankreichs.
1806	Heirat des badischen Erbprinzen Karl mit Stéphanie de Beauharnais, der Adoptivtochter Napoleons.
	Gründung des frankreichfreundlichen Rheinbunds, dem auch Baden angehört. Kaiser Franz II. legt die Krone des Heiligen Römischen Reiches deutscher Nation nieder. Baden wird Großherzogtum und erhält beträchtliche territoriale Zugewinne.

1806/07	Vierter Koalitionskrieg. Baden steht an der Seite Frankreichs.
1809	Fünfter Koalitionskrieg. Baden steht an der Seite Frankreichs.
1811–1818	Großherzog Karl von Baden.
1812	Russlandfeldzug Napoleons, an dem auch badische Soldaten teilnehmen.
1813	Völkerschlacht von Leipzig (16.–19. Oktober). Baden steht noch immer auf französischer Seite. Erst am 20. November wechselt das Großherzogtum auf die Seite der alliierten Sieger.
1814	Wiener Kongress berät Neuordnung Europas nach dem Sturz Napoleons.
1818	Das Großherzogtum Baden erhält eine Verfassung.
1818–1830	Großherzog Ludwig I. von Baden.
1819	Erste Landtagswahlen in Baden. Konflikte zwischen der liberalen Landtagsmehrheit und dem autoritär regierenden Großherzog. Karlsbader Konferenz verschärft Pressezensur und stellt Universitäten unter strenge staatliche Überwachung.
1819	Der spätere Großherzog Leopold heiratet die Prinzessin Sophie von Schweden, eine Tochter König Gustavs IV. Adolph und seiner Frau Friederike, einer Enkeltochter des Großherzogs Karl Friedrich von Baden.
1821	Gründung der Erzdiözese Freiburg.
1825	Gründung der Polytechnischen Hochschule in Karlsruhe.
1828	In Nürnberg taucht ein verwirrter, junger Mann in der Polizeistation auf, der sich Kaspar Hauser nennt. Seine Identität ist bis heute umstritten. Bald kommt das Gerücht auf, er sei ein Sohn des Großherzogs Karl und seiner Gemahlin Stéphanie de Beauharnais. 1833 wird er von einem Unbekannten ermordet.
1830–1852	Großherzog Leopold von Baden. Er ist der erste Herrscher aus der Hochberger Linie, der Nachkommen aus der zweiten Ehe des Großherzogs Karl Friedrich.
1835	Baden schließt sich dem Deutschen Zollverein unter Preußens Führung an.
1840	Als erste Bahnverbindung Badens wird die Trasse zwischen Mannheim und Heidelberg eingeweiht.
1848	Revolution in Baden. Der „Hecker-Zug" wird blutig niedergeschlagen, auch die Ausrufung einer badischen Republik durch Gustav Struve bleibt zunächst folgenlos.
1849	Eine revolutionäre Regierung übernimmt die Macht im Großherzogtum. Großherzog Leopold flieht nach Frankfurt am Main. Preußische Truppen marschieren in Baden ein, am 23. Juli kapitulieren die letzten Aufständischen in der Festung Rastatt. Am 18. August kehrt der Großherzog nach Karlsruhe zurück.
1852–1856	Großherzog Ludwig II. Aufgrund seiner schweren Nervenerkran-

	kung ist der Großherzog nicht regierungsfähig. Er übergibt die Regentschaft an seinen Bruder Friedrich.
1854	Der Freiburger Erzbischof Hermann von Vicari wird in seinem Palais unter Hausarrest gestellt. Vorläufiger Höhepunkt der Auseinandersetzungen mit der katholischen Kirche, deren Repräsentanten die staatliche Oberaufsicht ablehnen.
1856–1907	Großherzog Friedrich I.
1856	Heirat Friedrichs I. mit der preußischen Prinzessin Luise, einer Tochter König Wilhelms I.
1858	Tod Großherzog Ludwigs II.
1859	Abschluss einer Konvention zwischen dem Großherzogtum Baden und dem Heiligen Stuhl. Die liberalen Kräfte in Baden verhindern, dass die Vereinbarung in Kraft gesetzt wird.
1860	In seiner Oster-Proklamation kündigt der Großherzog an, dass die Stellung der katholischen Kirche durch ein Gesetz im Rahmen der Verfassung geregelt werden soll. Das Gesetz wird vom Landtag verabschiedet, vom Freiburger Erzbischof allerdings erst im November 1861 unter Vorbehalt anerkannt.
1862	Gesetz über die Gewerbefreiheit und die Freizügigkeit im Großherzogtum Baden.
1863	Bürgerliche Gleichstellung der Juden in Baden.
1864	Das Schulaufsichtsgesetz, das alle Schulen der staatlichen Überwachung unterstellt, führt zu einem neuerlichen Konflikt mit der katholischen Kirche.
	Krieg des Deutschen Bundes gegen Dänemark um die Herzogtümer Schleswig und Holstein. Schleswig wird nach dem Waffenstillstand von Preußen verwaltet, Holstein von Österreich.
1866	Der Konflikt über die Zukunft der Herzogtümer spitzt sich zu. Preußen marschiert in Holstein ein. Baden schließt sich nach hinhaltendem Widerstand der Bundesexekution gegen Preußen an. In der Schlacht bei Königgrätz gelingt Preußen der entscheidende Sieg. Der Deutsche Bund zerbricht. Großherzog Friedrich bittet in einem Brief an den preußischen König um die Aufnahme Badens in den Norddeutschen Bund unter Preußens Führung.
1869	Die obligatorische Zivilehe und die vom Staat geförderte Einrichtung überkonfessioneller Schulen führen zu neuem Streit mit der katholischen Kirche. Gründung der Katholischen Volkspartei.
1870/71	Deutsch-französischer Krieg. Gründung des Deutschen Reiches und Proklamation des preußischen Königs Wilhelm I. zum Deutschen Kaiser am 18. Januar 1871 im Spiegelsaal des Schlosses von Versailles. Großherzog Friedrich bringt seinem Schwiegervater die erste Huldigung als Kaiser dar.

1870/71	Bei den ersten Reichstagswahlen wird in Baden zum ersten Mal nach dem allgemeinen, gleichen, geheimen und direkten Wahlrecht aller Männer über 25 Jahre gewählt.
1885	Heirat des späteren Großherzogs Friedrich II. mit Prinzessin Hilda von Nassau.
1888	Dreikaiserjahr. Auf den greisen Kaiser Wilhelm I. folgt sein bereits todkranker Sohn Friedrich III., der nur 99 Tage regiert. Ihm folgt sein erst 28-jähriger Sohn Wilhelm II.
1902	Das 50-jährige Regierungsjubiläum des Großherzogs Friedrich I. wird im ganzen Land unter großer Anteilnahme der Bevölkerung gefeiert.
1904	Einführung des allgemeinen, gleichen, geheimen und direkten Wahlrechts auch bei den Landtagswahlen in Baden. Eine Mehrheit des katholischen Zentrums wird durch die so genannte Großblockpolitik von Nationalliberalen und Sozialdemokraten verhindert.
1907–1918	Großherzog Friedrich II.
1914	Die Ermordung des österreichisch-ungarischen Thronfolgers Franz Ferdinand am 28. Juni 1914 mündet aufgrund der bestehenden Bündnisverträge in den Ersten Weltkrieg. Der Geschützlärm der Schlachten in den Vogesen ist bis nach Baden zu hören.
1915	Erster Luftangriff auf Karlsruhe. Auch Freiburg ist Ziel von Luftangriffen.
1918	Am 9. November verkündet Reichskanzler Prinz Max von Baden eigenmächtig die Abdankung des Kaisers. Philipp Scheidemann ruft in Berlin die Republik aus. Großherzog Friedrich II. verzichtet am 14. November auf die Ausübung der Regierungsgewalt, am 22. November endgültig auf die Regierung.

Literatur

Da sich diese Biografie an einen breiten Leserkreis richtet, wurde bewusst auf wissenschaftliche Anmerkungen verzichtet. Die Literaturliste kann keine vollständige Bibliografie der badischen Geschichte in großherzoglicher Zeit sein, sondern führt jene Quellen auf, die der Autor für diesen Band benutzt hat.

Andenken zur Feier der ersten Anwesenheit Ihrer Königlichen Hoheiten Großherzog Leopold und Großherzogin Sophie in Freiburg, Freiburg 1830.

ANDREAS, WILLY: Badische Politik unter Karl Friedrich, in: Zeitschrift für die Geschichte des Oberrheins 65, Karlsruhe 1911.

ANDREAS, WILLY: Ausklang der Schweizerreise: Goethe und Carl August an den südwestdeutschen Höfen, in: Zeitschrift für die Geschichte des Oberrheins 100, Karlsruhe 1952.

BADER, KARL SIEGFRIED: Die badische Verfassung von 1818 und ein Jahrhundert badischer Verfassungswirklichkeit, in: Oberrheinische Studien. Band II. Neue Forschungen zu Grundproblemen der badischen Geschichte im 19. und 20. Jahrhundert, Bretten 1973.

Badisches Landesmuseum Karlsruhe (Hrsg.): 1848/49. Revolution der deutschen Demokraten in Baden, Baden-Baden 1998.

Badisches Landesmuseum Karlsruhe (Hrsg.): Baden 1798–1918. Führer durch die landes- und kulturgeschichtliche Abteilung, Karlsruhe 2001.

BECKER, JOSEF: Baden, Bismarck und die Annexion von Elsaß und Lothringen, in: Oberrheinische Studien. Band II. Neue Forschungen zu Grundproblemen der badischen Geschichte im 19. und 20. Jahrhundert, Bretten 1973.

BEINERT, BERTHOLD: Geheimer Rat und Kabinett unter Karl Friedrich (1738–1811), in: Historische Studien. Heft 320, Berlin 1937.

BORCHARDT-WENZEL, ANNETTE: Die Frauen am badischen Hof. Gefährtinnen der Großherzöge zwischen Liebe, Pflicht und Intrigen, Gernsbach 2001.

BORCHARDT-WENZEL, ANNETTE: Karl Friedrich von Baden. Mensch und Legende, Gernsbach 2006.

BOTZENHART, MANFRED: Baden in der deutschen Revolution 1848/49, in: Oberrheinische Studien. Band II. Neue Forschungen zu Grundproblemen der badischen Geschichte im 19. und 20. Jahrhundert, Bretten 1973.

BRÄUNCHE, ERNST OTTO/SCHNABEL, THOMAS (HRSG.): Die Badische Verfassung von 1818. Südwestdeutschland auf dem Weg zur Demokratie, Ubstadt-Weiher 1996.

BRAUNSCHWEIG-ULLMANN, RENATE (HRSG.): Beaumarchais in Baden. Figaros Besuch in Karlsruhe, Karlsruhe 1997.

BRAUNSCHWEIG-ULLMANN, RENATE: Die Residenz und die Dichter. Wege zu einer literarischen Topographie der Stadt Karlsruhe, Karlsruhe 1994.

BRÜNING, RAINER/KNAPP, ULRICH (HRSG.): Salem. Vom Kloster zum Fürstensitz 1770–1830, Karlsruhe 2002.

DAMASCHKE, ADOLF: Karl Friedrichs von Baden Abriß der Nationalökonomie, Berlin 1908.
DOVE, ALFRED: Großherzog Friedrich von Baden als Landesherr und deutscher Fürst, Heidelberg 1902.
EINHAUS, HERMANN: Franz von Roggenbach. Ein badischer Staatsmann zwischen deutschen Whigs und liberaler Kamarilla, Frankfurt am Main 1991.
EHRISMANN, RENATE: Der regierende Liberalismus in der Defensive. Verfassungspolitik im Großherzogtum Baden 1876–1895, Frankfurt am Main 1993.
ENGEHAUSEN, FRANK: Kleine Geschichte des Großherzogtums Baden 1806–1918, Leinfelden-Echterdingen 2005.
FEHRLE, EUGEN (HRSG.): Die Großherzöge Friedrich I. und Friedrich II. und das badische Volk, Karlsruhe 1930.
FUCHS, WALTHER PETER: Studien zu Großherzog Friedrich I. von Baden, Stuttgart 1995.
FENSKE, HANS: 175 Jahre badische Verfassung, Karlsruhe 1993.
FUNCK, HEINRICH: J. K. Lavater und der Markgraf Karl Friedrich von Baden, Freiburg im Breisgau 1890.
FUNCK, HEINRICH: Lavaters Besuche bei Karl Friedrich von Baden im Jahr 1783, in: Zeitschrift für die Geschichte des Oberrheins 59, Karlsruhe 1905.
FUNCK, HEINRICH: Die Schweizerreise des Markgrafen Karl Friedrich von Baden im Jahr 1783 und sein biblischer Diskurs mit Lavater, in: Zeitschrift für die Geschichte des Oberrheins 68, Karlsruhe 1914.
GALL, LOTHAR: Der Liberalismus als regierende Partei. Das Großherzogtum Baden zwischen Restauration und Reichsgründung, Wiesbaden 1968.
GALL, LOTHAR: Die partei- und sozialgeschichtliche Problematik des badischen Kulturkampfs, in: Oberrheinische Studien. Band II. Neue Forschungen zu Grundproblemen der badischen Geschichte im 19. und 20. Jahrhundert, Bretten 1973.
GOTHEIN, EBERHARD: Beiträge zur Verwaltungsgeschichte der Markgrafschaft Baden unter Karl Friedrich, in: Zeitschrift für die Geschichte des Oberrheins 65, Karlsruhe 1911.
HAAS, RUDOLF: Stephanie Napoleon. Großherzogin von Baden. Ein Leben zwischen Frankreich und Deutschland 1789–1860, Mannheim 1976.
HÄFNER, KLAUS: Großherzog Leopold von Baden 1790–1852. Regent, Mäzen, Bürger. Versuch eines Porträts, Karlsruhe 1990.
HAHN, OTTO W.: Johann Heinrich Jung-Stilling, Wuppertal/Zürich 1990.
HERRE, FRANZ: Kaiser Wilhelm I. Der letzte Preuße, Köln 1980.
HIPPEL, WOLFGANG VON: Friedrich Landolin Karl von Blittersdorf. Ein Beitrag zur badischen Landtags- und Bundespolitik im Vormärz, Stuttgart 1967.
HOTZ, JOACHIM: Kleine Geschichte der Universität Fridericiana Karlsruhe (Technische Hochschule), Karlsruhe 1975.
HUG, WOLFGANG: Geschichte Badens, Stuttgart 1992.

ILGENSTEIN, WILHELM/ILGENSTEIN-KATTERFELD, ANNA: Friedrich I. und Friedrich II. Die letzten Großherzöge von Baden, Karlsruhe 1954.

KALLER, GERHARD: Zur Revolution von 1918 in Baden, in: Oberrheinische Studien. Band II. Neue Forschungen zu Grundproblemen der badischen Geschichte im 19. und 20. Jahrhundert, Bretten 1973.

KATZ, JULIUS (HRSG.): Großherzog Friedrich von Baden. Eine planmäßige Auslese aus seinen öffentlichen Kundgebungen in den Jahren 1852–1906, Karlsruhe 1907.

KLEINSCHMIDT, ARTHUR: Karl Friedrich von Baden. Zum 150. Geburtstage, Heidelberg 1878.

KUNTZEMÜLLER, ALBERT: Die Badischen Eisenbahnen, Karlsruhe 1953.

Landeszentrale für politische Bildung (Hrsg.): Von der Ständeversammlung zum demokratischen Parlament. Die Geschichte der Volksvertretungen in Baden-Württemberg, Stuttgart 1982.

LAUTS, JAN: Karoline Luise von Baden. Ein Lebensbild aus der Zeit der Aufklärung, Karlsruhe 1980.

LENEL, Paul: Badens Rechtsverwaltung und Rechtsauffassung unter Markgraf Karl Friedrich 1738–1803, Karlsruhe 1913.

Markgräflich Badische Museen, Carl Friedrich und seine Zeit, Karlsruhe 1981.

MEIER, AXEL: Die kaiserliche Palästinareise 1898. Theodor Herzl, Großherzog Friedrich I. von Baden und ein deutsches Protektorat in Palästina, Konstanz 1998.

NEBENIUS, CARL FRIEDRICH: Karl Friedrich von Baden, Karlsruhe 1868.

NEUHAUS, HELMUT: Die Wiedervereinigung Badens im Jahre 1771, in: Historische Forschungen. Band 73. Menschen und Strukturen in der Geschichte Alteuropas, Berlin 2002.

MOERICKE, OTTO: Die Agrarpolitik des Markgrafen Karl Friedrich von Baden, Karlsruhe 1905.

OBSER, KARL (HRSG.): Politische Correspondenz Karl Friedrichs von Baden 1783–1806. Sechs Bände, Heidelberg 1888 ff.

OBSER, KARL (HRSG.): Erinnerungen aus dem Hofleben. Von Freiin Karoline von Freystedt, Heidelberg 1902.

OBSER, KARL: Denkwürdigkeiten des Markgrafen Wilhelm von Baden. Erster Band 1792–1818, Heidelberg 1906.

OBSER, KARL: Aus Karl Friedrichs hinterlassenen Papieren, in: Zeitschrift für die Geschichte des Oberrheins 65, Karlsruhe 1911.

OBSER, KARL (HRSG.): Jugenderinnerungen Großherzog Friedrichs I. von Baden 1826–1847, Heidelberg 1921.

ONCKEN, HERMANN: Großherzog Friedrich I. von Baden. Ein fürstlicher Nationalpolitiker im Zeitalter der Reichsgründung, Berlin–Leipzig 1926.

ONCKEN, HERMANN: Großherzog Friedrich I. von Baden und die deutsche Politik von 1854–1871. Briefwechsel. Denkschriften. Tagebücher. 2 Bände, Berlin–Leipzig 1927.

Patzer, Georg: Kleine Geschichte der Stadt Karlsruhe, Leinfelden-Echterdingen 2004.

Real, Willy: Die Revolution in Baden 1848/49, Stuttgart 1983.

Real, Willy: Das Großherzogtum Baden zwischen Revolution und Restauration 1849–1851. Die Deutsche Frage und die Ereignisse in Baden im Spiegel der Briefe und Aktenstücke aus dem Nachlass des preußischen Diplomaten Karl Friedrich von Savigny, Stuttgart 1983.

Richter, Georg: Die Errichtung und Ausstattung der Erzdiözese Freiburg und der Diözese Rottenburg zu Beginn des 19. Jahrhunderts, Freiburg im Breisgau 1978.

Rödel, Volker: 1806. Baden wird Großherzogtum, Karlsruhe 2006.

Rudloff, Michael: Die Geschichte der kirchlichen Revision, Freiburg im Breisgau 2002.

Rürup, Reinhard: Die Emanzipation der Juden in Baden, in: Oberrheinische Studien. Band II. Neue Forschungen zu Grundproblemen der badischen Geschichte im 19. und 20. Jahrhundert, Bretten 1973.

Sauer, Paul: Napoleons Adler über Württemberg, Baden und Hohenzollern. Südwestdeutschland in der Rheinbundzeit, Stuttgart 1987.

Schnabel, Franz: Sigismund von Reitzenstein. Der Begründer des badischen Staates, Heidelberg 1927.

Schnabel, Thomas: Geschichte von Baden und Württemberg 1900–1952, Stuttgart 2000.

Schneider, Arthur von: Das Italienerlebnis Großherzog Leopolds, in: Zeitschrift für die Geschichte des Oberrheins 106, Karlsruhe 1958.

Schneider, Arthur von: Aus dem Briefwechsel Großherzog Leopolds von Baden und König Friedrich Wilhelms IV. von Preußen, in: Zeitschrift für die Geschichte des Oberrheins 108, Karlsruhe 1960.

Schneider, Arthur von: Tagebuch der Italienreise des Grafen Leopold von Hochberg vom 30. November 1816 bis 18. April 1817, in: Zeitschrift für die Geschichte des Oberrheins 111, Karlsruhe 1963.

Schneider, Arthur von: Die Erziehung und geistige Entwicklung Großherzog Leopolds vor seinem Regierungsantritt, in: Zeitschrift für die Geschichte des Oberrheins 113, Karlsruhe 1965.

Schoechlin, Karl: Geschichte des Großherzogthums Baden unter der Regierung des Großherzogs Leopold von 1830–1852, Karlsruhe–Bielefeld 1855.

Schwarzmaier, Hansmartin: Hof und Hofgesellschaft Badens in der ersten Hälfte des 19. Jahrhunderts, in: Karl Möckl (Hrsg.), Hof und Hofgesellschaft in den deutschen Staaten im 19. und beginnenden 20. Jahrhundert, Boppard am Rhein 1990.

Schwarzmaier, Hansmartin: Die badischen Großherzöge und ihre Universitäten im 19. Jahrhundert, in: Zwischen Wissenschaft und Politik. Studien zur deutschen Universitätsgeschichte. Herausgegeben von Armin Kohnle und Frank Engehausen, Stuttgart 2001.

SCHWARZMAIER, HANSMARTIN: Baden. Dynastie – Land – Staat, Stuttgart 2005.
SCHWARZMAIER, LORE: Der badische Hof unter Großherzog Leopold und die Kaspar-Hauser-Affäre: Eine neue Quelle in den Aufzeichnungen des Markgrafen Wilhelm von Baden, in: Zeitschrift für die Geschichte des Oberrheins 134, Stuttgart 1986.
SCHWARZMAIER, LORE: Das Memoirenwerk des Markgrafen Wilhelm von Baden (1792–1859), in: Zeitschrift für die Geschichte des Oberrheins 139, Stuttgart 1991.
SCHWINGE, GERHARD: Jung-Stilling am Hofe Karl Friedrichs in Karlsruhe. Zu seinem 170. Todestag, in: Zeitschrift für die Geschichte des Oberrheins 135, Stuttgart 1987.
Stadt Karlsruhe (Hrsg.): Die Badische Revolution 1848–1849. Dokumente des Karlsruher Stadtarchivs und des Pfinzgau-Museums, Karlsruhe 1973.
THEOBALD, UDO (HRSG.): Das badische Ständehaus in Karlsruhe. Eine Dokumentation über das erste deutsche Parlamentsgebäude, Karlsruhe 1988.
TJADEN, ULRICH: Liberalismus im katholischen Baden. Geschichte, Organisation und Struktur der Nationalliberalen Partei Badens 1869–1893, Freiburg im Breisgau 1999.
TRUMPP, JULIUS: Kaspar Hauser, Napoleon und Stephanie. Der Tatsachenbericht, Gerabronn 1953.
Staatliche Kunsthalle Karlsruhe (Hrsg.): Caroline Luise Markgräfin von Baden, Stuttgart 1983.
VARNHAGEN VON ENSE, KARL AUGUST VON: Denkwürdigkeiten des eignen Lebens. Die Karlsruher Jahre 1816–1819, Karlsruhe 1924.
VEHSE, CARL EDUARD: Die Höfe zu Baden, Leipzig–Weimar 1992 (Nachdruck der Originalausgabe).
VOR, FRANZ: Heinrich Bernhard von Andlaw. Ein badischer Politiker und Vorkämpfer des Katholizismus, Freiburg im Breisgau 1910.
VOSS, JÜRGEN: Baden und die Französische Revolution, in: Jürgen Voss (Hrsg.), Deutschland und die Französische Revolution, München 1983.
WALTER, FRIEDRICH: Stephanie Napoleon. Lebensweg und Weggenossen 1789–1860, Baden-Baden 1949.
WEBER, KARL JULIUS: Reise durch das Großherzogtum Baden, Stuttgart 1979 (Originalausgabe 1826).
WEECH, FRIEDRICH VON: Badische Geschichte, Karlsruhe 1890 (Reprint, Magstadt bei Stuttgart 1981).
WEECH, FRIEDRICH VON (HRSG.): Eine Schweizerreise des Markgrafen Karl Friedrich von Baden im Juli 1775. Aufzeichnungen des Professors Johann Lorenz Böckmann, Heidelberg 1903.
Württembergisches Landesmuseum Stuttgart (Hrsg.), Baden und Württemberg im Zeitalter Napoleons, Stuttgart 1987.
ZOLLNER, HANS LEOPOLD: Greif & Zarenadler, Karlsruhe 1981.

Zähringen – Baden

Markgraf Karl Friedrich
1728–1811
1803 Kurfürst, 1806 1. Ghz. v. Baden
⚭ 1) 1751
Karoline Luise von Hessen-Darmstadt
1723–1783

- **Karl Ludwig** 1755–1801 Erbprinz ⚭ Amalie von Hessen-Darmstadt 1754–1832
  - Amalie 1776–1823
  - Karoline 1776–1841 ⚭ Maximilian I. Joseph König von Bayern 1756–1825
  - Luise 1779–1826 ⚭ Alexander Kaiser von Russland 1777–1825
  - Friederike 1781–1826 ⚭ Gustav IV. Adolf König von Schweden 1778–1837
  - Marie 1782–1808 ⚭ Friedrich Wilhelm Herzog von Braunschweig-Wolfenbüttel 1771–1815
  - **Karl** 1786–1818 1811 2. Ghz. ⚭ Stéphanie de Beauharnais 1789–1860
    - Luise 1811–1854 ⚭ Gustav Wasa von Schweden 1799–1877
    - Sohn † 1812 Kaspar Hauser?
    - Josephine 1813–1900 ⚭ Karl Anton Fst. von Hohenzollern-Sigmaringen 1811–1885
    - Alexander 1816–1817
    - Marie 1817–1888 ⚭ Wilhelm Herzog von Hamilton 1811–1863
  - Wilhelmine 1788–1836 ⚭ Ludwig Ghz. von Hessen 1777–1848
- Friedrich 1756–1817 ⚭ Luise von Nassau-Usingen 1776–1829
- **Ludwig I.** 1763–1830 1818 3. Ghz. ⚭ Katharina Werner, Gräfin Gondelsheim u. Langenstein † 1850

Markgraf Karl Friedrich
1728–1811
1803 Kurfürst, 1806 Großherzog
⚭ 2) 1787
Luise Karoline Geyer von Geyersberg
(Gräfin Hochberg)
1768–1820

- **Leopold** 1790–1852, 1830 4. Ghz. ⚭ Sophie von Schweden 1801–1865
  - Alexandrine 1820–1904 ⚭ 1842 Ernst II. von Sachsen-Coburg-Gotha 1818–1893
  - **Ludwig II.** 1824–1858, 1852 5. Ghz. (regierungsunfähig)
  - **Friedrich I.** 1826–1907, 1852 Prinzregent, 1856 6. Ghz. ⚭ 1856 Luise von Preußen 1838–1923
    - **Friedrich II.** 1857–1928, 1907–1918 letzter Ghz. ⚭ 1885 Hilda von Nassau 1864–1952
    - Viktoria 1862–1930 ⚭ 1881 Gustav V. König von Schweden 1858–1950
    - Ludwig Wilhelm 1865–1888
  - Wilhelm 1829–1897 ⚭ 1863 Marie von Leuchtenberg 1841–1914
    - Prinz Max von Baden 1867–1929, Erbghz., Reichskanzler 1918 ⚭ 1900 Marie von Cumberland
      - Berthold 1906–1963, Markgraf ⚭ 1931 Theodora von Griechenland
        - Maximilian * 1933, Markgraf ⚭ 1966 Valerie von Habsburg-Lothringen
          - Bernhard * 1970
          - Leopold * 1971
          - Michael * 1976
  - Karl 1832–1906 ⚭ 1871 Rosalie von Beust 1845–1908
  - Marie 1834–1899 ⚭ 1858 Ernst zu Leiningen 1830–1904
  - Cäcilie 1839–1891 ⚭ 1857 Michae Romanow 1832–1902
- Wilhelm 1792–1859 ⚭ Elisabeth von Württemberg 1802–1864
- Amalie 1795–1869 ⚭ Karl Egon Fürst von Fürstenberg 1796–1854
- Maximilian 1796–1882

Register

Bildnachweis

Autor: Frontispiz, S. 14, 22, 44, 56, 62, 73, 113, 118, 140, 141, 142, 146, 173, 175, 208

akg-images, Berlin: S. 10, 72, 123, 131, 171

Badisches Landesmuseum Karlsruhe: S. 47 (Inv.-Nr. C 6190), 108 (Inv.-Nr. 2007/653), 132 (Inv.-Nr. L 13), 135 (Inv.-Nr. 95/1181 a), 149 (Inv.-Nr. 80/409-347)

INTERFOTO, München: S. 129, 133, 136 unten

Landesarchiv Baden-Württemberg/Generallandesarchiv Karlsruhe: S. 51 (Sign. J-Ac-R Nr. 7), 89 (Sign. J-Ac-N Nr. 9), 103 (Sign. J-B Karlsruhe Nr. 182), 130 (Sign. J-Aa-K Nr. 25), 136 oben (Sign. J-Aa-W Nr.1)

Musée du Louvre, Paris/Badisches Landesmuseum Karlsruhe: S. 23 (Badisches Landesmuseum Inv.-Nr. L 11)

Nach: Eugen Fehrle (Hg.), Die Großherzöge Friedrich I. und Friedrich II. und das badische Volk, Karlsruhe 1930: S. 30, 32, 106, 134, 153, 180, 212

Stadtmuseum Baden-Baden: S. 139 (Inv.-Nr. 8674)